公司概论

（第4版）

陈仕华　主编

国家开放大学出版社·北京

图书在版编目（CIP）数据

公司概论/陈仕华主编. -- 4版. -- 北京：国家开放大学出版社，2023.7（2023.11重印）
ISBN 978-7-304-11868-6

Ⅰ.①公… Ⅱ.①陈… Ⅲ.①公司-开放教育-教材 Ⅳ.① F276.6

中国国家版本馆 CIP 数据核字（2023）第 125673 号

版权所有，翻印必究。

公司概论（第4版）
GONGSI GAILUN

陈仕华　主　编

出版·发行：国家开放大学出版社	
电话：营销中心 010-68180820	总编室 010-68182524
网址：http://www.crtvup.com.cn	
地址：北京市海淀区西四环中路 45 号	邮编：100039
经销：新华书店北京发行所	

策划编辑：李晨光	版式设计：何智杰
责任编辑：苏雪莲	责任校对：刘　鹤
责任印制：武　鹏　马　严	

印刷：天津嘉恒印务有限公司	
版本：2023 年 7 月第 4 版	2023 年 11 月第 2 次印刷
开本：787mm×1092mm　1/16	印张：15.25　字数：298 千字

书号：ISBN 978-7-304-11868-6
定价：38.00 元

（如有缺页或倒装，本社负责退换）
意见及建议：OUCP_KFJY@ouchn.edu.cn

前　言

公司作为现代企业的基本组织形式，其典型特征是产权清晰、组织管理规范，能较好地契合现代企业制度的要求。学习公司的产权、组织、运行等内容，研究公司内部如何进行制度设计、解决利益分配、激励和约束经营者、建立有效的治理机制和运作机制等，对于促进公司这一组织形式的良性发展具有重要意义。

中国已经进入法治体系化建设新时代，在公司治理、企业合规方面同样需要进行体系化建设，党的二十大报告对企业的发展和治理提出新要求，无论是公司治理还是企业合规，都要以党的二十大报告为指导思想，积极落实党的二十大报告中关于企业发展、规范治理的精神。

为适应新时代经济高质量发展要求，公司法在社会各方面高度关注之下，迎来了再次修订。2021年12月20日，公司法修订草案提请第十三届全国人民代表大会常务委员会第三十二次会议初次审议。此次修订力度较大，旨在贯彻落实党中央关于深化国有企业改革、优化营商环境、加强产权保护、促进资本市场健康发展等决策部署要求，进一步完善中国特色现代企业制度，为打造更具活力的中国市场提供坚实法治保障。

本书正是以新时代对公司治理的新要求为环境背景，以新时代聚焦公司法修订为政策背景，进行了改版。我们在保留前三版内容和体系的基础上，结合公司环境变化的特点和公司法的修订，吸收已有研究成果和公司最新研究动态，对教材的内容进行了修改：对公司注册资本实缴、注册资本最低限额等关于公司设立条件的变化，以及有限责任公司和股份有限公司的设立条件进行了详细阐述；针对日趋严重的公司治理问题，重视公司外部市场治理和社会环境治理等，比较分析了目前三种典型的公司治理模式的特点和优缺点，为解决我国公司治理问题提出了有针对性的建议；针对高管在公司治理中的作用日益突出，补充和完善了经理人激励与约束的内容。此外，考虑到时效性，更新了部分案例，使案例尽可能结合我国实际，更多地反映我国公司的管理活动，注重读者对公司运作的认识和理解。

本次修订尽可能将近年来公司发展的最新理论和实践热点补充进来，力图使内容更加充实。本书结构合理，各章自成体系。在内容编排上，力求做到"点""面"结合，在尽可能地保持理论体系完整的情况下，严格按照公司法的要求对公司的规范运作进行详细介绍，注重对公司热点问题的探讨，突出实用性。在体例上，本书力求进一步规范化和科学化，每章的开头设有"学习目标""本章导论"，便于读者对各章内容有个大概的了解和对所学知识进行自检；每章的结尾都提供了"本章小结"和"案例分析"，以帮助读者更好地理解各章内容。我们希望读者通过学习，能对公司的设立和运作、公司治理的结构和内容、公司的重组和终止等公司的主要活动有一个初步的认识，对公司管理的基本原理和方法有所了解，能运用所学知识对公司的具体经营活动进行分析，并提出相应的解决方案。

本书由东北财经大学陈仕华教授、刘美玉教授、胡国栋教授共同编写。其中，第一章、第二章、第三章、第八章、第九章由刘美玉教授编写，第四章、第五章由胡国栋教授编写，第六章、第七章由陈仕华教授编写。东北财经大学工商管理学院研究生刘秀娟、刘欣、刘芳、孙晓旭、徐凝馨等参与了资料的收集、案例的改编和书稿的部分编写工作。本书在编写过程中参阅了很多国内外的相关著作，在此向各位作者表示感谢。由于编者水平有限，书中难免存在疏漏之处，敬请读者批评指正。

编　者
2023 年 3 月

中华人民共和国公司法

目录 CONTENTS

第一章
公司的起源和发展 …………… 1
第一节　企业制度的演进　2
第二节　公司的演变过程　9
第三节　我国公司的产生和发展　20
第四节　单法人企业向多法人企业集团演进　24

第二章
公司的特征、功能和类型 ……… 36
第一节　公司的含义和特征　36
第二节　公司的功能　45
第三节　公司的类型及其特点　48

第三章
公司的设立 ………………… 61
第一节　公司设立的条件　61
第二节　有限责任公司的设立　74
第三节　股份有限公司的设立　80

第四章
公司治理结构 ……………… 88
第一节　公司治理概述　88
第二节　股东大会——公司的权力机构　95
第三节　董事会——公司的决策机构　99
第四节　经理层——公司的执行机构　109
第五节　监事会——公司的监督机构　112

第五章
外部公司治理 …… 118

第一节	外部公司治理的含义和内容	119
第二节	资本市场治理	120
第三节	控制权市场治理	122
第四节	经理人市场治理和产品市场治理	124
第五节	社会环境治理	125

第六章
公司治理模式 …… 135

第一节	英美治理模式	136
第二节	德日治理模式	140
第三节	家族治理模式	145
第四节	公司治理模式的比较与趋同	149
第五节	我国公司治理的现状和完善途径	153

第七章
经理人的激励与约束 …… 162

第一节	经理人激励与约束概述	163
第二节	经理人的激励机制	167
第三节	经理人的约束机制	170
第四节	经理人激励的重要形式——股权激励	173

第八章
公司融资 …… 181

第一节	融资概述	182
第二节	公司股票	187
第三节	公司债券	196

第九章
公司变更与终止 …… 208

第一节	公司并购	209
第二节	公司分立	217
第三节	公司重整	221
第四节	公司终止	225

参考文献 …… 237

第一章　公司的起源和发展

学习目标

通过本章的学习，应熟悉企业制度的演进和公司的演变过程，掌握业主制企业、合伙企业的特征，了解原始公司、近代公司的主要形式和特征，理解现代公司的特征和现代公司发展的产业顺序，了解我国公司的产生和发展，掌握企业集团的特征、优势和类型。

本章导论

党的二十大报告指出："完善中国特色现代企业制度，弘扬企业家精神，加快建设世界一流企业。"企业制度随着企业的产生而产生，随着企业的发展而发展，经历了从古典企业制度到现代企业制度的演进过程。独资企业和合伙企业是古典企业制度下的企业组织形式，又称自然人企业。现代企业制度是以有限责任公司和股份有限公司为主要形式的新型企业制度。公司的发展经历了原始公司、近代公司和现代公司三个阶段，各个阶段公司的产生背景、主要形式和特征各不相同。公司的产生有其特定的环境和条件，现代公司发展的产业顺序依次是贸易领域、交通运输业、金融业和制造业。随着公司的发展，单法人企业逐步向多法人企业集团演进。企业集团是介于市场和企业之间的中间组织，它能够在充分发挥大企业优势的同时，避免所谓的"大企业病"，也能够满足众多企业基于多元化战略、跨国经营的发展需要，因而成为现代公司制企业选择的一种重要组织形式。

第一节　企业制度的演进

企业制度是指企业的财产组织形式及与之相适应的经营方式和管理体制。财产组织形式包括三个方面的内容：一是出资形态，即谁是出资人、以什么形式出资；二是产权的权能组合方式，即所有权、占有权、支配权、使用权和处置权是如何构架在一起的；三是承担责任的程度，这从总体上可分为有限责任和无限责任。财产组织形式不同，决定了企业的经营方式和管理体制也不同。

企业制度随着企业的产生而产生，随着企业的发展而发展，经历了从简单到复杂、从不完善到完善的过程。根据不同时期企业组织形式和制度特点的不同，企业制度经历了从古典企业制度到现代企业制度的演进过程。业主制和合伙制统称古典企业制度。现代企业制度由古典企业制度演进而来，是指在世界范围内为人们所共识的以有限责任公司和股份有限公司为主要形式的新型企业制度。公司制一经产生，便在资本主义市场经济中迅速发展，并成为居于统治地位的一种企业制度。

一、古典企业制度

企业的产生和发展经历了漫长的过程。最初，企业的产生与市场的繁荣和小手工业的发展密不可分。早在原始公社时期，市场就已经出现，而企业的产生晚于市场的出现。同时，企业又是个体生产或小商品生产发展的产物。从自给自足的家庭生产时期到手工工场时期，生产和销售的逐渐分离带来了生产活动的进一步分工以及生产力和生产工具的不断进步，这些都为企业的产生创造了条件。

在家庭生产时期，自给自足是社会经济活动的主要形式，生产活动以农业为主，家庭生产的产品仅供自己消费，即使偶尔有剩余，也仅仅是与邻居或在较小的范围内交换。这一时期的经济，实际上是一种没有市场的经济，原因主要有两个：一是生产力水平较低，人们没有过多的剩余产品用于交换；二是没有买主，虽然也有一些小集市，但其作用仅限于满足附近居民的家庭生活需要以及人们的娱乐需求，而不用于商业用途。这一时期，社会分工水平不高和市场交换水平不高并存，这种以家庭为基本单位的生产方式既不利于劳动生产率的提高，也不利于市场经济的发展。

随着市场的逐步拓展，手工业开始从农业中分离出来，生产活动逐渐由具有一技之长的专业劳动者来完成，产品生产也形成了完全的分工。手工作坊的发展使以家庭为主的单个生产单位不再从事所有产品的生产，但仍主要从事最终产品的生产。11世纪，城市集中了新兴的工业和大批手工工匠，出现了一些屠户、鞋匠、铁匠、成衣工以及其他小手工业者的作坊。在早期的手工作坊中，虽然生产与销售没有分离，产品以自产自销为特征，但是手工业生产促进了社会分工，提高了社会生产率，而生产率的提高使产品有了剩余，剩余产品交换的日益频繁又促进了市场的发展。

随着以自产自销为特征的手工业生产的不断发展，充当交换中间人的"坐商"出现了，他们周旋于生产者和购买者之间，仅从事买卖而不生产产品。"坐商"的出现是市场交换发展的产物，拥有充分市场知识的"坐商"不仅协调了产品的供给与需求，而且充当了独立完成各工序生产的生产者之间的协调者。由于同一产品的生产被划分为若干工序，同一产品在"坐商"的组织下由不同的生产者完成，单个工场的生产便不再局限于最终产品的生产。这种社会分工的发展，为生产工具的发展提供了可能，业主制和合伙制以及资本对劳动的雇佣制度，正是在这一时期孕育并得以确立的。

(一) 业主制

业主制的典型形式是业主制企业。业主制企业的产生突破了以家庭为经济单位、生产消费和家庭生活密切结合的传统经济组织形式，创立了一种与家庭不同的独立的生产经营组织。一方面，由于技术基础简单，企业不可能生产出大量的产品，因而也就不可能有大量的产品进入市场；另一方面，商品经济尚处于发展的初级阶段，社会分工仍不发达，在这种简单的生产技术和商品经济发展的基础上，只能创立规模较小的业主制企业。因此，在商品经济发展的初级阶段，社会产业结构主要是农业和手工业，经营货币的银行尚未出现，经济的信用程度尚不发达，经营权和所有权合一，二者尚未分离。市场具有狭隘和封闭的特点，企业规模和社会化程度较低，因而也只适宜创立规模较小的业主制企业。

业主制企业又称独资企业，由单个业主出资创立和经营，业主享有企业的全部经营成果，当企业经营不善或破产时，业主以其全部财产承担债务清偿责任。这是一种最古老、最简单、最普遍的企业组织形式。

1. 业主制企业的特征

业主制企业财产的所有权、经营权高度统一，这有利于发挥业主的企业家精神，但也加大了企业经营的风险。业主制企业的特征主要包括：①产权主体唯一，业主作为出资人享有企业财产的所有权、占有权、使用权、收益权和处置权；②业主个人出资，直接经营和控制企业，享有企业的全部经营成果，企业亏损时，业主要用自己的全部财产清偿债务;③企业发展依靠业主的个人积累,因而业主具有强烈的投资冲动,以追求利润最大化,实现企业发展;④内部组织管理简单,业主亲自指挥生产、组织营销,直接对员工进行监督;⑤企业规模较小,经营产品单一,一般为产量不大、经营简单的小厂和小店。

2. 业主制企业的优点

业主制企业具有诸多优点:

(1) 业主将企业的所有权和经营权集于一身,直接经营和控制企业,所以企业的经营方式灵活,决策迅速。

(2) 企业利润独享、风险自担,因而业主往往兢兢业业、精打细算。

(3) 企业创立与歇业的程序简单易行,产权能够较为自由地转让。

(4) 信息渠道单一,企业经营保密性强。

3. 业主制企业的缺点

业主制企业的缺点主要是:

(1) 单一出资使企业难以筹集到大量资金,限制了企业的扩张,因而企业规模小,经营具有地域性,难以从事投资规模较大的经营项目。

(2) 无限责任加大了业主的经营风险,业主往往谨小慎微,不愿或不敢从事风险投资,限制了新兴产业的产生与发展。

(3) 企业的存在取决于业主,企业对业主的依附关系使企业没有强大的生命力,一旦业主终止经营,企业生命也就终止。

(4) 由于产权主体单一,业主身兼数职,单一的组织结构不可能实现集思广益、共同决策,从而导致企业经营管理水平普遍不高。

业主制适用于投资额不大、技术要求不高、经营管理不太复杂的小型工商企业。当业主制企业需要扩大规模时,业主之间便会出现"合伙"的情况。

(二) 合伙制

19世纪中叶以前,由于生产技术和商品经济发展水平不高,业主制企业一直占据主导地位。随着生产规模的逐步扩大,企业需要更多的资本投入,同时个人投资的风险也在加大。在这种情况下,与他人共同投资经营,既可以解决资本不足的问题,又可以分散投资风险,于是合伙企业应运而生。

1. 合伙企业的特征

合伙制的典型形式是合伙企业。合伙企业是由两个或两个以上的自然人通过订立合伙协议,共同出资、合伙经营、共享收益、共担风险的企业组织形式。合伙人通过签订协议规范各自的责、权、利，经营决策、运营管理和收益分配取决于合伙人达成的协议，企业风险由全体合伙人共同承担。合伙企业的特征主要是：

（1）企业由两个或两个以上的自然人共同出资、合伙经营，合伙人共同拥有财产的所有权、占有权、使用权、收益权和处置权。

（2）合伙人通过协议规范收益分配方式和亏损责任，每个合伙人原则上都可以掌管企业的生产经营，对企业债务承担无限连带责任。

（3）合伙人之间达成书面或口头协议，通过协议共同组成企业，彼此监督，企业成败往往取决于合伙人能否履行他们的协议。

2. 合伙企业的优点

合伙企业具有诸多优点：

（1）弥补了业主制企业资金来源单一和不足的缺陷，不仅拓展了内部资金来源，也增强了企业对外借款的信用能力。

（2）多个合伙人分散了单个投资者的经营风险，企业可以利用每个合伙人的专长，提高企业的经营管理水平与决策能力。

（3）只要合伙人通过口头协议或规范的合同约定，按一定的出资比例分享利润并分摊相应的亏损和债务，就可以成立合伙企业，所以合伙企业的组建较为简单和容易。

（4）合伙人对企业债务承担无限连带责任，每个人与企业的盈亏利益直接关联，因而必然尽心尽责经营企业。

3. 合伙企业的缺点

合伙企业在实际运行中也暴露出一些缺点：

（1）筹资能力虽然较业主制企业有所增强，但筹资对象局限在特定范围，不能向社会筹资，从而限制了企业资金的来源和规模的扩大。

（2）合伙人对企业债务承担无限连带责任，面对如此风险，愿意成为合伙人的必然有限，这也是合伙企业出现很早却难以扩张和发展的原因。

（3）所有合伙人都有权代表企业进行经营管理，重大决策需要所有合伙人同意，合伙人决策的不一致以及由此产生的协调成本，加大了企业经营的困难，降低了企业的决策和管理效率。

（4）企业寿命有限，合伙企业的有效运行依靠合伙人信守承诺和达成默契，某一合伙人违背承诺，或者合伙人退出、重病、死亡等，都可能威胁企业的生存。

由于合伙企业存在上述缺点，其数量不如业主制企业和公司制企业多。合伙制适用于资产规模较小、管理不太复杂、不需要专门管理机构的企业。

业主制和合伙制统称古典企业制度，业主制企业和合伙企业又称古典企业或自然人企业。古典企业是最古老、最简单，也是最重要的企业组织形式。古典企业以简单灵活的形式获得快速发展，并表现出极强的生命力，即使在当代社会，古典企业也仍然是经济生活中最重要的企业组织形式。但是，现代经济的大规模发展和集约化生产以及经济环境的瞬息万变，使业主制企业和合伙企业所固有的局限性，如筹资渠道有限、承担无限责任以及所有权与经营权合一等暴露出来，业主制企业和合伙企业已经不能完全适应现代大工业、社会化生产和商品经济高度发展的要求，也无法推动新兴产业部门发展，这种内在矛盾必然会推动企业组织形式向更高层次——公司制企业演进。公司制企业以特有的优势在19世纪中期以后逐渐占据主导地位。

二、我国建立现代企业制度的必要性

现代企业制度是适应市场经济要求、依法规范的企业制度。这里的"现代"一词，绝不仅仅是自然时间的概念，还是针对古典企业制度和计划经济体制下的工厂制度而言的。古典企业制度即传统的业主制和合伙制，是以业主制企业和合伙企业为主要形式的企业制度。那么，什么是计划经济体制下的工厂制度？

（一）工厂制度

工厂制度是计划经济体制下我国实行的企业制度。在计划经济体制下，我国的企业既是一个生产单位，又是行政主管机关的附属物，还是一个几乎包罗万象的"小社会"。工厂制度的特征主要如下：

1. 企业并不具备典型意义上的企业的基本特征

计划经济体制下的企业没有属于自己的财产，无法以自己的财产对外承担责任及自负盈亏，充其量只是一个生产单位，企业之间正常的经济联系被人为切断。

2. 企业是行政主管机关的附属物

企业的人、财、物和供、产、销都由政府的指令性计划决定，企业生产什么、生产多少、怎样生产都由行政主管机关决定，企业是行政主管机关的附属物。

3. 产销脱节，企业浪费严重

生产者和消费者不直接见面，产销脱节。计划按条条框框下达，企业不是从市场需要出发做出计划，纷纷争项目、争投资，致使重复投资、重复建设，浪费严重。

4. 企业激励与约束机制软化

主管部门对经营者的激励主要是职务升迁、精神奖励，经营者对劳动者的激励也主要是精神上的，缺乏必要的经济手段。在经营者和劳动者的收入不能与其贡献挂钩的情况下，经营者和劳动者的积极性严重受挫，企业效益不高。

5. 企业平均主义现象严重

企业吃国家的"大锅饭"，职工吃企业的"大锅饭"。计划上大包大揽，流通上统购包销，财务上统收统支，用工上统招统配，收入分配实行统一的等级工资制度。企业发生亏损由国家补贴，经营者和劳动者无论干好干坏，都按国家规定领取工资。

（二）国有企业的改革历程

企业是以营利为目的，实行自主经营、自负盈亏的经济实体。然而，我国计划经济体制下的企业并不具备典型意义上的企业的基本特征。中华人民共和国成立以来的实践证明，工厂制度越来越缺乏活力和生命力。于是，从1978年开始，我国进行了国有企业改革试点，改革经历了四个阶段。

第一阶段是1978年到1991年：计划经济体制下的简政放权、减税让利改革。这一阶段重点在于调整政府与国有企业之间的生产管理权限和利益分配关系，最终使企业脱离政府的直接行政性控制，成为独立自主的商品生产经营者。

第二阶段是1992年到2002年：计划经济向市场经济转轨过程中的转换经营机制和制度创新改革。这一阶段国有企业改革的基本逻辑在于明晰企业财产权利和资产经营责任，通过建立企业法人制度，使国有企业成为"自主经营、自负盈亏"的市场经济主体。所有制关系发生了较大调整，明确提出了国有企业改革的方向是建立"产权清晰、权责明确、政企分开、管理科学"的现代企业制度。

第三阶段是2003年到2013年：市场经济体制下以管企业为主的改革。"管资产和管人、管事相结合"是这一阶段的主要特征，虽然2003年设立了国有资产管理委员会，由其代表国家履行出资人职能，但国有资产管理体制仍然以管企业为主。这一阶段的国有企业不断深化改革和发展壮大，企业效益得到了较大提高。

第四阶段是2014年至今：国有资产管理体制由以管企业为主向以管资本为主转变的改革。完善国有资产管理体制，以管资本为主加强国有资产监管，改革国有资本授权经营体制，是新时代深化国有企业改革的重要切入点。这一转变不仅有利于解决国有资产监管工作中存在的越位、缺位、错位等问题，而且有利于形成更加符合基本经济制度和社会主义市场经济发展要求的国有资产管理体制、现代企业制度、市场化经营机制，对国有企业改革具有巨大牵引作用。

三、现代企业制度

现代企业制度是适应社会化大生产和社会主义市场经济要求的产权清晰、权责明确、政企分开、管理科学的企业制度,也是以股份有限公司和有限责任公司为主要形式的新型企业制度。现代企业制度的特征可以概括为四个方面,即产权清晰、权责明确、政企分开和管理科学。

1. 产权清晰

现代企业制度是产权清晰的企业制度。在计划经济体制下,国家是一个庞大的组织,究竟哪个部门代表国家行使财产所有权并向国家负责,一直没有具体化。全民所有往往变成人人都没有,大家作为全民财产所有者的一员,都可以享有财产权利,却无人承担经济责任。产权清晰实际上是指产权在法律上的清晰和在经济上的清晰。产权在法律上的清晰,指有具体的部门和机构代表国家对国有资产行使占有、使用、处置和收益等权利。从理论上讲,国有资产最终属于全体人民,这一点从来都是"清晰"的。然而,由于全体人民不可能都去经营和管理国有资产,因此要为国有资产找一个所有者代表,让其代表全体人民去经营和管理国有资产。宪法规定国有资产所有者代表是国务院,但国务院不可能全部直接管理规模巨大的国有资产,部分国有资产的管理职能要分解到地方各级政府和政府具体部门,因此,国有资产在现实中是由这些作为国有资产所有者代表的地方各级政府和政府具体部门来管理。在这种情况下,不同层次委托代理关系的合理性与最终代表国家直接管理国有资产的部门和机构的确定,有助于实现"产权清晰"。产权在经济上的清晰,指产权在现实经济运行中是清晰的,即产权的最终所有者对产权具有极强的约束力。

在现代企业制度中,由谁出资兴办,不同的投资者各占多少股份、拥有多少股权,都是清楚的、明确的。股权是按出资比例界定的权益,股权是可以转让的。现代企业制度可以从根本上改变原来国有企业产权模糊、虚置,许多部门都认为自己拥有国有企业的产权和最终控制权,可是又普遍存在对国有资产的保值不关心、不负责等现象。

2. 权责明确

现代企业制度是权责明确的企业制度。权责明确是指合理区分和确定企业的所有者、法人、经营者和劳动者的权利与责任。企业的所有者、法人、经营者和劳动者在企业中的地位和作用是不同的,因而其权利和责任也各不相同。企业的所有者按其出资额,享有资产收益、重大决策和选择经营管理者的权利,企业破产时对企业债务承担有限责任;企业存续期间,企业法人对财产拥有占有、使用、处置和收益的权利,并以全部法人财产对企业债务承担责任;经营者受所有者的委托,在一定时期和范围内经营企业资产及其他生产要素并获取相应收益，同时承担因管理不善而造成收入减少甚至免职的责任；劳动者按照与企业的合约拥有就业和获取相应收益的权利。

3. 政企分开

现代企业制度是政企分开的企业制度。在计划经济体制下，政府兼有社会经济管理职能和国有资产所有权职能。国有企业没有自主权，不仅要在政府的行政干预下进行生产经营活动，而且要按照政府具体部门的意志，承担许多本应由政府和社会承担的职能，负担十分沉重。政企分开，一是指政府的社会经济管理职能和国有资产所有权职能分开，要求政府将原来与政府职能合一的企业经营职能交还给企业；二是指政府行政管理职能和企业经营职能分开，要求企业将原来承担的诸如住房、医疗、养老、社区服务等职能交还给政府和社会。

4. 管理科学

现代企业制度是管理科学的企业制度。管理科学是一个含义宽泛的概念。从狭义上说，管理科学是指企业管理的各个方面，如质量管理、生产管理、供应管理、销售管理、研究开发管理、人事管理等的科学化。从广义上说，管理科学包括企业组织合理化等多种含义，如横向一体化、纵向一体化、公司结构的各种形态等，都涉及企业组织合理化的问题。现代企业制度建立了一套完整、科学的领导体制和组织管理制度。

第二节　公司的演变过程

公司从最初孕育到发展成熟经历了一个漫长的过程。一般认为，公司起源于中世纪的欧洲。关于公司产生的原因和背景，理论界存在大陆起源说、海上起源说和综合起源说三种观点。大陆起源说认为，中世纪欧洲一些国家的港口城市作为当时的贸易中心，商业较为发达，出现了一些具有重要地位的个体商人。随着年龄的增长，这些商人开始把经营的商号传给子女或亲属，他们在分到一部分财产后，又联合起来共同经营父辈的产业。根据这一观点，公司是家族成员为了延续企业经营而采取的一种协作。海上起源说认为，中世纪海上贸易兴旺，但从事海上贸易既需要巨额的资本，又要冒很大的风险，为了分担风险，船舶共有应运而生。资本的所有者既想获得利润，又不愿意亲自冒风险，于是将资本委托给船舶所有者经营而分享利益。根据这一观点，公司是为了聚集资本、规避风险而出现的资本所有者之间的合作。综合起源说认为，公司既起源于中世纪的欧洲，又起源于中世纪的海上贸易，是在家族经营团体和船舶共有的基础上发展起来的。以上三种观点的共同之处在于：从时间上说，公司起源于中世纪的欧洲；从经济上说，公司的起源都与商业和贸易的发展紧密相连；从地理位置上说，公司集中出现在海上贸易和陆上贸易都较发达的地中海地区。

也有一些学者认为，早在罗马帝国时期就存在公司或类似于公司的组织，当时的城市公社和船夫行会就是公司的原始形式。可以说，公司起源于中世纪的欧洲，但公司的萌芽要早得多，只不过这种类似于公司的组织在罗马帝国灭亡后并未得以延续，直至 10 世纪，在贸易和城市发展的刺激下，才催生了公司这一组织。15 世纪，地中海沿岸城市的贸易相当发达，贸易规模的扩大增加了对资本的需求，超过了血缘家庭及合伙企业所能承担的范围。14—16 世纪航海业探险的成功和地理大发现，使欧洲贸易的发展达到空前的广度和深度。为了适应海上贸易发展的需要，客观上需要建立大型的贸易企业，许多欧洲国家在取得王室特许状后，纷纷成立特许股份公司。17—18 世纪，又出现了作为特许股份公司直接衍生物的特许专营公司，其与特许股份公司类似，但营业范围有所不同。18 世纪初，一些聪明的商人模仿特许股份公司的形式组建合股公司，通过发行可转让的股票吸引投资者，公司由股东集体授权的经理人员经营。这种合股公司既不同于特许股份公司，也不同于普通的合伙企业，而是向现代公司转化的过渡形式，已经具有现代公司的一些特征。

因此，公司的产生和发展有着深刻的历史烙印，与生产力和商品经济的发展密切相关。根据社会经济发展的历史进程和公司自身发展的特点，可知公司的发展经历了原始公司、近代公司和现代公司三个阶段。原始公司产生于古罗马时期，近代公司产生于 15 世纪末，现代公司产生于 19 世纪下半叶。

一、原始公司

（一）原始公司的产生和发展

探讨公司的起源，实际上是探讨公司的历史渊源，而不是要在历史上寻找现代意义上的公司。大量史实表明，公司产生于古罗马时期。公司的萌芽是同频繁的战争和商业的繁荣相联系的。古罗马靠战争发迹，战争使古罗马疆域扩大，也使商人大发其财。但是，战争以及维持辽阔疆域耗资巨大，于是政府与商人合作，一些大商人联合起来为政府解决部分财政问题，政府则允许他们组成一定的组织，分担某些过去由政府承担的贸易、工程甚至收税职能。罗马共和国时期，一批出身于骑士阶层的有钱商人充当了"包税商"。罗马帝国时期，更是出现了类似于股份有限公司的组织，其数量极少，活动范围受到限制，仅限于履行政府合同，当时的"船夫行会"就是这样的组织。这些组织在罗马帝国时期的大部分沿海城市都可以找到，它们被雇用于运输粮食，和资本雄厚的商社合作，而那些被禁止经商的罗马元老往往是这些商社的匿名股东。

最初出现的那种类似于公司的组织，在欧洲长达几百年的时间里并未延续下来，因为随着日耳曼人的入侵和罗马帝国的灭亡，城市废弃，商业衰落，公司赖以存在的基础被破坏，直至10世纪，贸易才同城市一齐重现繁荣。中世纪初期，在城市和贸易发展的刺激下，公司这一组织形式重新出现。城市的发展使城邦政府需要大量的军事开支和行政费用，于是商人以替政府筹款为条件取得成立公司的特许经营权。比如，12世纪热那亚人为征服塞浦路斯岛曾进行过一次远征，征服岛屿所需的资金就是通过一个叫 Maone 的组织筹集的，这个组织类似于股份投资信托公司。又如，商人组成各种协会，向城邦政府贷款以获取特权，这些协会实际上是类似于股份制银行的组织，欧洲第一家股份制银行、1407年成立的热那亚圣乔治银行就是这样的组织。

（二）原始公司的主要形式

如果说罗马帝国时期出现的类似于公司的组织是公司的起源，那么到了中世纪的欧洲，公司或类似于公司的组织就已经成为涓涓细流了。原始公司的主要形式有以下四种：

1. 家族企业

这是一种带有浓厚封建传统色彩的家族经营团体。商人将自己的产业传给子女或亲属，他们在得到产业后要分家析产，但又不愿意歇业，于是把分得的财产集中在一起，联合经营，共享盈利，共负亏损。此后，家族企业在家族经营的基础上允许外族人加入，或者由几个家族联合，发展成为新的共同经营团体，承担无限责任。这种组织实际上是一种合伙企业或合营企业，入股者之间是合伙关系，这就是后来无限责任公司和有限责任公司的前身。

2. 康枚达

康枚达是适应贸易发展而产生的一种通过契约联结的组织。这种组织形成的基础是契约关系，契约的一方把金钱或财物委托给另一方，后者以委托的金钱或财物从事海上贸易，经营所得由双方按契约分享。在康枚达中，金钱或财物的所有者类似于隐名合伙人或隐名股东，所有者的责任仅以所出的金钱或财物为限，不承担无限责任。这种组织满足了投资者既想获利又不愿冒险，只对债务负有限责任的要求，具有借贷和合伙的双重性质。以后这种组织在内陆城市得到发展，出现了邀众入股的城市商业组织。在城市商业组织中，股份不能转让，但可退股，投资者承担无限责任。这些组织孕育着合伙企业和两合公司的雏形。

3. 索塞特

索塞特是一种较为稳定、持久的合伙形式。在这种组织中，每个合伙人都是其他合伙人的代理人，并以全部私人财产对债务承担连带责任。尽管合伙关系的完备含义是18—19世纪由法院设计出来的，但是代理人和无限责任这两个要素在这一时期就已经出现。

4. "海上协会"

12世纪，意大利热那亚出现了"海上协会"。"海上协会"以商船为基础，发售股票，分配利润并共同分担风险。每艘商船上都设有管货员或代理人来代表投资者的利益。"海上协会"是区别于经营内地城市贸易的组织，是真正意义上的股份公司。

（三）原始公司的特征

原始公司的特征如下：

1. 没有明确的法律规范

依法成立是公司的一个重要特征，但这一时期，在合伙内容、经营方式、利润分配等方面都没有明确的法律规范，法律对公司经营没有更多的约束，公司的行为也不规范。

2. 组织上的合伙性与不稳定性

原始公司，无论是罗马帝国时期类似于公司的组织，还是中世纪欧洲的家族企业、康枚达、索塞特和"海上协会"，往往都由一个有着大量资本的人与一些有着大小资本的人合伙成立，合伙是松散的，这一特征决定了原始公司很容易夭折。

3. 投资的短期性

原始公司的投资往往是为了一次交易或几次交易，或者是为了航海。当这种交易或航海完成后，投资者就收回股本和利润，这使得原始公司的投资具有短期性。

4. 责任的无限性与规模的有限性

原始公司的绝大部分股东承担无限责任，只有某些股东承担有限责任，因此，原始公司虽然比单个业主能够筹集到更多的资本，但所能筹集的资本毕竟有限，这使得原始公司的规模扩张具有一定的局限性。

原始公司是公司发展过程中的一个特定历史阶段，并未成为固定的、经常性的企业组织形式，也难以成为普遍的、占主导地位的企业组织形式。原始公司产生和发展的意义，在于它为近代公司和现代公司的出现做好了经济上、组织上和法律上的准备。

二、近代公司

（一）近代公司的产生和发展

近代公司产生于 15 世纪末。随着新航路的开辟和美洲新大陆的发现，地中海沿岸国家的商业贸易空前繁荣，加速了封建制度的解体。这一时期，英、法等国先后爆发了资产阶级革命，资本主义生产关系逐步建立。这些国家继资产阶级革命之后又进行了产业革命，机器大工业取代工场手工业，为资本主义制度的确立提供了政治保障，也为商品经济的发展奠定了物质基础。为适应商品经济发展的需要，公司这种企业组织形式迅速发展，并逐步走向成熟。

（二）近代公司产生的环境和条件

公司从萌芽到初具雏形经历了 1 000 多年的时间，同时，公司产生于英国、荷兰、意大利等国家，而不是亚洲和非洲国家，也并非偶然。公司的产生有其独特的环境和条件。公司是社会化大生产的产物，在资本原始积累后，生产的社会化集中体现为贸易的巨大发展和信用制度的出现。贸易的巨大发展使生产的活动领域不仅突破了地区限制，而且日益冲破国界和洲际的限制，信用制度则为生产规模的进一步扩大提供了可能。欧洲的基督教文化经过革新包含了强烈的商品经济意识，这也为公司的产生创造了重要的条件。

1. 贸易的巨大发展是公司产生的前提

由于历史的、地理的和政治的原因，西欧一些国家的商品经济发展较早。古代欧洲的生产技术远不如同时期的中国，但贸易相当繁荣。古罗马有着发展贸易的得天独厚的自然条件，它三面环海，航运方便，又位于东西方交界地带，适于发展世界性贸易。古罗马人崇尚武力，一再扩充版图。"条条大路通罗马"，商货的陆路交通很便捷。加之古罗马一向采取自由贸易政策，大大促进了贸易的发展。因此，13—14 世纪欧洲已形成南、北两大商业区。14—16 世纪航海业探险的成功和地理大发现，使欧洲贸易的发展达到空前的广度和深度。美洲新大陆的发现和新航路的开辟，使欧洲的贸易范围空前扩大，贸易额剧增。贸易规模的扩大，特别是海外贸易的扩大，不仅需要大量资金，而且要求交通运输业与之相适应，后者同样需要大量资金。单个商人无力解决大规模贸易和交通运输业对资金的需要，必须向社会筹集资金，而公司恰恰可以承担这一职能。同时，贸易发展催生了大批大大小小的商人和货币持有者，这也为社会筹资提供了可能。此外，贸易越发达，越能刺激人们以赚钱为目的，甚至采取投机手段进行投资。所以,公司的产生无论如何都离不开贸易的巨大发展。

2. 信用制度的出现为公司的产生提供了有利的条件

公司的产生是与信用制度的出现紧密联系在一起的。马克思指出:信用制度是资本主义的私人企业逐渐转化为资本主义的股份公司的主要基础,信用制度创造了一种联合的资本,信用制度能够通过一根根无形的线把那些分散在社会上的大大小小的货币资金吸收到单个的或联合的资本家手中。信用制度对公司产生的影响是多方面的。首先,信用集中的银行或其他金融机构以利息作为刺激物,可以把闲散的社会资金集中起来,同时又以利息为条件把资金贷给需要资金的经营者,这种集中资金的方式和把资金的所有权与经营权相分离的功能,对公司的出现有很大的启示。其次,鉴于银行等金融机构的专业性和信用性,公司股票、债券的发行与流通通常要借助这样的机构,而且银行常常是股票和债券的主要购买者或承销商。最后,许多股份有限公司一开始就是以股份制银行的形式出现的。因此,离开信用制度,离开信用集中的银行,资本主义私人企业就难以变为近代公司。

3. 商品经济意识为公司的产生提供了适宜的文化土壤

公司的产生,除了与贸易的巨大发展和信用制度的出现有关外,还与一个国家的商品经济意识相联系。古代西欧各国尽管实行奴隶制和封建制,但是对民间工商业采取比较宽松的政策。古代西欧各国敢于放手让商界筹资,或者接受商界贷款,以支援政府财政,同时给商界一定的特许经营权。我国古代通常采用直接的苛捐杂税等方式来应付战争或巨大工程对资金的需要;某些商品不准民营,如盐铁经营权由国家垄断;某些与通商有关的探险活动如张骞出使西域、郑和下西洋等也由政府主持。古代西欧各国也有过鄙视商业的阶段,但是随着"文艺复兴"运动的兴起,"重商主义"终于成为一种思想体系,并产生了广泛的社会影响。16世纪席卷欧洲的宗教改革运动,更使商品经济意识获得伦理道德上的支持。所以,如果没有这种文化大背景,以营利为目的又将投资风险分散化的公司这一组织形式,绝不可能在欧洲产生,即使产生,也很难被欧洲社会接受。

(三) 近代公司的主要形式

1. 合组公司

合组公司由个体商人组成,他们从事贸易并有自己的货船,用一种并不密切的方式联结在一起,公司的规则和条例对大家都有约束力。亚当·斯密在《国富论》中这样描述合组公司:"没有共同资本,凡具有相当资格的人,都可缴纳若干入伙金加入组织,但各自的资本由各自打理,贸易危险亦由各自负担,对于公司的义务不过是遵守其规约罢了"。合组公司是一种"扩大的独占团体",其并未实现共同经营、共享利润、共担风险。

2. 合股公司

1657年英国出现合股公司，这是一种较为稳定的企业组织形式。股本不退还，股息定期发放，股票公开出售，是合股公司的主要特征。亚当·斯密在《国富论》中指出，这种公司"以共同资本进行贸易，各股员对贸易上的一般利润或损失，都按其股份比例分摊"。因此，合股公司已经实现共同经营、共担风险和共享利润，具备了原始公司和合组公司所不具备的优点，例如，可以通过出售股票募集资本，所有权与经营权适当分离，不必让所有投资者直接参与公司的经营管理。合股公司的出现可以分散投资者的风险，它是现代股份有限公司的先驱。

3. 特许股份公司

特许股份公司是由商人集资入股、共同经营的一种企业组织形式，其大多是商业性特许公司，享有商业独占权，具有可以募集更多的资金、投资者不必直接参与公司的经营管理和分散风险等优点。1600年因获得英国女王伊丽莎白一世特许状而成立的英国东印度公司就是其典型代表。凭借所享有的特权，英国东印度公司取得了掠夺印度和垄断远东贸易的权力。继英国之后，当时号称"海上马车夫"的荷兰，相继成立了东印度公司和西印度公司，其中，东印度公司具有明显的现代公司的特征：股票向全国发行，股东大会为最高权力机构，股东大会选举董事组成董事会，经理会主持日常事务，公司所得利润按股份比例分摊。

4. 特许专营公司

17—18世纪，特许股份公司的重要性逐渐下降，作为特许股份公司直接衍生物的特许专营公司出现，其与特许股份公司类似，但营业范围有所不同，主要从事公路、桥梁、运河和铁路等方面的生产经营，而不是海上贸易。此后，特许专营公司还经营公用事业，诸如煤气、水、电力和市内轻轨、铁路运输，以及开办电话、保险和银行业务。

（四）近代公司的特征

在许多国家和多个产业部门中，近代公司虽然还很幼小，但已经成型。当然，与现代公司相比，近代公司还不够成熟。概括起来，近代公司的特征有以下四个方面：

1. 所有权与经营权进一步分离

个人资本作为股份投入公司，所有权归个人，但由指定的或选举的人来管理，资本的所有权与经营权进一步分离。

2. 股份有限公司逐步占据主导地位

公司已经从合伙企业中分离出来，采用合股或发行股票、债券的方式筹集资金，按出资比例分配利润。公司开始以股份集资经营为主，并从短期投资转向长期投资，逐步向现代公司过渡。

3. 侧重于在交通运输业、公用事业和金融业发展

公司经营范围已从"包税"和"贸易"逐渐扩展到交通运输业、公用事业和金融业。

4. 公司的法律规范逐步确立

17世纪上半叶，英国首次确认公司为独立法人。1673年法国颁布商事条例，首次以法律形式将家族经营团体确立为公司。1826年英国颁布条例，给股份制银行一般法律认可，1855年又认可了公司的有限责任制，1862年颁布了股份公司法。1875年，美国大多数州都为公司的发展制定了法律。

三、现代公司

（一）现代公司的产生和发展

现代公司产生于19世纪下半叶。公司以筹资和联合的优势，在资本集中和加速垄断形成的过程中发挥了巨大的杠杆作用。与此同时，公司自身也获得迅猛发展。这一时期，有两个因素强烈刺激了欧美各国的公司在规模和数量上的急剧发展。

1. 科学技术新发现和新发明在工业上的广泛应用

在动力工业方面，这一时期出现了比蒸汽机更节约、更有效率的内燃机。在冶金工业方面，新的炼钢法的推广，使世界钢产量迅猛增加。内燃机的发明和钢铁工业的发展，推动了机械制造业、交通运输业的发展。更具划时代意义的是电磁学的研究，它使发电机、无线电、电灯、电话相继问世，并使工业电气化成为可能。人造染料、人造肥料和炸药的发明，为化学工业的发展奠定了基础。于是，电力、石油、汽车、化学等新兴工业部门开始崛起，矿业、钢铁、运输等重工业部门日益居于统治地位。重工业的发展要求企业具有较大规模，而单个资本一般难以胜任。在这种情况下，要满足上述发展要求，只有利用和发展已经出现的股份有限公司。

2. 市场竞争空前激烈

19世纪60—70年代，自由竞争达到顶点。企业为了在竞争中获胜，纷纷采取股份有限公司的形式扩大规模和实力。19世纪末20世纪初，在主要资本主义国家爆发的五次经济危机，激发了竞争，带来了资本主义发展史上空前猛烈、规模巨大的企业兼并与合并浪潮，使工业生产和资本集中得到巨大的发展。公司作为实现生产和资本集中的有力工具，在这一历史进程中起到了举足轻重的作用。随着资本主义由自由竞争进入垄断阶段，以股份有限公司尤其大公司之间的联合为特征的垄断组织，如卡特尔、辛迪加、托拉斯、康采恩等大量出现，并迅速遍及主要资本主义国家的各主要工业部门，同时跨国公司大量涌现。由此，股份有限公司得到普遍发展，不仅数量激增，而且规模日益扩大，分布范围大大扩展。

（二）现代公司发展的产业顺序

公司产生和发展的历程表明，公司并非一开始就在所有的产业部门全面出现。公司首先出现在贸易领域，然后扩展至交通运输业和金融业，最后大量普遍地出现在制造业。

1. 贸易领域

公司的出现是由企业规模的扩大与资金筹措的矛盾引起的，最先深刻感受到这一矛盾的是流通领域，因为企业规模的扩大是由商品流通数量的激增和范围的扩大引起的。在生产性企业规模大发展之前，贸易规模的扩大，尤其海上贸易扩展的需要已经产生了，当其他国家还不知公司为何物时，欧洲各国已相继成立各种各样的专营海外贸易的公司。1553—1680 年，英国先后成立 49 个远洋贸易公司，这些公司从英国女王那里获得特许状，专营海外某一地区的商业。贸易公司特别是英国东印度公司在聚敛财富方面的示范作用，促使公司数量迅速增加。1688—1695 年英国成立了 100 家新公司。1711 年南海公司成立，所有政府公债持有人都可以凭借政府债券认购该公司的股票。后来，股票价格的飙升，又促使更多的公司涌现，仅 1719—1720 年英国就成立了 195 家公司。

2. 交通运输业

贸易的发展要求交通运输业与之相适应，海上交通与海外贸易几乎是同步发展的。贸易区域的大小取决于运输方式，内陆贸易受陆上交通的制约，矿产品的生产和流通要求大规模的运输量，原有的人力车和牲畜驮运已经远远不能满足大规模、远距离交易的需要，而技术的发展使修建运河和铁路成为可能。为了提高内陆运输效率，英国 1660—1730 年改善了内河航行条件。1730—1790 年是"运河热"的极盛时期，其间运河总长度增加一倍，1840 年美国已建成大约 3 000 英里的运河。19 世纪上半叶，英、德、法、美等国掀起"铁路热"，其广度和规模大大超过了"运河热"。1824 年英国设立 234 家大公司，主要是铁路公司和汽船公司。在 1834—1836 年英国新成立的 300 家公司中，数量居于首位的仍然是铁路公司。发展交通运输业需要大量资金，于是股份有限公司在交通运输业发展起来。

3. 金融业

发展贸易和交通运输业，不仅依靠成立公司筹集资金，而且需要金融机构的支持。即便可以通过公司筹资，也要借助金融机构发行股票，这必然会刺激金融业的发展。由于投资银行风险较大，除国有银行外，股份制银行纷纷兴起。1694年英格兰银行成立。英格兰银行拥有120万英镑的资本，政府从英格兰银行取得贷款，并将相当于这笔贷款的银行券的发行权授予它，英格兰银行通过发行银行券，吸收社会资本。截至1841年，英格兰和威尔士已有115家股份制银行。保险公司也有丰厚的利润，所以股票发行数量迅速增长，1720年2—5月，保险公司的股票发行数量增长5倍多。鉴于英国的经验，后起资本主义国家一开始就瞄准银行业，将其作为发展股份有限公司的重点行业。美国的股份有限公司首先产生于金融业，1791年合众国银行成立，1817年纽约证券交易所成立，当时其上市股票全部是金融业股票，其中银行股票10种，保险公司股票13种。与美国一样，日本的股份有限公司也首先产生于金融业。

4. 制造业

股份有限公司大量向制造业扩展始于19世纪下半叶，晚于贸易领域、交通运输业和金融业，这是因为制造业企业规模的扩大是个较长的过程。制造业企业规模的扩大与垄断的形成是同步的，而竞争走向垄断恰恰发生于19世纪下半叶。由于制造业发展迅猛，股份有限公司一经进入，便如雨后春笋般涌现。随着股份有限公司在制造业的不断扩展，公司成为占统治地位的企业组织形式。20世纪初，英、美、德、法等工业发达国家，国民财富的1/4～1/3是由股份有限公司创造的，股份有限公司控制了国民经济的命脉。

现代公司发展的产业顺序表明，在社会化大生产和商品经济条件下，一个国家的经济起飞往往是从第三产业，即贸易尤其对外贸易的发展开始的。百业兴办，投资为先，经济起飞从贸易领域开始是合乎经济发展规律的。交通运输业的发展晚于贸易又先于制造业，因为制造业的产品及其所需生产要素广泛而大量流通，依赖交通运输业的先行发展。现代公司发展的产业顺序还表明，证券市场是合理配置资源的一种有力机制，它能按照经济发展的客观需要，有条不紊地把有限资源按照先后顺序和一定比例分配到各个产业部门。

（三）现代公司的特征

现代公司已深入社会经济的各个领域，无论是工业、农业、商业，还是科技、金融、服务业等，大都采用公司这一组织形式。与此同时，公司自身也获得迅猛发展，并呈现出许多新的特征。

1. 公司的充分发展

公司具有一般企业难以比拟的优点，如筹资快、规模大、实力强、投资风险小。19 世纪下半叶以来，公司的发展日益充分和普遍化。首先，公司的数量有了惊人的增长。19 世纪下半叶以前，一个国家有几万家公司，已让人难以望其项背，但在当今世界这已不算什么。1983 年美国公司达 300 万家，日本公司超过 200 万家，而 19 世纪 80 年代日本仅有 2 400 家公司。其次，公司的规模日益巨型化。随着社会化水平和市场竞争激烈程度的提高，公司的规模逐渐扩大。19 世纪末 20 世纪初，企业之间通过兼并、联合，使资本集中的程度迅速提高，形成各种具有垄断性质的公司，卡特尔、辛迪加、托拉斯、康采恩等垄断组织遍及各主要工业部门，控制了国民经济的命脉。最后，跨国公司大量涌现。随着国际分工的不断扩大和深入以及全球经济一体化，资本在国与国之间的流动日益频繁，资本输出在一些发达国家成为普遍现象，跨国公司作为资本输出的主要工具逐步发展起来。第二次世界大战后，科学技术迅猛发展，新兴工业部门大量涌现，金融资本急剧膨胀，对世界市场的争夺日趋激烈，使跨国公司得到空前发展。

2. 公司的中心地位

公司的充分发展，使其在社会经济生活中越来越居于主导地位。公司是国民经济的细胞，国民财富主要是由公司创造的，公司掌握着国民经济的重要部门，特别是大公司控制了国民经济的命脉。鉴于公司在国民经济中的重要性，公司在国家政治活动中也居于举足轻重的地位。国外大选中，公司提供数额惊人的政治捐款，美国法律禁止公司政治捐款，但公司巨头和富豪以个人名义提供的政治资助无不来自公司收入。各大公司利用自己的经济实力，操纵总统选举、争夺国会席位和政治要职，或通过院外活动影响政府决策。此外，公司不仅是经济组织，而且广泛参与社会活动，在文化、教育、科研、艺术、国际交流等方面发挥重要的作用。

3. 公司股权的分散化

随着公司规模日益扩大，股东的数量不断增多，公司股权呈现分散化的特征。公司通过发行股票和债券筹集资本，公司股份由众多投资者持有，持股人不仅有自然人，还有企业法人、政府、外国投资者等，单一股东很难依据所持有的股份掌控公司，结果是公司所有权与经营权高度分离，公司经营权往往集中在非股东的董事和经理手中，经理在公司经营管理中居于支配地位。

4. 公司经营的科学化

现代科技的迅速发展，对公司经营产生了双重影响：一方面使社会分工越来越细，某些企业特别是小企业的专业化程度越来越高；另一方面使公司之间的协作日益密切，一些公司尤其大公司的经营更加多元化,公司经营越来越趋向于朝综合性和跨行业的多元化方向发展。随着公司的大型化、集团化、股份化和国际化,公司内部组织管理也发生了相应变革,集权制逐渐向分权制演变,组织结构形式呈现出多样化,公司不断实现制度创新,提高了管理效率,并在公司治理和管理方面实现科学化与现代化。

5. 公司立法日趋完善

为确保公司的法律地位和权利义务实现,从法律上规范公司的设立和运作,各国政府十分重视对公司及其管理的立法,并使公司立法日趋完善。法国、西班牙、比利时、葡萄牙等国把公司法纳入商法典;英国、美国则以普通法为基础,制定单行的公司法规;其他国家对股份有限公司的管理也趋于严格和规范,诸如严格规定公司的组织程序和会计制度,定期对外公开公司的经营情况,加强政府和股东对公司的检查监督,维护投资者的利益,等等。公司立法的完善,既是公司健康发展的重要保证,又是公司趋向成熟的重要标志。时至今日,公司的组织和运行已相当规范,从公司的设立、经营和变更,到公司的终止和清算,均有章可循。法律把公司内部、公司之间以及公司与政府之间的关系调整得井然有序。

第三节　我国公司的产生和发展

公司的演变与社会化大生产和商品经济密切联系,直接或间接地反映了一定历史时期的社会经济特征,具有历史的继承性。但是,具体到每个国家,公司的发展又有其特殊性。从我国的情况来看,公司并非我国社会经济条件的自然产物。由于几千年来封建社会重农轻商的思想,我国的商业极不发达,公司这一组织形式无法得到发展。

关于我国公司的起源,一种观点认为,明朝后期的手工业中出现了商品经济的萌芽,到清朝前期,资本主义性质的手工业已经在一些地区和行业有了一定程度的发展,一些大型工场初具规模,所以明朝末年我国已经存在合伙(合股)经营方式。另一种观点认为,早在春秋战国时期的手工业中,就产生了除官办工业和私营工业以外的合股经营方式。这一时期生产规模大、使用工人多的大型矿山,采用的就是合股经营方式。遗憾的是,以后各朝代的抑商政策导致合股经营受阻,直到清朝合股经营才有所发展。可以说,我国古代存在过一些类似于西方国家的合伙企业,但我国历代王朝采取"重农桑，轻商业"的政策，导致商品经济极为落后，与商品经济密切联系的公司难以发展。西欧国家商品经济发达，随着商品经济的发展，早期的合伙企业演变成具有现代意义的公司。因此，我国公司的发展有源无流，公司这一组织形式的发展具有明显的外来性和跳跃性。

一、中华人民共和国成立前的公司

中华人民共和国成立前，我国主要有三种类型的公司：外国资本在我国创办的公司；清政府、北洋政府和国民党官僚资本创办的公司；民族资本创办的公司。

（一）外国资本在我国创办的公司

我国资本主义生产关系萌芽于明末清初。当时，东南沿海地区带有资本主义性质的工场手工业已经有了一定程度的发展，一些大型手工工场已具有相当的规模，并超出了一般独资经营者的资本承受能力。但是近代意义上的公司是在外国资本入侵后才出现的。1824年，美国鸦片商人在广州创办旗昌洋行；1825年，英国东印度公司在广州设立"商馆"，而后又创办了怡和洋行、颠地洋行等，从事贩入鸦片和棉布、输出茶叶等活动。随着鸦片战争的失败，我国的门户被彻底打开，大量的外国商品涌入我国，外国商人也纷纷来我国设立各种各样的洋行（公司），并仿照欧美国家的公司，在我国发行股票筹集资金，公司这种组织形式开始在我国盛行。第二次鸦片战争后，原来以从事商业活动为主的外国洋行纷纷向公用事业、矿山和产业等领域渗透，投资创办各种类型的公司。1861年旗昌洋行在上海与十几家商行以及一些中国买办合股，筹集100万两白银成立旗昌轮船公司从事长江航运；1866年英国商人在上海创办太古洋行，1873年和1881年又先后成立太古轮船公司、怡和轮船公司。甲午中日战争后，西方各国开始在我国划分势力范围，并取得了我国的铁路修筑权、矿山开采权和设厂权。随着投资的不断增加，西方各国通过公司这一组织逐步在我国的贸易、金融、铁路、矿产、航运、制造和公用事业等领域占据强有力的地位，控制了我国的经济命脉。

（二）清政府、北洋政府和国民党官僚资本创办的公司

19世纪60—90年代，清政府推行洋务运动，在"自强""求富"口号下，洋务派相继创办了一批近代企业。有些企业引用国外现代经营管理方式，通过向社会公开招商募股筹资建厂。洋务派创办了清政府的近代军事工业，以及官办、官督商办和官商合办的民用企业。官办企业全部由政府出资；官商合办企业由政府和商人共同出资；

官督商办企业以商人出资为主，政府出资很少或没有出资，但通过掌握用人和理财权控制企业。官商合办和官督商办的企业基本上采取公司的形式。北洋军阀统治时期，北洋政府创办了一些企业，如华新纺织公司、河北斋堂煤矿等。国民党统治时期，官僚资本创办和控制了许多公司，国民党政府和地方官僚资本也经营许多公司。抗日战争结束时，蒋、宋、孔、陈四大家族积累近200亿美元资本，基本控制和垄断了国家的经济命脉。

（三）民族资本创办的公司

当外国资本纷纷在我国各领域创办公司时，一些民族资本开始了集资创办公司的尝试。他们除了自办公司，还为外国资本充当经纪人，从中获取经营管理的经验。甲午中日战争前，我国已出现民族资本创办的公司，如1882年广州商人合股创办的广州造船厂、1886年杨宗濂等创办的天津自来火公司（火柴厂），这些公司是采用集资合股的方式创办的。此外，荣氏申新、茂新、福新纺织面粉工业公司，以张季直为首的大生资本集团中的一些公司，以周学熙为首的资本集团中的一些公司，以及南洋兄弟烟草公司等，都是近代中国比较有名的民族资本创办的公司。甲午中日战争后，清政府意识到了发展近代产业的重要性，并制定了一些鼓励创办企业、发展新兴工业的政策和法律。进入20世纪，我国的注册公司数量不断增加，1903年只有1家注册公司，1910年注册公司达到360家，1928年上升到716家，1935年增至2 682家。

二、计划经济体制下的公司

从中华人民共和国成立到1978年，我国实行计划经济体制，公司的发展在这段时间基本处于停滞状态。1949—1952年国民经济恢复时期，我国没收官僚资本，把官僚资本创办的企业变成国营企业，对一些民族资本创办的企业，并没有改变其原有的企业制度，所以，这一时期的企业主要是私营企业。"一五"计划初期，我国通过大规模经济建设，在钢铁、纺织等部门组建了一些具有社会主义性质的工业企业，如鞍山钢铁公司、华东钢铁公司、重庆钢铁公司等。1953—1955年是公私合营企业普遍发展的时期，公私合营企业多数是通过将官僚资本创办的企业没收转为公股而成立的，有一部分是通过将资本家的违法所得没收转为公股而成立的。为鼓励和指导有利于国计民生的民族资本主义企业转变为公私合营形式的国家资本主义企业，逐步完成社会主义改造，政务院于1954年9月通过《公私合营工业企业暂行条例》。该条例对公私合营工业企业的一系列规定，基本上是按有限责任公司的模式设计的。1950年12月29日，政务院第65次政务会议通过《私营企业暂行条例》。该条例规定了私营企业的三种组织形式,即独资、合伙和公司,同时规定了公司采取无限公司、有限公司、两合公司、股份有限公司和股份两合公司这五种具体的组织形式,还规定了企业非公司组织者,不得使用公司名称。《私营企业暂行条例》是中华人民共和国成立后第一部涉及公司的法规。

三、改革开放以来的公司

改革开放后,我国理论界和实务界对股份制在社会主义条件下存在的客观性和必要性在认识上有了飞跃。1981年,一些地区开始出现股票集资活动。1983年,深圳宝安县联合投资公司首次在深圳公开发行股权证。1984年,企业股票发行规模有了明显扩大,特别是集体企业各种形式的招股集资活动发展迅速。1984年7月,北京市成立第一家股份有限公司——天桥百货股份有限公司,该公司发行了定期三年的股票。1984年11月,上海电声总厂发起成立的上海飞乐音响公司,是中华人民共和国成立以来第一家比较规范的向社会公开发行股票的股份有限公司。1985年,上海延中实业公司成立,向社会公开募股。与此同时,国内一些大中城市也出现了股票发行活动,成立了一些股份有限公司。

从1986年开始,一些全民所有制企业开始进行股份制试点,如上海真空电子器件股份有限公司、沈阳金杯汽车股份有限公司等发行了股票。这一时期股票发行的规范化程度有所提高,面向社会公开发行的股票的比重增大。1986年9月,中国工商银行上海信托投资公司静安证券部挂牌,进行股票的柜台交易,标志着我国股票市场开始形成。此后,上海、深圳、北京、四川、沈阳等地选择了一些国有企业进行股份制试点。

1988年7—8月,国内宏观经济和金融形势恶化,物价上涨过猛,银行储蓄存款急剧下降,社会总需求与总供给严重失衡。为了把过旺的社会总需求压下去,国家实施严厉的财政和信贷"双紧"政策,对证券发行规模进行较为严格的控制,导致股票市场降温,公司的发展进程受到抑制。1990年,国家实施的"双紧"政策取得明显成效,物价趋于稳定,社会总需求与总供给严重失衡的状况有了显著好转,公司也重现生机。1990年12月和1991年7月,经中国人民银行批准,上海证券交易所和深圳证券交易所先后正式开业,34家企业的股票分别在两个证券交易所上市交易,这标志着我国的公司和股票市场进入新的历史发展时期。

第四节　单法人企业向多法人企业集团演进

《中华人民共和国公司法》(简称《公司法》)规范了有限责任公司和股份有限公司的设立和运作，但其中并没有"集团"一说。所谓集团，是公司因生产、流通和业务等方面的紧密联系而形成的企业联合体。事实上，企业集团的产生和发展是公司内外环境变化和作用的结果。从内部环境看，一方面，随着资金募集能力和管理水平的提高，在公司规模不断扩大的同时产生了所谓的"大企业病"，如机构臃肿、官僚主义盛行、效率低下，使得企业对环境的适应能力和竞争力减弱；另一方面，公司经营领域不断扩张，在多个领域成立相应的子公司，母子公司由于产权的联系而形成集团作战的整体。从外部环境看，由于企业经营领域的扩张受到各国反垄断法的约束，一些大公司或垄断组织不得不进行组织改革。在内部环境和外部环境的作用下，一些大公司被迫改变组织形式，选择合适的运作模式，企业集团凭借松散、灵活的特点成为众多大公司寻求发展的理想组织形式。企业集团是适应市场环境和企业内部组织变化的要求，由相对独立的企业借助某些机制相互结合而形成的经济联合体。因此，企业集团是介于市场和企业之间的中间组织，它能够在充分发挥大企业优势的同时，避免所谓的"大企业病"，也能够满足众多企业基于多元化战略、跨国经营的发展需要，因而成为现代公司制企业选择的一种重要组织形式。

一、企业集团的产生和发展

(一)国外企业集团的产生和发展

企业集团是市场经济发展到一定阶段的产物，它同企业兼并一样，都是在激烈的市场竞争条件下为增强企业实力、提高企业利润而产生的。企业集团的形成可以追溯到20世纪初。这一时期，生产的集中程度不断提高，生产集中意味着企业规模的扩大，而企业规模越大，竞争就越激烈。为了在竞争中不被淘汰并且能够打败竞争者，企业必须在更大程度上进行生产和销售的集中，于是，一些发达资本主义国家出现了大规模的企业联合和并购活动，形成了大量的垄断组织，如卡特尔、辛迪加、托拉斯和康采恩。卡特尔是生产同类产品的企业，为了独占特定市场并加强在市场中的竞争地位而联合组成的垄断组织。成员企业通过签订协议，确定产品的价格和产量，划分销售市场，但各成员企业仍保持生产、销售、财务和法律上的独立。辛迪加是同一生产领域的少数大企业，为共同销售产品和采购原料而联合组成的垄断组织。成员企业在购销上不再独立，但在生产和法律上仍保持独立。托拉斯是生产同类产品或在生产上互有联系的大企业纵向或横向组成的垄断组织，旨在垄断某些产品的生产和销售，攫取高额垄断利润。康采恩更接近现代意义上的企业集团，旨在垄断销售市场，争夺原料产地和投资场所，处于核心地位的大企业或大银行通过购买股份、参与董事会决策，将参加康采恩的其他成员企业置于控制之下。但是，由于成本的制约，企业规模不可能无限扩大，加之各国政府实行反垄断政策，各种垄断组织的发展空间大大受到限制。在这种环境下，企业集团这一企业联合体应运而生。

实践证明，生产集中是企业发展的一个趋势，但不一定要组成特大型公司，企业集团这一组织形式在取得规模效益和节省交易成本方面更具优势。20世纪初，美国许多企业在生产集中过程中，没有过于扩大自己的规模，而是采取"联合制"的形式。例如，美国钢铁公司在成立后的许多年，没有将一系列有关联的企业进行合并，而是通过母子公司的形式把这些企业联成一体。日本的财阀家族股份有限公司纷纷成立，财阀家族出资成立控股公司，每个控股公司又控制若干子公司，形成当时的财阀系企业集团。第二次世界大战后，财阀系企业集团被迫解散。20世纪50年代以后，这些旧财阀属下的企业又重新集结起来，形成了企业集团。几乎同时，欧美国家的垄断组织也逐渐改革内部产权结构、管理组织和联合方式，通过多次兼并收购形成了许多企业集团。与日本、韩国企业集团在形成过程中"政府主导"不同，欧美企业集团以市场为主导，主要通过自由竞争自发组建而成。随着经济的快速发展，韩国、新加坡等国家逐渐形成了一批颇具实力的企业集团。

（二）我国企业集团的产生和发展

我国企业集团形成于20世纪80年代，主要是通过政府推动和行政命令，将一些大型国有企业联合起来组建企业集团。当时的许多企业集团并不是真正意义上的企业集团。随着经济体制改革的深入，一批具有相当规模的大型企业集团逐步形成。我国企业集团从孕育、创建到初步发育成型大致经历了三个阶段：

1. 企业横向经济联合阶段

为适应社会主义市场经济的要求，政府采取一系列措施，推动企业横向经济联合。1979年，一些地区和部门为改变不合理的企业组织结构，开展了改组联合试点。随后一些地方开展了企业之间、地区之间和城乡之间多种形式和内容的经济联合。1980年7月1日国务院做出《关于推动经济联合的暂行规定》后，各种经济联合组织从无到有、从小到大蓬勃发展。但以上联合是浅层次的、不稳定的松散联合，是主要以产品扩散、零部件配套加工等为主的联合，联合双方的责、权、利往往通过口头协商达成，因而这种联合极不稳定。

2. 企业集团形成发展阶段

经过企业横向经济联合阶段的实践，人们逐渐认识到，横向经济联合是解决我国企业数量多、规模小等问题，发挥群体优势，增强竞争力，形成综合功能，最终提高经济效益的有效途径。但是这种松散的经济联合体，存在许多自身难以解决的问题。为此，相关部门在考察和借鉴国外企业组织管理经验后，提出了组建企业集团的设想，一些经济联合体和公司先后改制成企业集团。1987年国家经济体制改革委员会和国家经济委员会联合发布《关于组建和发展企业集团的几点意见》，加速了企业集团发展的进程，我国迅速涌现出各种形式的企业集团。

3. 企业集团完善提高阶段

企业集团在初期发展过猛、过快，组建工作做得不实、不细，除少数企业集团外，多数企业集团仍属于行政性企业和一般经济联合体。因此，从1988年下半年开始，企业集团在数量上增长趋缓，重点转向增加企业联结纽带、调整集团结构，使那些不具备企业集团基本条件的企业联合体，通过兼并、合并、参股等形式向深层次联合发展，逐步成为名副其实的企业集团。

二、企业集团的特征

企业集团是以一个或多个实力强大、具有投资中心功能的大企业为核心，以若干个在资本和技术上有密切联系的企业和单位为外围层，以产权安排、人事控制、商务协作等为纽带形成的多层次结构的经济联合体。企业集团在经济上实行统一控制，在法律上成员企业又各自保持独立，通过明确的产权关系和集团内部的契约来维系关系，按照集团总部经营方针和统一管理进行重大业务活动，实施多元化战略。因此，企业集团是企业组织发展的高级形态，既不同于单法人企业，也不同于传统的其他组织，与没有资产联系的多个企业所形成的松散联合体组织也有较大的区别。企业集团的特征主要有以下几个方面：

（一）由多个法人组成

企业集团是一个企业群体的概念，是在多个法人基础上形成的更大的经济联合体。集团成员可以是工商企业、金融机构和科研单位等，各成员作为独立的法人具有平等的法律地位，母子公司间的资金往来形成债务关系，产品买卖形成交换关系。因此，企业集团是多个法人企业的联合体,作为整体的企业集团不具有法人资格。换言之,企业集团不是法律主体,不具有民事权利能力和民事行为能力,不承担民事责任。由于企业集团不是独立的法人,集团内部不存在行政隶属关系,因而企业集团的管理不可能采用固定的方式和强制的关系,这使得企业集团比单法人企业更复杂、更难以管理。

(二)多种联结纽带

企业集团主要是以产权为联结纽带,以母子公司为主体,以集团章程为共同行为规范的母公司、子公司和关联公司共同组成的经济联合体。企业集团的主要联结纽带是资本,成员之间存在广泛的控股或参股关系,这也是企业集团得以稳定发展的基础。除此之外,企业集团的联结纽带还有产品、技术、信息、契约等,各企业在供、产、销环节,或者技术开发、产品创新、信息共享等方面相互依存,多种联结纽带促成了企业集团组织结构的多样化以及内部协作形式的多样化。

(三)多层次组织结构

企业集团联结纽带和组建方式的多样化,决定了集团组织结构的复杂性。按照资产联结紧密度的不同,企业集团可以分为四个层次:

(1)核心层。核心层是具有母公司性质的集团公司,是企业集团的必备层次,每个企业集团至少有一个核心层。

(2)紧密层。紧密层由被集团公司控股的企业组成,紧密层与核心层是母子公司的关系。

(3)半紧密层。半紧密层由集团公司参股的企业组成,其专业化程度高,一般与核心层尤其紧密层有固定的协作关系。

(4)松散层。松散层由承认集团章程、与集团公司有互惠协作关系的企业组成。作为松散层的协作企业多是"不固定的",通常集团公司很少甚至没有掌握这些企业的股权。

在企业集团内部,成员企业之间虽然不存在单纯的领导与被领导的关系,但各成员在集团中的地位是不平等的,核心层凭借较强的经济实力,通过控股或参股对成员企业的投资决策、人事安排、发展规划以及生产、开发、营销等各个环节进行控制或施加影响,以此维护成员企业行为的一致性和协调性,实现集团的整体发展战略。

(四)多元化经营

企业集团作为一个经济联合体,内部既可能有生产同类产品的企业之间的联合,也可能有由原料供应、生产加工和流通销售的企业之间的联合,还可能有经营业务几乎没有联系的多家企业之间的联合。在外部环境的竞争压力下,企业集团既有实力向相关领域扩展，也有动力向不相关领域进军，所以，多元化经营是企业集团发展的重要战略选择。主导产品的纵向延伸，同一产业的横向联合，分散风险的跨行业发展，都将使企业集团的经营范围涉及多个行业。因此，企业集团不仅能更好地参与市场竞争，也能有效地分散经营风险。

（五）复杂性

企业集团是多个法人通过多种联结纽带和组建方式形成的多层次组织结构的经济联合体，这使得企业集团能够聚集庞大的生产能力，产生单个企业难以达到的组合效应，满足现代化生产方式和规模经济的需要，实现企业集团的规模经济和多元化经营战略。因此，与一般公司相比，企业集团的特征主要表现为复杂性。首先，集团成员的联结纽带具有复杂性。母子公司主要以资本为联结纽带，同时还有产品、技术、信息、契约等多种联结纽带。其次，集团成员相互关系具有复杂性。母公司的主要职责是企业集团的战略管理以及集团内部的组织协调和服务，母公司、子公司和关联公司通过控股或参股等维系关系。最后，协调和控制具有复杂性。作为核心层的母公司，为形成和保持集团的整体优势与竞争力，要通过各种手段对成员企业进行控制和协调，根据持股多少，通过股东大会或安排董事和高管控制其他企业。企业集团的组织结构往往采用H形结构和网络结构等。

三、企业集团的优势

（一）企业集团的舰队优势

企业集团的联结纽带主要是资本，核心企业通过控股或参股掌握成员企业的控制权，一方面使企业集团更容易凭借雄厚的资本实力进入壁垒较高的资本密集型行业和竞争激烈的国际市场，在资本密集型行业和竞争激烈的国际市场站稳脚跟；另一方面，集团内部各成员企业都是独立的实体，可以采取市场化方式和专业化运作，充分发挥船小好掉头的优势。因此，企业集团既可以像联合舰队那样协同作战，应对外部激烈的竞争，又能使每一个成员企业像舰队中的小船那样，保持对市场快速反应的灵活性。

（二）企业集团的协同优势

企业集团作为一个整体，易于形成统一的目标和战略，各成员企业通过资源整合、相互合作和优势互补，实现规模化经营，共同开拓市场，降低运营成本，从而提高企业集团的整体效益。在企业集团内部，协作取代了竞争，各成员企业通过业务共享、资源共享和整体形象共享，获取更高的盈利能力，产生递增的规模效应。虽然每个成员企业会以"利己"为目的选择能带来更高效益的合作行为，但是相互协作、共享业务和特定资源，使每个成员企业从中受益，其结果是使企业集团的整体效益大于各成员企业独立组成部分的总和，产生"1+1＞2"的协同效应。

（三）企业集团的战略优势

企业集团的战略优势体现在多元化经营、拓展经营边界和风险规避上。随着市场边界的逐步扩大，企业集团面临的竞争和发展空间也日益增大。为了在市场竞争中取胜，企业集团发展到一定阶段后，往往采取多元化经营战略，寻找新的发展机遇，通过纵向一体化和横向一体化，拓展市场边界，扩大企业规模，在多个行业、多个领域形成垄断，并获得高额利润。而不断改进和调整企业集团的组织结构与行为方式，可以分散经营风险，增强集团整体对市场的控制力。

（四）企业集团的品牌优势

对于现代企业而言，品牌的作用越来越重要，而品牌的建立需要企业投入大量的广告推广费用，所以只有形成一定的规模效应且有较高的市场占有率，才能够形成并有实力打造品牌。相对于单个企业，企业集团更有实力塑造品牌形象，能够最大限度地创造强势集团品牌，并在集团总品牌的统领下，推动集团的品牌家族参与市场竞争，增强集团的产品竞争力。企业集团的品牌优势，不仅源于广告推广的规模效应，而且可以通过主营业务的品牌效应，向集团扩张的新领域延伸，使企业集团能够以较低成本进入其他领域。

四、企业集团的类型

企业集团的类型多样，它不仅在组建之初由于起点各异而呈现出多样性，而且在发展成熟后也不是千篇一律的。无论是从理论研究的角度，还是从企业集团的管理、规范和调整的角度，合理划分企业集团的类型都是十分必要的。企业集团按不同的标准可以分为以下几种类型：

（一）按行业性质和产品划分

以美国为例，美国的企业集团按行业性质和产品可以分为横向型企业集团、纵向型企业集团和混合型企业集团。

1. 横向型企业集团

横向型企业集团是由生产同一产品或相近产品的众多企业组成的企业集团。这种类型的企业集团既可以降低成本，获取较大的规模效益，也可以减少竞争者，增强市场支配能力，改善行业结构。

2. 纵向型企业集团

纵向型企业集团是由在生产或销售上存在业务联系的众多企业组成的企业集团。纵向型企业集团可以使上游的原材料企业进入企业的制造领域，也可以使上游的原材料企业进入下游的销售领域。前者可以摆脱原材料价格竞争的不利因素，降低产品成本，提高产品的附加值；后者可以获取市场的有用信息，避免市场变化造成产品滞销。

3. 混合型企业集团

混合型企业集团是由生产或业务上彼此并无太大联系甚至没有联系的众多企业组成的企业集团。混合型企业集团能够分散经营风险，缓解或抵消经济波动可能给企业经营带来的风险，增强企业集团的整体抗风险能力。

实际上，上述三种类型的企业集团是随着美国企业的横向经济联合，包括企业并购或兼并的发展而渐次出现的。美国历史上曾出现过四次大的企业兼并高潮：第一次兼并高潮的主要形式是横向型兼并，兼并的结果是使美国经济的集中化程度大大提高，产生了许多大型的横向型企业集团；在第二次兼并高潮中，横向型兼并已不再是主流，金属、化学、食品等工业企业之间的纵向型兼并日益增多，并产生了不少纵向型企业集团；在第三次兼并高潮中，混合型兼并取代横向型兼并和纵向型兼并成为兼并的主要形式，扩大产品门类的合并和混合型兼并占很高的比例，一批混合型企业集团诞生；在第四次兼并高潮中，混合型兼并的比例急剧下降，这是因为经过混合型兼并所形成的混合型企业集团，由于进入许多并不熟悉的业务领域，原有技术和管理优势难以发挥，而一些新领域和新业务耗费了经理人员大量的精力与时间，效果却不理想，基于此，兼并对象又转回到与本行业有关的企业上，对混合型兼并开始有选择、审慎地进行。可见，正是美国四次企业兼并高潮创造了多种多样的企业兼并形式，才使不同类型的企业集团得以形成。

（二）按企业集团内部的渊源关系划分

以日本为例，日本的企业集团按内部的渊源关系主要分为旧财阀系企业集团、新兴金融系企业集团和独立系企业集团。

旧财阀系企业集团是第二次世界大战前的旧财阀在保持原有特征的基础上重新聚结而成的，包括三井集团、三菱集团和住友集团。

新兴金融系企业集团是第二次世界大战后形成的新兴企业集团，是由财阀系企业群与银行通过系列贷款结合形成的银行和成员企业互为大股东的企业集团，包括以富士银行为核心的芙蓉集团、以三和银行为核心的三和集团、以第一劝业银行为核心的第一劝银集团。

独立系企业集团是以大企业为核心的企业集团，在第二次世界大战后经济高速增长以及重工业日益发展的情况下，以某个领域的巨型企业为基础，联结众多企业发展壮大起来的，如钢铁产业的新日铁和住友金属、汽车产业的丰田和日产、家电产业的松下和东芝、电子产业的日立和日本电气、交通运输产业的日本航空和日本铁道、流通产业的大荣和八佰伴等。其中，旧财阀系企业集团和新兴金融系企业集团统称财阀系企业集团。这两种企业集团的形成历史各异，但从形成后的结构来看，都是由生产、流通、金融等领域的诸多大企业多角化结合而形成的，所以，学者通常把日本企业集团分为财阀系企业集团和独立系企业集团。

1. 财阀系企业集团

财阀系企业集团以旧财阀和银行为中心，其特征可以概括为：

（1）成员多，规模大，集团内集合了各产业具有代表性的大企业。

（2）成员企业自主经营、平等交易，成员企业之间呈环状持股结构，但不一定是母公司和子公司的关系。

（3）集团内的重要问题由成员企业的社长组成的"社长会"协调，"社长会"不干涉各成员企业的经营活动。

（4）以大银行为中心进行系列贷款，或者以大综合商社为中心组成巨大的流通网络。财阀系企业集团的成员企业之间大规模、长期地相互持有股票，核心企业长期占据大股东地位，并通过"社长会"等定期进行信息交换，大银行通过系列融资进行以集团内企业为重点对象的资金供给。

经济界称财阀系企业集团为水平型企业集团。

2. 独立系企业集团

独立系企业集团是除了旧财阀和银行之外，独自进行投资活动，并具有一定的集团力量和特性的企业集团，是以有实力的大企业为核心形成的关系型企业集团。独立系企业集团的主要特征有：

（1）以某个产业中规模巨大、实力雄厚的生产企业或流通企业为核心，母公司、子公司和关联公司之间呈金字塔形结构。

（2）成员企业的联结主要以资本为纽带，结合程度更加紧密，成员企业之间进行广泛而稳定的承包、加工和销售等业务活动。

（3）集团内部有自己的银行和商社，独立从事投资活动，不依赖大银行的系列贷款。

（4）母公司实际控制子公司、关联公司的人事权。

经济界称独立系企业集团为垂直型企业集团。

财阀系企业集团以大银行为核心，拥有多元化的经营业务，成员企业与核心银行之间有着较为密切的贷款关系，而独立系企业集团以有实力的大企业为核心，在技术上和生产上紧密结合，形成金字塔形结构的关系型企业集团。当然，独立系企业集团与新兴金融系企业集团并非毫无关系，例如，作为独立系企业集团的日立公司，又分别是芙蓉、三和、第一劝银集团的成员。

（三）按核心企业的性质划分

企业集团按核心企业的性质可分为财团型企业集团和母子公司型企业集团。

1. 财团型企业集团

财团型企业集团主要以大银行和金融机构为核心，也有以工业企业和综合商社为核心的，集团内部各成员企业之间环状持股、多元结合，成员企业之间多是为了相互提携业务、减少市场风险等联合在一起的。核心企业一般只从事产权运作与管理，通过控股或参股控制成员企业，通过买卖股权实现资产的优化配置、产业结构的调整以及资产的保值与增值等。财团型企业集团往往规模庞大、实力极为雄厚，但数量相对较少。

2. 母子公司型企业集团

母子公司型企业集团以大企业为核心，通过控股或参股控制和协调为数众多的子公司或关联公司，利用业务协作和长期契约影响大批协作企业，在此基础上形成具有共同利益的经济组织。核心企业既从事股权经营控制，又从事商品和劳务经营活动，对其他公司的控股或参股，往往是出于自身经营活动的需要，如多角化经营、跨地区经营、跨国经营等。

本章小结

企业制度经历了从古典企业制度到现代企业制度的演讲过程。独资企业和合伙企业是古典企业制度下的企业组织形式，二者的特征、优缺点及适用领域各不相同，但都是自然人企业，企业不具有独立的法人资格，承担无限责任。现代企业制度是以有限责任公司和股份有限公司为主要形式的新型企业制度，具有产权清晰、权责明确、政企分开、管理科学的特征。公司起源于中世纪的欧洲，公司的发展经历了原始公司、近代公司和现代公司三个阶段。原始公司的主要形式有家族企业、康枚达、索塞特、"海上协会"，原始公司为近代公司和现代公司的出现做好了经济上、组织上和法律上的准备。近代公司的组织形式有合组公司、合股公司、特许股份公司和特许专营公司。近代公司具有所有权与经营权进一步分离，股份有限公司逐步占据主导地位，侧重于在交通运输业、公用事业和金融业中发展，以及公司的法律规范逐步确立的特征。现代公司产生于19世纪下半叶，其主要特征包括公司的充分发展、公司的中心地位、公司股权的分散化、公司经营的科学化、公司立法日趋完善。从现代公司发展的产业顺序来看，公司首先出现在贸易领域，然后扩展至交通运输业和金融业，最后大量普遍地出现在制造业。我国公司的发展大致经历了中华人民共和国成立前、计划经济体制下和改革开放以来三个阶段。企业集团是适应市场环境和企业内部组织变化的要求，由相对独立的企业借助某些机制相互结合而形成的经济联合体，具有由多个法人组成、多种联结纽带、多层次组织结构、多元化经营、复杂性等特征。相较于其他企业组织形式，企业集团具有舰队优势、协同优势、战略优势和品牌优势。企业集团按行业性质和产品、企业集团内部的渊源关系以及核心企业的性质可划分为不同的类型。

案例分析：三泰控股一股独大，中小投资者无奈

*ST三泰（2017年4月28日由"三泰控股"变更而来）是成都三泰控股集团股份有限公司（以下简称三泰控股）在深圳证券交易所发行的股票的简称。三泰控股创立于1997年，传统主营业务为金融电子设备和服务的提供，主要是为银行客户提供专业的金融自助设备、金融安防服务和金融外包服务。2012年，三泰控股开始向互联网转型，建设并运营以"速递易"为载体的24小时自助便民服务网格及平台建设项目。其中，"速递易"由三泰控股的全资子公司——成都我来啦网格信息技术有限公司（以下简称成都我来啦公司）负责运营，成都我来啦公司的主营业务为向广大业主提供快递代收货及临时寄存服务。2017年7月，经历了连续两年亏损后，"速递易"66%的股权被三泰控股出售给中邮资本（占股50%）、驿宝网络（占股10%）和亚东北辰（占股6%）三家公司。

2017年7月31日下午，三泰控股在公司总部13楼会议室召开股东大会，审议公司限制性股票激励计划等三项议案，最终结果却是在超过八成的中小股东的反对下议案还是获得通过。据三泰控股股东大会决议，在《关于公司〈2017年限制性股票激励计划（草案）〉及其摘要的议案》（以下简称《议案》）的投票上，同意3.64亿股，占出席会议所有股东所持有效表决权股份的96.2%，其中，在同意票中，三泰控股大股东

补某持有上市公司3.52亿股；反对1 420万股，占出席会议所有股东所持有效表决权股份的3.7%；弃权27万股，占出席会议所有股东所持有效表决权股份的0.07%，因此，《议案》以绝大多数同意票而获得通过。

但如果采用中小股东单独计票，则结果显示，同意只有167万股，占出席会议中小股东所持有效表决权股份的10.3%；反对1 420万股，占出席会议中小股东所持有效表决权股份的88%；弃权27万股，占出席会议中小股东所持有效表决权股份的1.7%。可以很明显地看出，虽然限制性股票激励计划的议案没有得到大多数中小股东的支持，近九成中小股东持反对意见，但结果依然是《议案》获得通过，中小股东的反对没有任何意义。

三泰控股此次限制性股票激励计划首次授予部分涉及的激励对象总人数为151人，包括公司公告此激励计划时在公司任职的高级管理人员、中层管理人员及核心骨干。拟授予的限制性股票数量为3 662.5万股，授予价格采用激励计划公告前20个交易日公司股票交易均价每股7.67元的50%，即每股3.84元。虽然股东大会应该以持股权为标准，大股东持股较多，掌握较大的话语权，但是三泰控股不顾中小股东的利益，坚决采用半价激励公司高级管理人员、中层管理人员及核心骨干的做法，在一定程度上对中小股东是不公平的。

据悉，三泰控股已经不是第一次出现这种情况。2017年4月24日，三泰控股召开股东大会审议《关于全资子公司成都我来啦网格信息技术有限公司减资的议案》《关于拟出售部分房产的议案》等三项议案。中小股东绝大多数反对，小部分支持，但最终大股东一锤定音。虽然大股东依靠股权优势在股东大会上做出决策无可非议，但在这次限制性股票激励计划中，让中小股东感到不公平甚至气愤的原因是三泰控股推出的限制性股票激励计划考核标准与大多数上市公司明显不同，其业绩考核标准存在不合理的情况。

限制性股票激励计划是上市公司激励员工的一种手段。有别于员工持股，限制性股票激励计划一般授予价格非常低。大部分情况是上市公司以市场价格一半的成本向公司高级管理人员、中层管理人员及核心骨干定向增发股票，只要达到业绩考核标准，这些股票就可以解禁，如果没有达到业绩考核标准，上市公司就回购注销。上市公司向员工推出限制性股票激励计划本来是符合企业运行机制的，有激励才有动力，但是部分上市公司将这个计划玩坏了，业绩考核标准门槛设置没有实际意义，其中三泰控股就是如此。对于大多数上市公司而言，限制性股票激励计划的业绩考核是以扣除非经常性损益后净利润为标准，但三泰控股以净利润作为标准，这种标准显然不能反映高级管理人员、中层管理人员及核心骨干对主营业务的贡献。

根据公司限制性股票激励计划草案，激励计划的解除限售考核年度为2017—2019

年，每个会计年度考核一次。首次授予的限制性股票第一个解除限售期的业绩考核标准为2017年归属于上市公司股东的净利润值不低于1亿元。三泰控股2016年归属于上市公司股东的净利润亏损13亿元，2017年实现扭亏盈利1亿元，这看起来确实值得激励。但是，2016年亏损的原因是公司管理人员经营不善，公司投入最大的成都我来啦公司2016年净亏损5.03亿元，与此同时，并购的资产出现大额计提商誉减值。而公司筹划出售该子公司的控制权，由此带来的投资收益才使公司扭亏，但这并不是公司高级管理人员、中层管理人员及核心骨干的努力使得主营业务实现扭亏。市场人士表示，如果把卖资产带来的业绩也算作公司高级管理人员、中层管理人员及核心骨干的功劳，那这个业绩考核标准确实不合理。

三泰控股主要分三步出让成都我来啦公司的控制权：

第一步是减资。成都我来啦公司注册资本由29亿元减至17.48亿元，其中8.52亿元为2015年非公开发行股票的结余募集资金，将返还至三泰控股的募集资金专户，补充公司的现金流。

第二步是转让控制权。成都我来啦公司减资完成后，三泰控股将其持有的成都我来啦公司合计9.92亿元出资额分别以现金对价7.52亿元、1.5亿元及9 018万元转让给交易对方中邮资本、驿宝网络和亚东北辰，如此可以获得收益。

第三步是增资。中邮资本、驿宝网络、亚东北辰在受让上述股权的同时，分别以现金3.6亿元、7 191万元和4 315万元认购成都我来啦公司的新增注册资本，三泰控股放弃增资的优先认购权。所有这些完成后，成都我来啦公司的注册资本增至22.22亿元，其中，三泰控股持股比例为34%，中邮资本持股比例为50%，驿宝网络持股比例为10%，亚东北辰持股比例为6%。如此看来，2017年扭亏实现盈利1亿元，也并不是公司高级管理人员、中层管理人员及核心骨干为公司创造的业绩，而是公司经营不善无奈出售控制权造成的，这样的业绩考核标准显然是不合理的。

阅读以上材料，结合课本知识深入思考，并回答以下问题：

1. 企业可以分为哪几种类型？现代企业制度的特征和主要内容是什么？三泰控股《议案》通过的过程反映了现代企业制度存在什么问题？

2. 三泰控股《议案》通过的业绩考核标准为什么不合理？这样的标准对于中小股东的利益会产生什么影响？

3. 如果你是三泰控股的一名中小股东，并且对《议案》持反对意见，你会采取哪些措施来维护自己的权益？

第二章 公司的特征、功能和类型

💡 学习目标

通过本章的学习，应掌握公司的含义和特征，理解公司与相关组织如企业、法人、企业集团的区别，了解公司的经济功能和社会功能，明确公司的类型、划分标准以及各种类型的特点。

💡 本章导论

公司作为一种主要的企业组织形式，有着区别于其他企业组织形式的特征。本章阐述了公司的含义和特征，详细叙述了公司与企业、法人、企业集团的区别。公司是国民经济的重要组成部分，它不仅是我国市场经济活动的主要参与者，也是社会生产和流通的直接承担者，对国民经济的持续稳定发展以及推动社会进步发挥着越来越重要的作用。公司有不同的划分标准，不同类型的公司，其特点和运行方式存在一定的差异。了解公司的划分标准以及各种类型公司的主要特点，有助于明晰各类型公司的本质区别，从而更好地指导公司的实践活动。

第一节 公司的含义和特征

一、公司的含义

公司是现代社会广泛存在的一种企业组织形式，也是整个经济活动的发动者与承担者，在国民经济中发挥着重要的作用。对我国而言，"公司"是舶来品。西方国家的"公司"一词来源于15世纪出现的康枚达组织。近代公司的典型代表是英国经皇家特许成立的特许股份公司。公司的英文为 company 或 corporation，company 或 corporation 除了可以译为"公司"，还可以译为"伙伴""一群人"或"法人"。公司在经济学中的原意是指数人以上集资而组成的企业。

在现代社会，公司的生命是法律赋予的。1683 年，英国大法官柯克将公司定义为：公司由许多人集合而成，是无形的、永久的，是按照法律规定成立的。公司不能有叛逆的行为，不能做非法的业务，也不能予以放逐，因为它们没有灵魂，除了依赖法律途径，自身无法亲自出面，公司既然是无形的团体，就不能宣誓效忠，不会受自然机体的衰老、死亡或其他各种不同情况等的限制。1918 年，美国大法官约翰·马歇尔对公司的解释是：公司是一种人为的团体，是无形的，不能捉摸的，只有在法律的构想之中存在。他把公司与法律联系在一起，视公司为"法人"。

公司在大陆法系和英美法系中的含义是不同的。大陆法系又称民法法系，是指以古罗马法、《法国民法典》为传统而发展起来的法律的总称。大陆法系的影响范围主要是欧洲大陆国家，特别是法国和德国。欧洲大陆的法国、德国、意大利、西班牙、荷兰、葡萄牙等国家以及拉丁美洲、亚洲许多国家的法律都属于大陆法系。英美法系是指以英国中世纪的法律，特别是以普通法为基础发展起来的法律的总称。由于英美法系主要源于英国普通法，故称为普通法法系、英国法系；由于英美法系是以判例法为主要表现形式，故又称为判例法系。英美法系产生于英国，后来影响范围扩大到包括美国、加拿大、印度、新加坡、澳大利亚、新西兰、马来西亚、韩国、中国香港等在内的国家和地区。

大陆法系中的公司是指依法成立、以营利为目的的社团法人。其主要特征有：①公司是社团法人，是两人以上的股东（社员）为了共同目的而组成的团体，并且公司是法人，不同于合伙企业。②公司是以营利为目的的社团法人，不以营利为目的的社团法人不能称为公司。英美法系中的公司是指依法联合从事某项经营活动的人自愿组合，对外承担有限责任的法人。英美法系认为公司的本质属性有两个方面：①公司是法人组织；②公司承担有限责任。所以，英美法系中的公司仅指承担有限责任的公司，凡是股东承担无限责任的公司都属于合伙企业，法律不承认其为公司。

现代意义上的公司一般是指依法集资联合组成，有独立的注册资本，自主经营、自负盈亏的法人企业。根据国际上公司的概念释义、立法趋势以及我国公司的实际情况，公司的定义可以概括为：公司是依法设立，由若干法人或自然人共同出资组成，独立从事生产经营和服务性活动的营利性经济组织。

（一）公司具有企业的一般属性

企业是经济活动的基本单位，是一种久已存在的经济组织形式。企业的性质可以概括为经济性、营利性和独立性。公司是最完善、最有效和最主要的企业组织形式，是企业发展到高级阶段的产物，因而具有企业的一般属性。经济性是指公司作为企业，必须直接从事经营活动，在国家法律许可的范围内，根据公司章程的规定，自由选择一种或多种行业为经营范围，并依法登记。营利性是指公司作为独立的经济组织，欲提高竞争力，并在市场竞争中站稳脚跟，必然要追求自身财产的增值。公司从事经营活动的目的是获取经济利益，公司股东的目的是使投资获得回报。公司的经济性和营利性使其区别于国家机关、事业单位和社会团体，这些组织设立的目的和宗旨各不相同，但不得从事生产经营活动、不得营利是其共同属性，尤其是国家机关更不得公开或变相地以"行政性公司"的形式参与生产经营活动，并从中谋利。独立性是指公司实行自主经营、自负盈亏，独立享有因自己的经营行为而带来的权利，并承担相应的义务。公司依法独立自主地进行生产经营活动，有权在其经营范围内自主制订生产经营计划、选购物资、销售产品以及其他经济技术服务活动，有权对外签订经济合同，等等。

（二）公司具有法人资格

法人是具有民事权利能力和民事行为能力，依法独立享有民事权利和承担民事义务的组织。法人需要具备以下四个条件：依法成立；有必要的财产和经费；有自己的名称、住所和组织机构；独立承担民事责任。公司是法人，具有进行生产经营活动或其他服务性活动的权利能力和行为能力，依法独立享有民事权利并承担民事义务。因此，公司作为法人，也应当具备以下四个条件：

1. 依法成立

按照公司法和有关法律规定的条件与程序，经工商行政管理机关核准登记后，公司才能设立并取得法人资格。公司在取得法人资格前，必须筹措到开办公司所需的法定数额的资金，制定公司章程，招募到与生产经营和服务规模相适应的从业人员，组织好公司的各类机构，并向有关主管部门办理申请、核准、登记等手续，这一系列程序必须符合法律规定的条件，唯有如此，公司才能取得法人资格。

2. 有必要的财产和经费

公司作为独立进行生产经营活动或其他服务性活动的经济组织，需要独立地享有民事权利和承担民事义务，同时具备进行这些活动和享有民事权利、承担民事义务的物质基础。这就要求公司必须具有独立的财产，包括货币、有形财产或无形资产。因此，公司在成立前，必须有法律规定的开办公司所需的资金，以及与其经营规模相适应的财产，对自己的财产有直接占有、使用、收益及处置的法人所有权。

3.有自己的名称、住所和组织机构

公司作为经济组织体,必须有自己的名称和住所,以及相应的组织机构。规定公司必须有自己的名称,既是为了区别于其他公司,也是为了表明公司的性质。公司名称的使用要按法定的要求,标明公司的责任形式,并且公司的名称要经过核准。公司以其主要办事机构所在地为住所。主要办事机构所在地,通常是公司发出指令的业务中枢机构所在地。公司的住所是公司章程载明的地点,是公司章程的必要记载事项,具有公示效力。公司必须设置与公司类型相一致的组织机构,公司组织机构的设置因公司类型的不同而有所区别。公司要有专门的财会人员和健全的财务制度,以及与其经营规模相适应的从业人员。

4.独立承担民事责任

公司自主经营、自负盈亏,独立享有因自己的经营行为而获得的权利,并承担相应的义务。对因自己的经营行为而导致的亏损,公司以其拥有的全部财产承担责任。股东不对公司的债务直接负责,但在有些情况下,如股东滥用公司法人地位和有限责任,逃避债务,严重损害公司债权人利益,股东应当对公司债务承担连带责任。据此,公司作为法人应具有人格、财产和责任上的独立性。人格独立性是指公司是法律上的独立主体,不依赖发起人和成员而独立存在,法人代表和法人成员的变动不影响法人的存在;财产独立性是指公司对于以自己名义取得的财产享有所有权或经营权,发起人或投资者对投资财产通常不再保留占有、使用、收益和处置的权利;责任独立性是指公司对所承担的债务只能以公司拥有的独立财产承担,发起人或投资者对超出投资额以外的债务,不承担清偿责任。

(三) 公司是股权式的集合体

从财产组成来讲,公司一般是多个出资人(股东)为了共同目的而组成的互集资本、共享利润、共担风险的经济联合体。各个股东的出资额形成了公司的股权,所以,在法律上公司体现为股权式的集合。公司不仅是法人,而且是社团法人,即由两人以上的股东(社员)集合而成的法人。这是公司与财团法人的主要区别。财团法人,如基金会,以财产捐助为成立基础,任命人员管理这些财产,而社团法人的财产由其社员提供,社员是社团法人的基础。既然公司的财产是由股东出资形成的,那么股东及其权利(股权)自然成为公司权力的来源。因此,股东大会也就成为最高权力机构。

公司一般由两个以上的股东组成,具有明显的集合性特征。但在有些国家,包括我国在内,也存在一人公司,即股东只有1人,一个人持有公司的全部股份。1994年《公司法》规定,有限责任公司的股东为2～50人,股份有限公司的发起人为5人以上。在公司设立时可能会出现这样的情况:股东在形式上符合法定最低人数,但实际上一个股东持有大多数股份,或者虚设一个或几个股东象征性持股。由于法律对这种情况不易进行控制和禁止,因此一人公司在某些国家也有相当的数量。针对这一情况,我国修订后的《公司法》允许设立一人有限责任公司,但是对一人公司没有特别规定,具体内容见本书第三章。

二、公司的特征

公司既是一个经济概念,也是一个法律概念。公司发展到今天,虽然形式多种多样,但其特征主要有以下几点:

(一) 独立的法人资格

公司人格独立是指公司作为法人而具有的独立的民事主体资格。公司一旦依法成立,其本身就是法律认可的"人"。尽管没有血肉之躯,但公司和自然人一样,享有广泛的权利,要承担相应的义务,可以拥有自己的财产,可以与外界发生民事关系,并以自己的名义起诉或应诉。公司人格独立的内涵有:

1. 公司具有独立的民事权利能力

民事权利能力是整个民事能力的基础,民事行为能力和民事责任能力均以民事权利能力为前提。取得民事权利能力是取得民事主体资格的标志,公司只有具备独立于其成员的权利能力,才能获得独立的法人资格。公司具有与其投资者(股东)互相分离的独立人格。公司的人格,是指公司作为一个团体在法律上的主体地位,只要经注册登记,就取得不同于股东和债权人的独立资格,公司可以自己的名义进行活动,具有无限延续的人格。

2. 公司拥有独立的财产

公司财产是公司独立从事一切民事活动并承担相应民事责任的基础。从源头上看,公司财产来自股东的投资,但是股东在交付出资后,即丧失对该财产的控制权而获得股权,该财产便成为公司财产,公司对该财产享有充分的支配权。公司的独立人格是以公司拥有独立的财产以及股东的个人财产和公司财产相分离为前提的。公司财产独立于股东的个人财产,公司财产的独立性决定了公司能够独立承担责任。所以,公司的债务只能用公司财产偿还,不能由股东直接对公司的债务承担责任。同样,股东债务只能由股东本人承担,不能用公司财产偿还。

(二) 有限责任制

责任是债务人不履行其应为的行为所发生的法律后果。从法学的角度看,责任有两重含义：一是应履行的法律义务；二是因未能充分履行义务而在法律上应承担的弥补过失的义务。公司的有限责任是指公司应以其全部财产承担清偿债务的责任，在公司的全部财产不足以清偿债务的情况下，公司的债权人不得请求公司的股东承担超过其出资义务的责任，公司也不得将其债务转移到股东身上。由于股东的个人财产与公司财产是分离的，因而不得直接将公司债务归责于股东个人。股东在履行了出资义务的情况下，一旦公司负债，不承担超过其出资义务的责任，债权人只能对公司财产提出请求而无权直接向股东起诉。因此，公司有限责任的含义，一是指公司以其全部法人财产对其债务承担有限责任；二是指公司破产时，股东仅以其出资额为限对公司承担有限责任。换言之，股东对公司或公司债权人不需要承担超出其出资额的义务。

公司应以其全部财产对债务负责，这是由民事责任的一般原则和公司的独立人格决定的。一方面，根据民事责任的一般原则，任何债务人均应以自己的全部财产承担债务清偿责任，因此公司作为债务人，也应该和自然人一样将自己的全部财产用于抵债；另一方面，公司作为独立民事主体，与自然人一样，不仅具有在法律上的独立人格，而且有自己的独立财产。由于公司财产与股东的个人财产是分开的，公司只能以自己的独立财产承担债务清偿责任。正因为如此，许多学者指出，公司的人格与其成员的人格的分离是有限责任产生的条件，不理解公司的独立人格，也就不能理解股东的有限责任。

有限责任制适应了社会化大生产条件下的商品经济对企业组织形式的客观要求，有着其他责任形式无法相比的功能。

1. 减少和转移投资风险

市场竞争充满风险，风险的大小通常与收益的多少成正比。故投资者在进行投资决策时，既要考虑资本收益，又要权衡风险，只有在投资预期收益超过预期风险时，投资者才能做出投资决策，而预测和减少风险要靠限制责任来实现。如果股东的责任没有限制，而单个股东又不能完全控制公司的运营，那么在公司欠下大笔债务时，债权人有可能对公司的股东直接追索，从而招致众多的股东破产。因此，有限责任是减少投资风险的最佳形式。在以投资者责任有限为基础的证券市场，股东可以通过转让股票转移投资风险。

2. 鼓励投资

社会经济的发展需要投资的推动，而有限责任是鼓励投资的一种有效的法律形式。有限责任使股东预先确定投资风险，即投资者的最大风险仅限于出资额的损失，这种能够减少和转移投资风险的法律形式，无疑是对投资者利益的保障，从而对鼓励投资起到积极的促进作用。有限责任制的这种责任有限、利益无限的特点，极大地激发了投资者的投资欲望，有利于公司吸引大量的股东并筹集到巨额资本，组建大规模企业，也激发了公司作为法律主体的生命力和创造力。

3. 促进资本流动

有限责任对股东投资风险的限制使得股票可以自由转让，进而引发大规模的股票交易，带动证券市场发展。投资者购买股票，不仅意味着可能获得收入，而且意味着可能遭受损失。尽管投资风险的上限不会超出其投资额，但这把"双刃剑"与投资者的切身利益有着直接的、明确的联系。在趋利避害动机的驱使下，股东无不通过买进卖出行为来表达自己对资本效率的关切和对资源配置的看法。只有在有限责任制下，股东才可以自由转让股票，及时转移投资风险。投资风险的有限性增强了股票在市场上的可转让性，促进了证券市场的股票交易，促使资源实现优化配置。

4. 减少交易费用

一些学者认为，有限责任减少了交易费用，例如，有限责任制避免了债权人直接针对单个股东提起诉讼。也就是说，在公司不履行义务时，债权人只需直接对公司提起诉讼，而不必对每个股东提起费用高昂、程序烦琐的诉讼。显然，这减少了交易费用，降低了股东监督管理者的成本和股东之间相互监督的成本。

有限责任制对公司产生了重大意义，公司得以迅速成为现代市场经济中的重要主体。

（三）公司财产权分离是以公司法人为中介的三权分离

财产权包括以所有权为主的物权、准物权、债权和知识产权等。财产权分离最常见的是财产的所有权与其他权能的分离，通常称为所有权与经营权的分离。例如，独资企业的业主拥有企业的所有权，而把经营管理权交给职业经理人。所有权与经营权分离的特点是：所有者与经营者之间的直接分权，导致企业资产与出资人资产没有明显的法律界限，所有者要对企业债务承担无限清偿责任，经营者只是暂时地在契约期内拥有授权限度内的财产的使用权，使得经营权依附于所有权，表现为经营权可大可小、经营时间可长可短，这些完全取决于契约合同及其执行情况。

公司财产权分离指的是出资人的原始所有权、公司的法人财产权与经营者的经营权相分离。这种分离是以公司法人为中介的所有权和经营权的两次分离。第一次是具有法律意义的出资人与公司法人的分离，即原始所有权和法人财产权的分离；第二次是具有经济意义的公司的法人财产权与经营者的经营权的分离。

1. 原始所有权

原始所有权是指出资人完成出资义务后，对公司所享有的权利。出资人的原始所有权表现为价值形态的股权。我国《公司法》规定，股东作为出资人，按投入公司的资本额享有所有者的资产受益、重大决策和选择管理者等权利。所以，股权是一种综合性的权利，主要包括对股票或股份的所有权、参与公司决策和分配公司收益等权利。

2. 法人财产权

法人财产权是指公司法人对其拥有的法人财产所享有的较完整的权利。法人财产权表现为公司对实物资产的支配权。法人财产权是公司最主要和最基本的权利，公司对全部财产享有独立的支配权，即享有占有、使用、收益和处置的权利。法人财产权的出现使得公司的出资人与现实的资产运营脱离了关系，出资人对公司资产的实际占有权和支配权转化为原始所有权。

3. 经营权

经营权是指经营者在经营过程中，对公司财产的经营、投资和其他事项所享有的权利。经营权表现为职业经理人对公司经营管理的权利。经营权使公司形成一个职业经理人阶层，他们比出资人（股东）能更好地经营和管理企业，利用有限的公司资源为出资人创造最大的价值，使出资人获得更大的资金回报。

公司所有权和经营权的两次分离，使公司成为不依赖股东而独立存在的法人。这种分离是以法律形式加以规范的永久性的、彻底的分离。公司作为法人，获得了与个人财产享有同等权利的法人资产，由此，公司法人获得了对公司资产的全面支配权，而且在法人存续期间，这些权利成为法人永久享有的权利，公司据此开始以自己的名义直接地、稳定地占有和经营股东投入的资产，摆脱资产原始所有者的干预。原始所有权体现为股权，相对于本来意义上的所有权而言，其权能已被大大弱化。出资人退居股东的地位，已经没有直接经营公司的权利，也没有直接处置法人资产的权利，只能通过股东大会反映自己的意愿，通过选举董事会间接地参与公司管理，从股权中获得资产收益或通过转让股权获利。这样一来，原始所有权与法人财产权拥有的客体是同一财产，反映的却是不同的价值形态和经济法律关系。原始所有权体现这一财产最终归谁所有，法人财产权体现这一财产由谁占有、使用和处置。由此可见，不仅所有者与法人之间的纵向产权关系十分明晰，而且终极所有者之间、法人之间的横向产权关系也十分清晰。

三、公司与相关组织的比较

（一）公司与企业的比较

公司是企业的一种形式，但不是企业的唯一形式。企业的形式有独资企业、合伙企业和公司。公司作为一种规范化程度较高、组织结构较完善的企业组织形式，具有不同于一般企业的特征。

1. 责任形式不同

独资企业和合伙企业都是自然人企业，出资人对企业承担无限清偿责任。公司是法人企业，公司以其全部财产对公司债务承担责任，公司股东以其认缴的出资额或认购的股份为限对公司承担责任。

2. 法律地位不同

独资企业、合伙企业及其他不具备法人条件的企业和经营单位，依法登记注册后，并没有取得法人资格，只取得合法经营权。公司依法登记注册后，即取得法人资格。

3. 适用的法律规范不同

企业的系列行为是由企业法和其他法律进行调整和规范的，例如，《中华人民共和国个人独资企业法》规范个人独资企业的行为，《中华人民共和国合伙企业法》规范合伙企业的行为。公司这一企业组织形式所涉及的设立、经营、合并、解散、终止以及其他对外关系等行为，是由《公司法》进行调整和规范的。

（二）公司与法人的比较

公司是法人，但只是法人的一种形式。公司是社团法人，区别于财团法人，同时公司是企业法人，区别于非企业法人。

1. 公司是社团法人

根据构成基础的不同，法人可以分为社团法人和财团法人。社团法人是指由社员集合而成立的法人，其财产由社员提供，所以社团法人是以"人"为基础构成的法人组织；财团法人是指以"财产"为基础构成的法人组织，然后任命人员来管理这些财产，如基金会、寺庙等。

2. 公司是企业法人

根据是否营利，法人可以分为企业法人和非企业法人。公司是从事商品生产流通活动，以营利为目的的组织，所以公司是企业法人。国家机关、事业单位和社会团体是法人，但并不以营利为目的，所以它们是非企业法人。

公司是企业法人，是营利性的社团法人，因此，公司既不同于自然人企业，也有别于财团法人和非企业法人。作为法人的公司具有独立的人格，不依赖股东而独立存在。公司实行自主经营、自负盈亏，从事生产经营活动，以营利为目的。

（三）公司与企业集团的比较

企业集团是由相对独立的企业借助某些机制相互结合而形成的经济联合体。企业集团的各个成员企业主要通过明确的产权关系和集团内部的契约关系来维系。所以，企业集团是若干个成员企业的集合体，是社会分工与协作的产物，是企业规模化发展和经济力量集中的体现。

公司与企业集团既有联系，又有区别。

公司与企业集团的联系体现在：它们都是以社会生产或服务为主导的经济组织，都有多个投资主体，都以追求最大经济效益为目的。

公司与企业集团的区别表现在以下三个方面：

（1）企业集团不是独立的法人。企业集团整体不具有独立的法人资格，不能作为具体民事活动和经济活动的行为主体，进而企业集团不是独立的法人，但成员企业是独立的法人；而公司是企业法人，具有独立的法人资格。

（2）内部组成和联结方式不同。企业集团是在非相关领域开展多元化经营战略的企业常用的一种组织形式，母公司一般不直接管理和经营业务单位，受其持股控制的业务单位对具体业务有自主经营权。所以，企业集团内部成员企业主要通过股权或契约协议联结在一起，各成员企业的资产和经营管理是相互独立的。而公司是一个整体，其内部的生产技术联系紧密，且资产和经营管理也密不可分。

（3）公司先于企业集团存在。企业集团是多个成员企业组成的经济联合体，所以，公司是企业集团发展的基础，公司先于企业集团存在。

第二节　公司的功能

公司的功能是指公司的经营与运作对社会发展和进步带来的良性影响。公司作为国民经济的组成部分，其活力是国民经济活力的基础，因此公司对国民经济的快速、持续和稳定发展有十分重要的影响。公司的功能主要体现在两个方面：一是经济功能，即公司在经济发展中的特殊作用；二是广泛的社会功能，即公司对一个国家的政治、技术、文化及其他社会生活带来的积极影响。

一、公司的经济功能

（一）促进资本集中

公司具有快速、便捷、有效筹集资本的功能，原因在于公司筹集资本的方式具有许多优点：①公司采用发行股票的方式筹集资本，无须在众多投资者之间协商，可以省去大量的交易费用；②公司的股本可以划分为若干份，以至普通社会公众都能参与投资，这种方式有利于广泛吸收社会资金；③每个股东均享有相同的权利和义务，这种"公开、公平、公正"的原则对于投资者颇具吸引力；④股票可在资本市场自由流通，所有权可随时转移，投资股票十分灵活和便利，加上股票流通的价格差异，为普通投资者赚取收益提供了机会，更加激发了人们参与股票投资的兴趣。以上均表明，公司为筹集资本提供了一种快速、便捷、有效的方式。

（二）提高公司经营效能

公司产权清晰，而且可以量化，每个股东的利益和风险都很明确，谁也不可能侵犯其他股东的利益，同样也不可能把风险转嫁给其他股东。为了获得更多的经济收益和减少投资的风险，股东必定十分关注公司的经营管理。除了通过股东大会监督和影响经营者外，股东还可以通过"用脚投票"，即以卖出公司股票的方式约束经营者。在这种监督和影响下，公司经营者必定会努力改善公司的经营，以满足股东利益和赢得社会信任，进而吸引更多的投资者。此外，现代公司的股权日益分散，这种分散化的股权可以在一定程度上减少投资者的风险，但不会使股东对公司的经营情况漠不关心，反而会使更多的人关注公司经营，从而在更大程度上促进经营者对公司经营的重视，提高经营效能。

（三）有效整合资源

公司作为企业组织形式中最为重要的经济主体，能更好地利用社会资源和组织资源，进而提高资源配置效率。首先，从公司自身的角度来考察，公司能够比较容易地集聚起巨额资本，达到规模经济的要求，因而有能力综合利用资源开展多样化经营，能够按照专业化协作和经济的内在联系对资源进行统筹安排和合理分工，并通过兼并、收购和资产重组等方式合理整合资源，这些都为更好地综合利用资源提供了有利条件。其次，从整个社会的角度来考察，公司能促进社会资源的合理流动。公司股票的自由转让和流通，使社会资源和生产要素通过市场机制合理流动，社会资源就可以自然地被分配到效益最高的行业和企业，而使那些效益不高、经营不善的企业破产倒闭，以减少社会资源的浪费。最后，公司的发展过程还伴随着市场体系的发展和完善。公司的发展和壮大促使全国甚至全球性的商品市场、劳动力市场、金融市场、技术市场和信息市场等形成和发展，进而使企业家、劳动力、原材料、设备、技术等社会资源在更大范围内更加顺利、更有规则地流动，从而更加易于实现资源配置的合理化。

(四) 促进企业家阶层的形成

公司规模巨大，人力、物力、财力集中，往往要进行复杂的经营活动，采用先进的管理手段，单凭企业主和股东个人的经验与直接监督已远远不能满足公司在市场经济中的需求，需要一批受过专门训练、具备专业知识和丰富经验的企业家进行经营管理。公司实行所有权与经营权分离，所有者一般并不直接参与公司的经营管理，而是聘请受过专门训练的职业经理人进行经营管理。公司这一组织形式对管理人员提出了专门化的需求，促使管理人员独立化和专业化，而社会上众多公司对高级管理人员的需求，使得企业家成为一个专门的职业，职业经理人市场的诞生也就成为可能。目前，我国的企业家和职业经理人市场尚未完全成熟，随着公司的发展和壮大，企业家阶层在我国必将形成，这也会大大促进和推动管理实践、管理科学的发展。

二、公司的社会功能

公司不仅具有经济功能，还具有社会功能。

(一) 促进科学技术转化

公司具有规模大、生产方式注重批量化的特点，这使得公司可以高效地利用先进的专业设备和工艺技术，采用新技术，为先进科学技术的推广和运用创造有利条件。公司筹资能力强，强大的开发实力能够促使新科技成果转化，有效地解决基础研究、应用研究与新产品开发脱节的矛盾，促进科学技术迅速转化为生产力。公司在生产过程中实行专业化分工协作，员工能够熟练地掌握自身所负责的工序或环节要求的技术，在重复性地作业时，可以从中总结和创造出先进的操作规则与方法。公司财力雄厚，可以吸引科研人员，采用先进的科学研究方法，组建专门的科学研究部门或机构，集中精力研究和解决关键技术问题，进而创造出新产品，促进公司规模进一步扩大和效益持续增长。

(二) 丰富文化内涵

公司是人类社会文明的产物，同时公司的发展也在不断丰富人类社会的文化内涵，创造新的物质文明和精神文明。公司是现代化大生产和商品经济发展的产物，是物质文明在社会生产经营过程中的具体反映，公司本身就是人类在社会发展中创造的一种重要文化。公司在长期的生产经营过程中形成独特的风格，具有自己的行为方式和方法，进而形成公司文化。公司文化是社会文化的组成部分，公司文化的产生给社会文化注入了新的内容，丰富了社会文化的内涵，进而促进了社会文化的发展。此外，公司也直接兴办各种文化事业，推动科技进步和社会文化事业发展，对社会文化事业予以资助，进行各种善事义举等，这些都促进了社会文化的建设与发展。由此可见，公司在提高社会文化水平、净化人类思想灵魂、树立新型道德风尚等方面发挥着越来越重要的作用。

（三）推动民主建设

推动民主建设这一功能主要体现在公司对社会政治生活的影响上。公司是国民经济的重要组成部分，作为营利组织，公司有其自身的经营准则和哲学。西方国家的公司尤其大公司为了自身的经济利益，会积极地参与政治活动，有些公司会全力资助某个候选人参加议会或政府竞选活动，或者与政府官员相互利用，通过"院外活动"对政府决策和立法活动进行干预等。在我国，公司的社会功能主要体现在推动民主建设方面。首先，公司作为独立的法人，具有完全的经营自主权，不受任何上级直接的行政干预，可以针对特定的市场环境独立地做出决策。其次，在长期的实践中，公司已经形成一套规范化的民主管理制度，实行决策权、经营权和监督权相互分离，股东大会、董事会和经理各司其职、相互制约，从而可以避免个人专权、暗中谋私等弊端，实现民主而有效的管理。这会促使民众增强民主意识，推动整个国家的民主建设。

（四）其他社会功能

公司是存在于社会之中的经济实体，其在发展过程中，必然会与社会的其他构成单位如供应商、顾客、竞争者、政府和新闻媒体等利益相关者发生各种联系。公司在现代社会充当重要角色，公司的利益与全社会的利益的联系日益密切。在解决某些重大社会问题，如防止环境污染、安排就业、赞助社会福利事业和教育事业以及减少或消除灾害和贫穷给人类带来的影响等方面，公司也越来越意识到自己义不容辞的社会责任，公司的作用日趋重要。

第三节　公司的类型及其特点

公司作为一种企业组织形式，与其他组织形式有共同的特点和统一的功能，但经过不断演变和发展，又表现出多种类型。不同类型的公司，在设立、组织结构、经营管理以及终止等各个方面都不同。可以按照债务清偿责任、信用基础、行业性质、公司之间的控制和依附关系、从属关系、开放程度及国籍等标准对公司进行分类。

一、按债务清偿责任分类

按债务清偿责任的不同，公司可以分为无限责任公司、有限责任公司、两合公司、股份有限公司和股份两合公司五种类型。这是一种最常用、最重要的分类方法，也是法律上的正式分类方法。这五种类型是目前公司的全部法律形式，反映了各种公司所具有的内部和外部的经济关系与法律关系。各国公司法及其他相关法律虽然对公司的法律形式有不尽相同的规定，但对其基本特征的规定大体上是相同的，并已逐步形成趋于一致的国际惯例。

（一）无限责任公司

1. 无限责任公司的特点

无限责任公司亦称无限公司，是指由两个以上股东组成，所有股东对公司债务承担无限连带清偿责任的公司。无限责任公司的特点如下：

（1）无限责任公司的股东必须是自然人。任何组织或机构都不能担任无限责任公司的股东，这是公司成立的必要条件，也是公司存续的必须条件。

（2）股东对公司债务承担无限连带清偿责任。无限责任公司的债务既不以股东的出资额为限，也不以公司的全部财产为限，当公司的财产不足以清偿债务时，股东应以自身的全部财产进行债务清偿。

无限责任公司作为一种企业组织形式，不同于合伙企业，无限责任公司是法人，合伙企业不具有法人资格。

2. 无限责任公司的优点

无限责任公司的上述特点，使其具有以下优点：

（1）组建简便。与其他类型的公司相比，组建无限责任公司，法律没有最低资本要求，不涉及股票的发行和转让；法定最低股东人数较少，股东之间的信任程度高。因此，无限责任公司是组建简便的一种企业组织形式。

（2）资智合作。无限责任公司以股东的个人信用为基础，允许部分股东以劳务或技术作为出资形式。股东之间合作形式的多样化，有利于股东把资本和才智结合起来，形成公司的综合优势。

（3）经营努力。无限责任公司的股东对公司债务承担无限连带清偿责任，公司经营的好坏直接关系到股东的经济利益，这使得股东有较强的责任心。许多无限责任公司就是家族企业，有利于各股东与公司同舟共济、共同努力。

（4）信用程度高。股东对公司债务承担无限连带清偿责任，意味着公司是以股东的全部财产来承担债务清偿责任的，这在很大程度上增加了外界对公司的信任，使公司具有很高的信用程度。

3. 无限责任公司的缺点

无限责任公司是最古老的企业组织形式，时至今日，其依然具有一定的生命力。但由于自身存在不可避免的缺点，无限责任公司不再是居于主导地位的企业组织形式。无限责任公司的缺点如下：

（1）股东责任过重。股东对公司债务承担无限连带清偿责任，一旦公司经营不善导致破产，巨额债务会使一些股东倾家荡产，因而往往会使出资人望而却步。

（2）公司规模有限。无限责任公司的股东人数有限，出资方式也不完全是货币资金，法律也不要求最低资本额，所以公司筹资困难，规模易受到限制。

（3）股本转让困难。股东承担无限连带清偿责任，股东之间有连带关系，股本转让必须经过其他股东的一致同意，从而导致股本转让困难。

（二）有限责任公司

1. 有限责任公司的特点

有限责任公司亦称有限公司，是指由一定数量的股东组成，股东以其出资额为限对公司债务承担责任的公司。有限责任公司是迄今为止数量最多的一种企业组织形式，其特点如下：

（1）股东人数较少。各国法律大多对有限责任公司股东人数的最高限额进行了明确规定，我国《公司法》规定，有限责任公司由50人以下股东出资设立。

（2）公司资本不必划分为等额股份。股东出资后获得的只是权利证书，权利证书不能在股票市场上自由买卖，并且股东在转让股权时，必须征得其他股东过半数同意。

（3）所有权和实际经营权未完全分离。董事和高级经理人员往往有股东身份，大股东往往直接经营管理公司。

（4）公司成立、歇业、解散的程序比较简便，公司内外部关系相对简单，管理机构也不复杂，同时公司账目无须向社会公开披露。

2. 有限责任公司的优点

有限责任公司的优点如下：

（1）股东仅以其出资额为限对公司债务承担有限责任，这大大降低了股东的投资风险，进而提升了股东投资的积极性。

（2）有限责任公司股东人数较少，大股东往往直接经营管理公司，集公司所有权和经营权于一体，从而降低了委托代理成本。

（3）有限责任公司采取发起设立，设立程序相对简单，有利于中小企业的设立。

3. 有限责任公司的缺点

有限责任公司的缺点如下：

（1）投融资受限。公司不能向社会公开募股，不能发行股票，股东人数较少，从而大大限制了公司的融资能力与投资规模。

（2）股权转让受限。股东转让股权必须征得其他股东过半数同意，这使股权转让较为困难。

（3）不利于经营管理水平的提高。股东往往直接经营管理公司，掌握专业经营知识与技能的职业经理人难以有效发挥作用，不利于公司经营管理水平的提高。

有限责任公司既能在出资人不多、企业规模不大的情况下保持封闭式经营，又能取得公司法人财产权，享有法人组织的各种政策，因而许多中小规模企业一般采用有限责任公司的形式，这使得有限责任公司在数量方面大大超过了股份有限公司。除此之外，有限责任公司在资本总额方面远小于股份有限公司，因而有限责任公司的经济地位相对较弱。

（三）两合公司

两合公司是指由无限责任股东与有限责任股东共同组成的公司。无限责任股东对公司债务承担无限责任，有限责任股东以其出资额为限对公司债务承担有限责任。两合公司兼有无限责任公司和有限责任公司的特点。其中，无限责任股东以个人信用为基础对公司债务承担无限责任，有限责任股东以资金为基础对公司债务承担有限责任。两合公司集无限责任公司和有限责任公司于一体，依靠无限责任股东的个人信用与有限责任股东资金的相互配合达到营利的目的。无限责任股东代表公司主持业务，在公司管理决策中占主导地位；有限责任股东仅提供资金，分享红利，不会过多干涉公司的业务和经营管理。两合公司的信用程度比有限责任公司的信用程度高，又比无限责任公司容易筹集资金。

两合公司在公司制度发展初期起到了一定的积极作用，但随着公司制度的发展以及市场机制的进一步完善，两合公司自身的局限性使其规模不断缩小、数量日益减少。

（四）股份有限公司

1. 股份有限公司的特点

股份有限公司是指由一定人数的股东发起设立，全部资本划分为等额股份，股东以其认购的股份数额为限承担责任的公司。股份有限公司是集资经营、共担风险的企业经营模式长期发展的产物，已逐渐成为西方发达国家占统治地位的企业组织形式。股份有限公司的特点如下：

（1）股份有限公司是最典型的企业法人组织。现代意义上的完整的公司概念和法律概念都是源于股份有限公司，而且股份有限公司所具有的完备的组织机构、完全独立的财产和责任，都充分体现了企业法人组织的法律特征。

（2）股份有限公司的资本划分为等额股份。这种资本的股份化不仅便于公司公开发行股票、募集社会资金，而且便于股东表决权的行使和股利的分配。

（3）股东人数须达到法定数目。股东可以是自然人，也可以是法人。我国《公司法》规定，股份有限公司的发起人为2人以上200人以下，其中须有半数以上的发起人在中国境内有住所。

（4）所有权与经营权彻底分离。股东一般不参与公司的经营管理，公司的日常经营管理由董事会和经理层负责。

2. 股份有限公司的优点

股份有限公司的优点体现在以下四个方面：

（1）有利于吸纳社会资金。股份有限公司的资本划分为等额股份，这为社会公众提供了简便、灵活的投资渠道，有利于吸纳社会资金，不断扩大自身规模。

（2）有利于资本流动。股东不得随意抽回投入的资金，但公司股票可以自由转让，为资本的充分流动提供了可能。

（3）有利于分散投资者的风险。股东仅以出资额为限对公司债务承担责任，而且单个股东所拥有的股份只占公司资本的小部分，因此，股份有限公司虽然经营风险大，但每个投资者只承担很小的风险。

（4）有利于提高经营管理水平。所有权与经营权彻底分离，使得公司高管是经验丰富且受过专门训练的专业人士，而资本的社会化和公众化使公司必须向社会公开财务状况，以促进社会对公司的监督，这些都有利于提高经营管理水平。

3. 股份有限公司的缺点

股份有限公司的缺点主要如下：

（1）公司的信用程度较低。股份有限公司是典型的资合公司，其信用基础源于公司资本的多寡，而非股东的个人信用，加之股东对公司债务只承担有限责任，导致公司的信用程度较低。

（2）公司组建和管理的成本较高。股份有限公司的设立程序复杂，设立条件严苛，设立责任较重，其内部组织关系和社会关系较为复杂，这需要付出额外的代价，导致公司组建和管理的成本较高。

（3）容易造成投机。大多数股东购买股票主要是为了获得资本利得，而不是真正关心公司的长远发展。由于股票可以自由买卖，股票价格会随着公司的经营情况、社会政治经济以及国际经济动态而出现不同程度的波动，因此会助长某些投资者的投机心理，给公司的长远发展带来不利影响。

（4）不利于保守公司的商业机密。股份有限公司的表决权原则，决定了大股东很容易操纵公司，使小股东的利益受到损害。因此，监管部门要求公司必须向全体股东、政府有关部门、潜在的投资者、债权人及其他社会公众公开披露其经营情况和财务状况，这不利于公司相关商业机密的保守。

股份有限公司在数量上不一定占绝对优势，但由于其资本雄厚、实力强大，各国许多重要的经济领域和部门，特别是制造业、采掘业和金融业等资本密集型行业，都由股份有限公司操纵和把持。

（五）股份两合公司

股份两合公司由无限责任股东和有限责任股东组成。无限责任股东概括性出资，对公司债务承担无限连带责任；有限责任股东的出资划分为等额股份，股东以其认缴的股份对公司债务承担有限责任。股份两合公司兼有两合公司和股份有限公司的特点，其公司治理结构不同于其他类型的公司，股东会只代表有限责任股东，其决议对无限责任股东没有约束力。公司没有董事会，业务执行人相当于股份有限公司的董事，无限责任股东和有限责任股东均可被选为业务执行人。股份两合公司的组织管理复杂，易产生摩擦。无限责任股东数量不多，出资额往往有限，有时也难以提高公司的信用程度，但公司大权实际上掌握在少数无限责任股东手里。由于股份两合公司自身存在一系列缺点，它基本上是一种被淘汰了的企业组织形式。

二、按信用基础分类

公司作为企业法人，从事经营活动必须具有一定的信用。公司既可以股东的个人信用作为信用基础，也可以公司的资本作为信用基础，或者二者兼而有之。按信用基础，公司可分为人合公司、资合公司和人合兼资合公司。这种分类标准实质上是第一种分类标准的理论抽象，更能反映不同类型公司的实质特征。

（一）人合公司

人合公司是指公司开展生产经营活动，获得社会信任的基础是股东的个人信用而非公司资本的公司。人合公司的股东以其全部财产承担责任。虽然股东的个人财产不可能是无限的，但股东对公司债务承担无限责任的基础是股东本人的信用。无限责任公司是典型的人合公司，股东对公司债务承担无限责任，股东之间具有较强的关联性，相互之间以信任和合作为基础，互相承担连带责任。基于人合公司的上述特点，在组建人合公司时，需要仔细考察合作伙伴的信用情况。

（二）资合公司

资合公司是指公司经营活动的信用完全以公司的资产和资本为基础的公司。资合公司的信用基础是公司的资本总额和财务状况，即资合公司以公司资本是否雄厚、经营是否成功等作为信用基础，与股东个人的信用无直接关系。资合公司的偿债能力主要取决于公司的资产状况，公司完全是资本的结合，股东对公司债务承担有限责任，股东之间并无太高的信任要求，所以，资合公司的信用程度不如人合公司。有限责任公司和股份有限公司都是资合公司，股份有限公司是最典型的资合公司。股份有限公司具有股东人数众多、股东经常处于变动之中、股权相对分散、股票可自由转让等特点，故其不能以股东的信用作为信用基础，只能以所发行股票的资本总额作为信用基础。

（三）人合兼资合公司

人合兼资合公司是指以股东个人的信用和公司资本作为信用基础的公司。人合兼资合公司兼具股东个人的信用和公司资本的信用两方面属性。两合公司和股份两合公司是典型的人合兼资合公司。人合兼资合公司兼具人合公司和资合公司的特点。虽然有限责任公司是典型的资合公司，但由于有限责任公司的股东人数较少且比较固定，股东之间相互了解，加之股东转让股份必须征得其他股东的同意，因此有限责任公司的经营活动除了以资本为信用基础，还与股东个人的信用有关，在某种程度上有限责任公司也属于人合兼资合公司。人合兼资合公司的信用程度介于人合公司与资合公司之间。

三、按行业性质分类

按公司经营业务所属的行业，公司可分为工业公司、商业公司、金融公司、咨询公司和房地产公司等若干种。按照行业性质对公司进行分类，一直是我国公司登记和管理中特别重视的分类方法，它与我国现行的行业管理制度有密切联系。《国民经济行业分类》(GB/T 4754—2017) 规定了 20 个行业共 97 个大类：A. 农、林、牧、渔业；B. 采矿业；C. 制造业；D. 电力、热力、燃气及水生产和供应业；E. 建筑业；F. 批发和零售业；G. 交通运输、仓储和邮政业；H. 住宿和餐饮业；I. 信息传输、软件和信息技术服务业；J. 金融业；K. 房地产业；L. 租赁和商务服务业；M. 科学研究和技术服务业；N. 水利、环境和公共设施管理业；O. 居民服务、修理和其他服务业；P. 教育；Q. 卫生和社会工作；R. 文化、体育和娱乐业；S. 公共管理、社会保障和社会组织；T. 国际组织。按照这种分类方法确定的公司类型，虽然与我国《公司法》无直接联系，但在公司管理上有重要作用，它有助于各类公司的适度发展。

四、按公司之间的控制和依附关系分类

按公司之间的控制和依附关系，公司可分为母公司和子公司。

（一）母公司

母公司是指拥有其他公司一定数额的股份或者根据协议能够控制和支配其他公司的公司。母公司与控制性公司经常作为同义词出现。母公司对子公司的控制主要体现为两种方式：一是控股，公司之间的控制关系基于股份的持有；二是协议，公司之间可通过协议完成一方对另一方的控制。

（二）子公司

子公司是指一定比例以上的股份被另一公司持有或者按照协议被另一公司实际控制的公司。换言之，被母公司控制和支配的公司为子公司。

母公司与子公司之间的控制和依附关系，主要是以股权的占有为基础，母公司通过行使股权而不是依靠行政命令控制子公司。在现代社会，公司股权高度分散，母公司对子公司的股权占有比例呈下降趋势，在大型上市公司，一般持有5%的股份就能够达到相对控制的地位。母公司与子公司在经济上虽为一体，但在法律上都是独立的法人。子公司不是母公司的组成部分，而是自负盈亏的企业法人，它有自己的名称、章程、财产，自主召开股东大会和董事会，独立地进行业务活动和诉讼活动等。

五、按从属关系分类

随着规模的扩大和实力的增强，公司可能采取设置分支机构的方式向外扩张，此时在公司与新设立的分支机构之间就形成了一种管辖与被管辖的关系，即从属关系。按从属关系，公司可分为总公司和分公司。

(一)总公司

总公司是指具有法人资格,对其组织内部的分支机构进行管辖的公司。总公司对其分支机构行使生产经营、资金调度、人事安排等方面的指挥权、管理权和监督权。

(二)分公司

分公司是指在业务、资金和人事等方面均受到总公司的管辖,在法律上不具有独立法人资格的分支机构或附属机构。

分公司不同于子公司,无论是在经济上还是在法律上,它都没有独立性,而且没有独立的名称、章程和资产负债表。分公司作为总公司的一个组成部分,其全部资产均属于总公司,其经营管理的重大问题亦由总公司决策。分公司在对外从事业务活动时,也是以总公司的名义进行,其行为后果由总公司承担。

六、按开放程度分类

公司的开放程度是指公司的股份是否能够在社会公众间转让。按开放程度,公司可分为上市公司和非上市公司。

(一)上市公司

上市公司是指股东人数众多,股权较为分散,公司股份可以公开募集并能够在证券市场上自由交易的公司。

(二)非上市公司

非上市公司是指股东人数较少,股权全部由设立该公司的股东所有,公司股份既不能公开募集,也不能在证券市场上自由交易的公司。所以上市公司一定是股份有限公司,而股份有限公司不一定是上市公司。

我国的上市公司类似于英美法系中的开放式公司,非上市公司类似于英美法系中的封闭式公司。英美法系按照公司股票的掌握对象和股份转让方式,把公司主要分为开放式公司和封闭式公司。开放式公司是指公司股份可以公开募集并由社会公众持有,可以自由转让的公司。开放式公司类似于大陆法系中的股份有限公司。封闭式公司是指公司股东人数较少,股东转让股权会受到限制,同时不得向社会公开募集股份,股份也不得在证券市场上自由转让的公司。封闭式公司类似于大陆法系中的有限责任公司。

七、按国籍分类

公司的国籍是公司作为特定国家的成员而隶属于该国的一种法律身份，公司享有其所在国家法律赋予的权利，同时需要履行所在国法律规定的义务。关于公司国籍的认定，各国在实际运用中奉行不同的标准和原则，如认许地国籍说、股东国籍说、设立行为地国籍说和住所地国籍说等，但是大多数国家采用认许地国籍说的原则，即以公司注册地或登记地所在国为公司国籍，我国也奉行这一原则。按国籍，公司可分为本国公司、外国公司和跨国公司。

（一）本国公司

本国公司是指具有本国国籍并享有本国法律所赋予的权利，履行本国法律所规定义务的公司。因此，依照我国法律登记之后被批准成立的公司，均视为我国的公司，如中外合资公司、中外合作经营公司和外商独资公司。

（二）外国公司

外国公司是指不具有所在国国籍的公司，即没有按照所在国的法律登记注册成立的公司。我国法律规定的外国公司，是指依照外国法律在我国境外登记注册成立的公司。外国公司欲在所在国开展经营活动或者设立分支机构，只有获得所在国政府的批准才能从事营业活动。

（三）跨国公司

跨国公司是指以本国为基地，通过对外直接投资或在其他国家设立办事处、分公司、子公司，进而从事国际性生产经营活动的大型经济组织。跨国公司是一个具有国际属性的集团公司。在大多数情况下，跨国公司不是独立的法律实体，其内部关系可以用上述的母公司与子公司、总公司与分公司的关系去界定。

因此，凡是在我国批准登记成立的公司均视为我国的公司，凡是不在我国批准登记成立的公司均视为外国公司，母公司和子公司分别在不同国家进行登记注册的公司为跨国公司。

本章小结

现代意义上的公司一般是指依法集资联合组成，有独立的注册资本，自主经营、自负盈亏的法人企业。公司的含义可以概括为：公司具有企业的一般属性；公司具有法人资格；公司是股权式的集合体。公司的特征主要有：独立的法人资格；有限责任制；公司财产权分离是以公司法人为中介的三权分离。公司的含义和特征表明，公司与企业、法人、企业集团有着明显的区别。公司作为国民经济的组成部分，具有重要的经济功能和社会功能。公司的经济功能体现在：促进资本集中；提高公司经营效能；有效整合资源；促进企业家阶层的形成。公司的社会功能体现在：促进科学技术转化；丰富文化内涵；推动民主建设；其他社会功能。公司类型多种多样，公司可以按照债务清偿责任、信用基础、行业性质、公司之间的控制和依附关系、从属关系、开放程度及国籍等标准进行分类，不同类型的公司有不同的特点。

案例分析　有限责任公司的无限责任[①]

2009年2月，徐工集团工程机械股份有限公司（以下简称徐工机械）向法院提起上诉：成都川交工贸有限责任公司（以下简称川交工贸）拖欠货款未付，而成都川交工程机械有限责任公司（以下简称川交机械）和四川瑞路建设工程有限公司（以下简称瑞路建设）与川交工贸存在财产、人格等方面的混同，应当对本公司的货款支付承担连带清偿责任。徐工机械认为，三家公司的实际控制人王某礼以及川交工贸的各位股东，由于公司股东的个人财产与公司财产混同，均应承担连带清偿责任。故徐工机械请求法院判令：川交工贸支付拖欠徐工机械的货款10 916 405.71元及利息；川交机械、瑞路建设以及王某礼等人（川交机械的股东）对上述债务承担连带清偿责任。

川交机械成立于1999年，成立之初的股东有四川省公路桥梁工程总公司二公司、王某礼和倪某。2001年，公司股东进行第一次变更，四川省公路桥梁工程总公司二公司不再是川交机械的股东，除了王某礼和倪某外，公司股东又加入了李某，变更后的股东为王某礼、倪某和李某。2008年，股东再次变更为王某礼和倪某。

瑞路建设成立于2004年，股东为王某礼、李某和倪某。在公司成立三年后的2007年，瑞路建设将股东变更为王某礼和倪某。

川交工贸成立于2005年，成立时公司股东为吴某、张某蓉、凌某、过某利、汤某明、武某、郭某。2007年，何某庆入股。2008年，公司股东变更为张某蓉（王某礼之妻，占90%股份）和吴某（占10%股份）。

截至2008年，川交机械的股东为王某礼和倪某，瑞路建设的股东也是王某礼和倪某，两家公司的股东完全相同，而川交工贸的股东为王某礼的妻子（持有公司90%的股份）和另一名股东吴某。可见，川交工贸与川交机械、瑞路建设三家公司的股东存

---

① 根据"徐工集团工程机械股份有限公司诉成都川交工贸有限责任公司等案"改编。

在严重的交叉情形。王某礼实际上控制了三家公司。从三家公司的任职情况来看，川交机械、瑞路建设和川交工贸的总经理均为王某礼，财务负责人均为凌某，会计均为卢某，工商手续经办人均为张某。川交工贸的法定代表人吴某，同时还担任川交机械综合部行政经理一职。过某利担任了其中两家公司的高管，既为川交工贸的副总经理，也是川交机械的销售部经理。很明显，三家公司的高管也存在严重的交叉任职的情形。

值得关注的是，川交工贸、川交机械和瑞路建设三家公司在工商行政管理部门登记的经营范围，都涉及工程机械等相关领域，业务上也存在交叉。川交机械为徐工机械在四川地区的唯一经销商，但川交工贸的经营范围与川交机械的经营范围完全相同。川交工贸、川交机械和瑞路建设在业务上有明显的相关性，它们使用的销售部业务手册、二级经销协议格式完全相同。在对外宣传中，三家公司也没有明显的区分，据重庆市公证处出具的公证书记载："通过互联网查询，川交工贸和瑞路建设在相关网站上共同招聘员工，招聘信息中的公司发展历程、主营业务和企业精神等宣传内容，大部分是描述川交机械的。"川交工贸的部分公司简介均为对瑞路建设的介绍，招聘信息中预留的电话号码及传真号码等联系方式也是相同的。

此外，三家公司共同使用一个结算账户，而且财务负责人凌某、会计卢某、两家公司的高管过某利，三人的个人账户曾发生高达亿元的资金往来，经查明，资金来源主要为三家公司的交易款项。在对外支付上，收据仅为王某礼的签字，在川交工贸向客户开具的收据中，加盖的公章也十分不合理，有的加盖公司本身的财务专用章，有的则加盖瑞路建设的财务专用章。

2005年初，川交工贸、川交机械和瑞路建设均与徐工机械签订了业务合同，并开始进行一系列的业务往来。三家公司于2005年8月共同向徐工机械出具说明，称"川交机械因为业务扩张而注册了另外两家公司，要求所有债权债务、销售量均计算在川交工贸的名下，并表示今后尽量以川交工贸名义进行业务往来"。2006年12月，川交工贸、瑞路建设共同向徐工机械出具申请，以统一核算为理由，要求将2006年度的业绩、账务均计算在川交工贸的名下。

针对徐工机械的上诉，川交工贸、川交机械和瑞路建设则辩称：三家公司虽有关联，但彼此是独立的，公司的财产、业务和股东并不混同，所以，川交机械、瑞路建设不应对川交工贸的债务承担连带清偿责任。王某礼等人辩称：王某礼等股东的个人财产与川交工贸的财产进行了区分，并不存在混同的情况，无须对川交工贸的债务承担连带清偿责任。

2009年5月，经法院查明，川交工贸已经无法继续运营下去，但并未申请注销。川交工贸拖欠徐工机械的货款，实际上为10 511 710.71元人民币。

2011年4月10日，江苏省徐州市中级人民法院做出一审判决：川交工贸于判决生效后10日内向徐工机械支付货款10 511 710.71元人民币及逾期付款利息；川交机械和瑞路建设对川交工贸的债务承担连带清偿责任；驳回徐工机械对川交工贸股东的诉讼请求，即川交工贸的股东无须对徐工机械的货款承担连带清偿责任。

　　宣判后，川交机械和瑞路建设提起上诉，认为川交机械和瑞路建设对川交工贸的债务承担连带清偿责任缺乏法律依据。而法院则认为，一审判决后，产生争议的焦点为川交机械、瑞路建设与川交工贸是否存在人格、财产、业务等方面的混同，由此决定川交机械和瑞路建设是否要对川交工贸的债务承担连带清偿责任。江苏省高级人民法院于2011年10月19日做出二审判决：驳回上诉，维持原判。

　　阅读以上材料，结合课本知识深入思考，并回答以下问题：

　　1. 概述公司的特征，并阐明川交机械和瑞路建设是否应该与川交工贸一起承担连带清偿责任。

　　2. 川交机械、瑞路建设、川交工贸三家公司的人格混同表现在哪些方面？

　　3. 公司人格混同现象严重损害了债权人利益，应该如何避免这种现象的发生？

第三章 公司的设立

学习目标

通过本章的学习,应掌握公司设立的条件,明确公司设立与公司成立的区别,熟悉有限责任公司和股份有限公司的设立条件与设立方式,了解有限责任公司和股份有限公司的设立程序,理解一人有限责任公司和国有独资公司的特别规定。

本章导论

公司设立是组建公司的首要步骤,也是公司成立前一系列法律行为的总称。公司设立是指公司设立人为使公司获得独立的法人资格,依照法律规定使公司在法律上获得认可的过程。股份有限公司的设立方式有发起设立和募集设立两种。有限责任公司的设立方式只有发起设立。设立公司不仅需要严格满足公司设立的条件,还需要按照法定程序进行。有限责任公司和股份有限公司遵循不同的设立程序。

第一节 公司设立的条件

公司作为经济组织体,成立与发展需要依靠人这一主导力量,同时也需要投资者出资这一物质基础。给予投资者有限责任的保障和经济利益的回报是十分重要的。因此,公司设立需要严格具备一系列的条件,并按照法定程序进行。

公司设立是指公司设立人为使公司获得独立的法人资格,依照法律规定使公司在法律上获得认可的过程。公司设立是公司成立前一系列法律行为的总称,是一个具有多种法律关系和法律效果的有机体,同时也是一个非常复杂的过程。公司设立的本质在于使一个尚不存在或正在形成中的公司逐渐具备完整的条件从而获得法律意义上的主体资格。

实践中,人们很容易将公司成立与公司设立相混淆。公司成立是指公司具备了相应的法律条件并履行设立程序,经公司登记机关核准登记,发放营业执照,从而获得法人资格的一种状态或事实。公司设立与公司成立的区别体现在三个方面:

(1)发生时间不同。公司设立贯穿公司获得法人资格的全过程,而公司成立是公司取得营业执照的最终结果或状态,即公司设立是一个过程或者一个时间段,而公司成立是一个结果或者一个时间点。可以说,公司设立是公司法人的孕育过程,而公司成立是公司法人的诞生结果,公司设立是公司成立的前提,公司成立是公司设立的结果。

(2)性质不同。公司设立是公司成立前一系列法律行为的总称,公司成立则是公司设立中所涉及的诸多行为的结果,是公司设立人与公司登记机关交涉完毕后的一种状态。换言之,公司成立并非一种行为,而是公司已获得法人资格的事实,是公司合法身份存在的一种表现形式。

(3)法律效力不同。公司设立并不会自动导致公司成立,即使公司设立的所有行为都已完成并具备成立条件,只要公司没有到公司登记机关进行核准登记,公司就未成立。只有在公司成立之后,公司才获得法人资格以及公司名称等的排他使用权,而公司设立行为并不享有上述的人格和权利。

公司设立的条件是指公司获得法人资格所需具备的基本要素,包括人员条件、资本条件、组织条件和行为条件。

一、人员条件

人是公司设立过程中不可缺少的重要条件,公司设立过程必须由人即公司的创办人来完成。创办人完成公司的设立过程并在公司成立后,成为公司的股东。

(一)创办人

公司设立是公司从无到有的过程,在这一过程中有许多工作要做,如对公司筹备项目的可行性研究、筹集资金、制定公司章程、申请注册登记等,这些都需要由创办人来完成。

创办人是指积极筹备组建公司,并在公司章程上签名或盖章的人。创办人会为设立公司而制定公司章程、认缴出资、认购股份并履行设立职责等。任何公司的设立都必须有创办人。创办人既可以是法人,也可以是自然人;既可以是中国法人和自然人,也可以是外国法人和自然人。为了区别有限责任公司和股份有限公司的创办人,《公司法》称前者为股东,称后者为发起人。严格说来,公司未成立之前,不存在股东,所以称为"创办人"较为科学。

我国《公司法》对创办人有一些具体的限制条件,只有具备法律规定资格的主体才可以充当创办人,进而从事公司设立这一行为。具体的限制条件如下:

(1)对自然人资格的限制条件。创办人必须是具有完全行为能力的人,因为公司设立是重要的民事活动,这种重要的民事活动要求必须由完全行为能力人完成,不允许无行为能力人或不完全行为能力人实施设立行为。

(2)对法人资格的限制条件。有权代表国家投资的政府部门和机构、企业法人、事业法人、社会团体法人,都可能成为公司的创办人,但党政机关法人不能以党政机关名义作为公司的创办人。

(二)股东及其类型

公司成立后,公司设立过程中的出资人成为公司的股东。股东是指基于对公司的投资、出资或其他合法原因而持有一定公司股份的主体。该主体拥有股东资格,享有股东权利。因此,股东是公司存在的基础,也是公司设立的核心要素。根据不同标准,可以把股东划分为以下几种类型:

1. 自然人股东和法人股东

根据主体身份的不同,股东可分为自然人股东和法人股东。

自然人股东是指具有公民身份的个人投资者,它是相对于法人股东而言的。法人股东又称单位股东,是指享有股东资格的法人或者其他组织以自身整体的名义拥有其他公司股份的股东。法人股东包括各类企业、非营利法人和基金等机构和组织。

2. 创始股东和一般股东

根据获得股东资格的时间和条件的不同,股东可分为创始股东和一般股东。

创始股东又称原始股东,是指参与公司设立过程、认缴出资、签署设立协议并在公司章程上签字或盖章,同时对公司设立承担相应责任的人。创始股东在公司设立前期,会投入设立公司的启动资本,承担公司设立失败的巨大风险,在公司经营过程中会持续投入大量的资金与人力资本,以便不断完善公司的经营和管理,包括开发产品、创立品牌、拓展市场、招募人员和建立管理制度等,部分创始股东甚至会将毕生精力全部贡献于公司的经营和管理。与之相对应,一般股东是指因出资、继承或接受赠予而获得公司股权,并由此享有股东权利、承担股东义务的人。

3. 控股股东和非控股股东

根据持股数量与影响力的不同，股东可分为控股股东和非控股股东。

控股股东是指出资额超过公司资本总额的50%以上，或者持股比例虽然不足50%，但依其出资额或持有的股份所享有的表决权足以对股东大会的决议产生重大影响的股东。因此，控股股东又可分为绝对控股股东与相对控股股东。绝对控股股东是指持有50%以上有表决权的股份，可以直接决定控股公司的高管任命或重大决策的控股股东；相对控股股东是指持有的股份虽然没有达到50%，但仍能决定控股公司的高管任命或业务经营等的控股股东。非控股股东是指出资额或所持有的股份没有达到一定比例，难以在股东大会上对决议行使决定权的股东。非控股股东不直接对公司经营进行控制，在大多数情况下，不直接参与公司的经营和管理。

4. 普通股股东和优先股股东

根据享有权利的不同，股东可分为普通股股东和优先股股东。

普通股股东是指享有公司平等权利，依据公司利润的大小获得相应的股息和红利，并拥有公司表决权的股东。普通股股东是股份有限公司没有特别权利的股东，是真正意义上的公司所有者，与公司有着"一荣俱荣，一损俱损"的关系。优先股股东是指在公司收益分配和财产清算方面比普通股股东享有优先权的股东。与这种优先权相伴随的是，优先股股东一般不享有股东大会的表决权。优先股股东在利润分配上有先于普通股股东的权利，公司要在支付了优先股股东的股利后，才能向普通股股东支付股利；当公司因经营不善而破产时，在偿还清理费用和全部债务后如有剩余财产，优先股股东可先于普通股股东分取剩余财产。

二、资本条件

公司设立除了要有创办人，还要有资本。公司资本是公司设立阶段由股东出资形成的。公司设立的资本条件是指在公司设立时对于注册资本，公司资本、公司资产和股东权益，股东出资方式，以及禁止股东抽逃出资等方面的规定。

（一）注册资本

注册资本亦称公司资本。有限责任公司的注册资本是指在公司登记机关登记的全体股东认缴的出资额。以发起设立方式设立股份有限公司的，注册资本为在公司登记机关登记的全体发起人认购的股本总额；以募集设立方式设立股份有限公司的，注册资本为在公司登记机关登记的发起人募集的实收股本总额，这里的实收股本是指股东实际缴纳并且计入注册资本的出资额。

出资行为是出资人按照出资协议的约定或公司章程的规定，认缴出资或认购股份，并在事先约定好的时间点将出资财产或股款转移到公司的法律行为。这一行为可分为两个过程，即认缴出资与实缴出资。认缴出资是出资人之间或者出资人与公司之间就认缴出资或认购股份达成一致的意思表示，而实缴出资是指出资人按照出资协议或公司章程规定的认缴出资额或认购股份数，在约定的时间内将出资财产权属或股款转移到公司的法律行为。由此看出，认缴出资是一种意思表示，实缴出资是一种法律行为。出资人认缴出资或认购股份后，将产生一系列的法律后果：一是出资人将承担出资义务，即按照规定时间足额缴纳公司章程规定其应认缴的出资额，未全面履行出资义务的股东，在一定条件下需要对公司债务承担补充清偿责任；二是出资人认缴公司章程规定的出资后，才能向公司登记机关申请公司设立登记；三是公司成立后，应向出资人签发出资证明书，设置股东名册，此时出资人正式成为股东，主张行使股东权利。

注册资本不仅具有明显的经济意义，还具有重要的法律意义。注册资本的经济意义主要表现为：注册资本是企业进行生产经营的物质基础，不仅在企业生产经营过程中起着举足轻重的作用，而且在维护社会交易的安全、社会经济秩序的稳定等方面发挥关键的作用。注册资本的法律意义主要表现在：一方面，注册资本是公司成立的重要法定条件，也是公司具有民事行为能力并取得法人资格的必要条件；另一方面，注册资本是公司对债权人承担清偿责任的重要保障，是公司法人资信状况的基础证明，是投资者对投资活动的最低担保，在一定程度上反映了公司法人的最初经济实力。

(二) 公司资本、公司资产和股东权益

如前所述，公司资本是公司设立时为保证公司正常运作而注册登记的资本总额。

公司资产是指由过去的交易或事项所形成，并由公司拥有或者控制的能以货币计量的经济资源。该资源预期会给公司带来某种经济利益，包括各种财产、债权和其他权利。所以，公司资产不仅包括公司设立时投资者出资形成的资产，还包括公司在生产经营过程中增值部分的财产、公司依法享有的债权以及公司依法享有的知识产权等。公司资产可分为流动资产和非流动资产。流动资产是指公司的现金以及可在一定的营业周期内实现变现、出售或耗用的资产，如货币资金、短期投资、应收账款、存货等；非流动资产又称长期资产，是指公司在生产经营过程中长期使用或者为达到某种目的而长期持有的资产，即公司不准备在一年内变现的资产，如长期投资、固定资产、无形资产等。

股东权益又称公司的净资产，是指公司资产扣除负债所余下的部分。股东权益代表股东对企业的所有权，反映股东在企业资产中享有的经济利益。具体而言，股东权益包括以下五个部分：

（1）股本，即按照面值计算的股本金。

（2）资本公积，包括股票发行溢价、法定财产重估增值、接受捐赠资产价值。

（3）盈余公积，又分为法定盈余公积和任意盈余公积。法定盈余公积按公司税后利润的10%强制提取，目的是应付经营风险。当法定盈余公积累计额达注册资本的50%时，可不再提取。

（4）法定公益金，按税后利润的5%～10%提取，用于公司福利设施支出。

（5）未分配利润，指公司留待以后年度分配的利润或待分配利润。

由此可见，公司资本是股东权益的一部分，它表明在股东出资基础上所形成的那部分公司资产的价值，是全体股东对公司资产量化了的财产权利。股东权益是公司的净资产，是公司资产扣除负债后的余额。一般情况下，股东权益大于公司资本，公司资产大于股东权益。应当指出，尽管股东权益表明股东对公司资产的权益，但并不意味着股东对任何以具体形态存在的公司资产都具有排他支配权，公司资产由公司法人所有，而不由某个或某些股东所有或共有。

（三）股东出资方式

出资方式是指股东为公司投入股份的形式。股东可以用货币出资，也可以用实物、知识产权以及土地使用权等可用货币估价并可依法转让的非货币财产作价出资，但是法律、行政法规规定不得作为出资的财产除外。劳务、信用、自然人姓名、商誉、特许经营权或者设定担保的财产，因其不能依法转让，因而不能作价出资。

1. 货币出资

货币出资是指股东直接用法定货币向公司投资。一定量的货币资本投入是公司设立时必不可少的条件，如果没有货币出资，公司就无法设立，也无法正常运营。货币出资具有其他出资方式不可比拟的优点，例如：货币出资可确保公司资本的真实性，即货币出资的价值相较于其他出资方式更加客观、明确；货币出资可直接根据金额计算出资人的股权比例，并计入资产负债表的资产项下。因此，货币出资是最基本、最主要的出资方式，也是最稳定、最简便和最完善的出资方式。股东用货币向公司出资时，应在办理公司登记前，将资金一次足额存入准备设立的公司在银行或其他金融机构开设的临时账户。

2. 实物出资

实物出资是指股东对公司的出资是以实物形态进行的，且实物构成公司资产的主体，即实物必须是公司生产经营所必需的建筑物、设备、原材料或其他物资。非公司生产经营活动所需要的物资，不得作为实物入股公司。我国《公司法》规定，以实物出资的，应当到有关部门办理其财产权的转移手续。实物出资必须评估作价，核实财产，不得高估或者低估作价。对国家行政事业单位、社会团体、企业以国有资产为实物出资的，实物作价结果应由国有资产管理部门核资确认。股东以实物出资时，应在办理公司登记注册之前办理其财产权的转移手续，并由有关验资机构验证。

3. 知识产权出资

工业产权是一种无形的知识产权，主要包括专利权和商标权等；专有技术是指工业上实用的、先进的、未经公开的、未申请专利的知识和技巧，如制造工艺、材料配方及经营管理秘诀等。股东以工业产权或专有技术作为出资向公司入股时，其必须是该知识产权的合法拥有者，并经过法律程序的确认。采用知识产权出资，有关部门必须对其进行评估作价，且出资人应在办理公司登记注册之前办理其财产权的转移手续。

知识产权出资方式有一定的限制条件，这是出于以下三个方面的考虑：

首先，知识产权出资方式相较于其他财产评估，评估难度较大。知识产权是一种智力成果，在实际作价评估中，投入较多劳动而产生的智力成果不一定具有很高的价值；反之，投入较少劳动而产生的智力成果不一定价值就低。同时，知识产权的价值在很大程度上会受到外界因素如使用领域、市场情况、时间阶段等的影响，因此其价值并非一个恒定值。

其次，知识产权的地域性会引发效力的不确定性。在国外拥有的知识产权，如果想要在我国境内作为一种出资方式，必须获得我国法律的认可，需要符合我国相关知识产权法律的规定，否则，该项智力成果在我国就处于公有领域而不能成为知识产权，从而不能作为一种知识产权出资方式。

最后，知识产权的效力存在期限性。将知识产权作为一种出资方式，必须保证知识产权是处于权利有效期内的权利，而知识产权效力的有效性与公司存在的长期性会产生一定的矛盾。

4. 土地使用权出资

土地使用权是指通过合法程序取得对国有土地或集体所有土地的使用权。在我国，城市土地归国家所有，农村土地归集体所有，所以股东以土地出资，只能以土地使用权出资。股东以土地使用权出资，必须持有土地管理部门颁发的国有土地使用证，并在公司成立后，将国有土地使用证交给公司，由公司向当地人民政府土地管理部门申请变更土地登记。由于我国特殊的土地制度，土地使用权出资需具备以下条件：

（1）土地使用权出资的使用者可以是国家或企业。我国国有企业改革，可采取授权经营和国家作价转为国家资本金或股本的方式，向企业注入土地资产。

（2）集体土地使用权出资有一定的法律限制。农民集体所拥有的土地使用权不得出让、转让或出租用于非农业建设，所以集体土地使用权不得作为公司的一种出资方式。我国《公司法》所涉及的土地使用权出资方式是指国有土地使用权。如果要以集体土地使用权作为出资方式，必须将集体土地通过国家征用的途径变为国有土地，从而获得国有土地使用权并进行有效投资。

（3）划拨土地使用权不得直接用于出资。划拨土地使用权是指国家无偿取得或向农民、原用地单位支付补偿费、安置费，而取得的没有使用期限的国有土地使用权。

对作为出资的非货币财产应当评估作价，同时核实财产，不得高估或低估作价。针对非货币财产作价出资，有两个原则限制：一是可以用货币进行估价，在估价的同时需要确定其价值，无法估量其价值的，不宜作为科学的、合理的出资方式，如人的思想和智慧等；二是禁止转让法律或行政法规规定的禁止转让的财产，如禁止转让的文物以及根据其性能不可转让的财产，该类财产不得用于出资。公司设立时，股东以非货币财产作价出资的，如果在公司成立之后，发现其出资的实际价额低于公司章程规定的价额，那么该股东有责任补足差额。

（四）禁止股东抽逃出资

股东在享有权利的同时，也需要承担相应的义务。股东义务主要体现在出资义务和善意行使股东权利的义务两个方面。出资义务是指股东按照法律和公司章程的规定，向公司按期足额缴纳出资，以及禁止抽逃出资；善意行使股东权利的义务是指股东不得滥用自身权利而损害公司、其他股东及公司债权人的利益。

禁止抽逃出资是股东的一项重要义务。抽逃出资是指在公司验资注册后，股东未经合法程序暗中取回自己认缴的出资财产，却仍保留股东资格，并享有原有数额资产的股权或股份。实践中，股东抽逃出资通常采取以下几种形式：

（1）将出资款项或者注册资本中非货币出资部分，抽走一部分或全部。

（2）制作虚假财务会计报表虚增利润，或者利用"先分配"代替按出资比例分配利润。

（3）通过虚构债权债务关系将出资转出。

（4）利用关联交易抽逃出资，或者通过对投资主体的反投资、捐赠、提供抵押担保等方式，掩盖抽逃注册资本的目的。

股东出资的财产属于公司的法人财产，法人财产的所有人是公司法人而不是股东，同时股东的出资也是公司清偿债务的责任资产，因此股东不可以随意抽逃出资，只能通过转让的方式取回自己的出资，这是公司制度的基本原则。股东抽逃出资的行为使公司资本虚置，非法减少了公司的实有资产，削弱了公司的经营能力和偿债能力，进而影响交易相对人的正确判断和交易安全。对此，我国《公司法》及相关行政法规针对股东抽逃出资行为有严格的规定。股东抽逃出资行为侵犯了公司的财产权，公司依法享有要求抽逃出资的股东返还财产的权利，所以抽逃出资的股东应当承担返还所抽逃的出资额，并支付按其抽逃出资的数额和时间计付利息的侵权责任。如果抽逃出资的行为直接造成了公司严重的损失，行为人要承担相应的赔偿责任。抽逃出资的股东还要对已足额履行出资义务的股东承担违约责任，已足额缴纳出资的股东依法享有请求违约行为人向公司返还出资及其利息的权利。公司债权人有请求抽逃出资的股东在抽逃出资本息范围内对公司债务承担清偿责任的权利。若抽逃出资的股东不能清偿全部损失或债务，则协助抽逃出资行为的其他股东、董事、高级管理人员或者实际控制人需要对此承担补充赔偿责任，即承担连带责任。

三、组织条件

公司设立除了要有股东和资本外，还需要一系列的组织要素、组织成分和必要的行为条件，这些共同构成了公司这一经济组织体。公司设立的组织条件包括公司名称、公司住所及组织机构等，这些条件共同构成公司人格的外在体现，为公司的正常运转提供组织保障。

（一）公司名称

公司名称相当于自然人的姓名，是公司从事生产经营活动时相互区分的一种称谓。公司名称既是公司章程的必要记载事项，也是公司登记的重要事项。规范公司名称能够避免公司名称之间的混淆与冲突，保护公平竞争。同时，公司名称不仅关系到公司在行业内的影响力，还关系到公司所经营的产品投放市场后消费者对公司的认可度。公司名称的特征体现在以下三个方面：

（1）唯一性。在一定时期内，一家公司只能拥有一个名称。特殊情况下，要经过省级以上公司登记机关核准，公司方可在规定范围内使用一个从属名称。

（2）排他性。在一定范围内，已经注册的公司名称只能由一家公司使用，公司名称不得与已登记注册的同行业企业的名称相同或者相似。擅自使用他人的公司名称，属于不正当竞争行为。

（3）可转让性。公司对其合法注册的公司名称享有名称权，该权利可以跟随公司或公司的一部分一并转让。公司名称转让必须上报原公司登记机关进行核准，转让后公司不得继续使用原名称。

公司名称依次由行政区划名称、字号、行业或企业经营特点、组织形式四个部分组成，如贵州（行政区划名称）茅台（字号）酒（行业）股份有限公司（组织形式）。

（1）行政区划名称，是指公司所在地县级以上行政区划的名称或地名。有以下情况时，经国家市场监督管理总局（原国家工商管理总局）的核准，公司名称可以不含行政区划名称：公司属于全国性公司；公司名称经国务院批准；公司注册资本不少于5 000万元人民币；公司历史悠久，字号驰名；公司属于外商投资公司；国家市场监督管理总局规定的其他情况。

（2）字号，又称商号，它是公司名称中最具个性的部分。字号应由两个及两个以上的汉字组成。在实际运营中，字号可作为公司的标识或简称。自然人的姓名可以作为字号，但字号一般不得使用行业的名称，少数历史悠久或约定俗成的公司除外。

（3）行业或企业经营特点，是指反映企业经济活动性质所属的行业或者与企业经营特点相关的用语，包括产品名称、行业名称、产业名称等，如制药、商贸、科技、管理咨询、房地产等。

（4）组织形式，是指需要在公司名称的最后部分标明有限责任公司或股份有限公司。

公司名称确定后，必须在公司登记机关进行注册，因此，公司名称要事先得到核准。公司设立时，需要由全体创办人指定的代表人或者委托的代理人，向拥有公司名称核准管辖权的登记机关提交公司名称预先核准申请书，公司名称获得核准后，公司登记机关发给申请人公司名称预先核准通知书。预先核准的公司名称有6个月的保留期，在保留期内公司名称不得用于经营活动，同时不得转让。

（二）公司住所

公司住所是指公司的主要办事机构所在地。公司住所应当在公司登记机关辖区内，公司应对其住所享有所有权或使用权。公司住所不同于公司的一般生产经营场所。公司可以建立多处生产经营场所，但经公司登记机关注册登记的公司住所只能有一个，并且这一住所必须是在公司登记机关辖区内。作为公司的一种组织要素，公司住所不仅保证相关部门能在任何时间联系到公司，同时也具有一定的法律意义。首先，可根据公司住所确定诉讼管辖区。如果相关单位或个人对公司提出民事诉讼，将公司作为被告对象，则该法律事件归公司住所地法院管辖。其次，可根据公司住所确定法律文书的送达地。法院无论是采用直接委托代表还是通过邮寄方式向公司送达诉讼文书，均需要以公司住所为接收地。最后，可根据公司住所确定债务履行处所。对于公司来说，其履行债务或义务的场所即为公司住所。

（三）组织机构

作为现代社会最普遍、最有效的一种企业组织形式，公司以完善的企业法人制度为运行基础，以清晰的企业产权制度为核心，以严格的有限责任制度为特征，以自身内部科学的组织机构和合理的相互制约系统为保证。因此，合理的内部组织机构和相互制约系统是保证公司高效运行的关键。健全的组织机构是公司法人意志得以实现的组织保证。公司的组织机构包括权力机构、决策机构、执行机构和监督机构四个部分，即股东会或股东大会、董事会或执行董事、管理层、监事会或监事。

1. 权力机构

权力机构是指公司的股东会或股东大会，其由全体股东组成，对公司的一切重大事项拥有最后的决定权，其权力由股东直接行使。权力机构对公司的控制和管理必须通过其他机构才可实施，在大多数情况下，权力机构在董事会提议的基础上做出相应的决策。

2. 决策机构

决策机构是指董事会或执行董事，其对内掌管公司事务，对外代表公司。决策机构在不同公司中的地位和功能存在差异。在有些公司，董事会是业务管理团队的领导机构，董事会可以选拔、指导和监督高级管理人员，决定公司经营管理中的重大事项，自身不承担任何日常管理工作，而在另一些公司，董事会直接管理公司的日常事务。

3. 执行机构

执行机构主要是指公司的管理层，执行机构的人员称为高级管理人员，主要包括首席执行官（Chief Executive Officer，CEO）、总裁、总经理、部门总监以及公司章程中规定的其他高级管理人员。管理层主要负责公司日常经营管理的相关工作，高级管理人员主要由董事会做出聘任或解聘的决定。

4. 监督机构

监督机构是指监事会或监事。监事会主要由股东代表和职工代表组成，对公司董事会和管理层行使监督权。监事会成员可以出席董事会会议，对董事会的决议事项或具体内容提出质疑或建议，对高级管理人员进行监督，如果发现公司经营存在异常，有权对实际情况进行调查。

四、行为条件

在公司设立过程中，行为条件起着至关重要的作用。行为条件主要包括制定公司章程和申请注册登记等，这些都需要严格按照法定程序和相关法律法规的要求进行。

（一）制定公司章程

公司章程是规定公司的名称和住所、宗旨、组织机构和法定代表人等重大事项的文件，是以书面形式固定下来的全体股东共同一致的意思表示，也是公司存在和活动的基本依据。对公司内部来说，公司章程是股东的共同约定，其对公司、股东、董事、监事、经理等具有指导和约束作用；对公司外部来说，公司章程是公司依法向公众申明其宗旨，表明其经营范围、组织形式、公司权利能力及公众所要了解的有关内容的重要文件，也是国家对公司进行监督和管理的重要依据。因此，制定规范、完善的公司章程具有重要意义。

（1）公司章程是公司设立时最基本和最重要的法律文件。公司章程是公司设立时不可缺少的条件，各国都要求设立公司时必须制定公司章程，同时公司章程也是国家对公司进行监督和管理的重要依据。

（2）公司章程是确定公司权利义务关系的法律文件。公司章程经公司登记机关核准，就拥有一定的法律效力。公司可以根据公司章程的规定依法享有各项权利，同时承担各项义务。符合公司章程规定的行为，将受到国家相关法律的保护；违反公司章程规定的行为，将受到相关管理部门的干预和制裁。

（3）公司章程是公司实行内部管理和对外进行经济交往的法律依据。公司章程涉及公司组织及管理活动的原则和细则，是公司实施内外活动的基本准则。对内而言，公司章程规定了股东的权利、义务以及公司内部的管理体制，是公司对内进行管理的依据；对外而言，公司章程向社会公开其宗旨、使命以及责任形式等，为公司的投资者、债权人等提供与公司进行经济交往的条件和资信依据。

公司章程主要记载公司的名称和住所、宗旨、注册资本、组织机构以及公司的其他基本情况。公司章程的内容，也就是公司章程的记载事项，涉及公司组织机构设置与权力分配、公司业务活动范围、公司筹资与组织形态变更程序等。依据法律是否有明文规定，公司章程的内容分为绝对必要记载事项、相对必要记载事项和任意记载事项。绝对必要记载事项是指公司章程中必须予以记载的不可缺少的事项。绝对必要记载事项中任何一项缺少或记载不合法，均会导致公司章程无效。相对必要记载事项是指法律列举规定的一些事项，由制定公司章程的人自由决定是否载入公司章程。一旦载入公司章程，该事项就发生效力。未记载或者记载不合法，则该事项无效，但不影响公司章程其他部分的效力。任意记载事项是指法律并不列举，只要不违背法律规定和公序良俗，便可记入公司章程的事项。

公司章程的制定是一种法律行为，同时也是一种要式行为，必须符合法定的程序和形式要求，遵循严格的程序。有些国家（如日本、德国等）的公司章程还必须经过公证才能产生效力。因此，公司创立之初，制定适用性强的公司章程非常重要。公司创立之初，创办人满腔热情，往往不注意公司章程的制定。随着时间的推移，公司各方心态必然发生变化或存在分歧，这时才发现公司章程并没有就相关问题做出规定，也没有规定纠纷解决机制。有些公司委托公司登记代理机构代办手续，而代理机构不可能也没有能力进行指导，通常使用市场监督管理局提供的示范文本，只罗列《公司法》

的相关规定，可能缺少有针对性的规定，容易产生纠纷且无法解决。

公司章程不仅对制定公司章程的发起人（或股东）有约束力，而且对公司股东有约束力。公司章程制定后，其内容应保持相对稳定，不得随意更改。若公司内部环境和社会经济环境发生变化，公司可按法律规定的条件和程序修改公司章程。公司在修改公司章程时应注意：修改公司章程必须在不违反法律、不背离公司设立目的、不侵犯社会公共利益的情况下进行；修改公司章程是重大事项，须经全体股东同意或经股东大会形成决议；公司章程修改后，必须及时办理变更登记手续。

（二）申请注册登记

为规范公司行为，保护公司、股东及债权人的合法权益，促进社会市场经济有序发展，需要科学、严谨地规定公司的设立程序和条件。申请人向相关机构申请注册登记，是公司设立的一个重要行为条件，这个过程涉及营业许可、设立登记和变更登记。

1. 营业许可

设立公司，在绝大多数情况下，都需要在进行工商登记前获得行政许可。行政许可是指行政主体根据行政相对方的申请，经依法审查，通过颁发许可证、执照等形式，赋予或确认行政相对方从事某种活动的法律资格或法律权利的一种具体行政行为。营业许可分为设立许可和项目许可。设立许可是指设立公司需要事先获得政府主管部门的许可，这是我国法律、行政法规规定的设立公司必须要经过的批准，应当在公司登记之前依法办理相关批准手续。例如，设立保险公司，需要事先获得保险监管部门的许可。项目许可是指公司就经营范围内某个或若干个营业项目进行政府许可的申请。我国法律、行政法规规定，在公司经营范围内必须要经过批准的项目，应当依法获得相关批准。例如，公司有烟草的销售项目，事先需要获得国家烟草管理部门的批准。

2. 设立登记

公司设立时，应依法向公司登记机关申请设立登记。符合《公司法》规定的设立条件的，由公司登记机关登记为有限责任公司或者股份有限公司；不符合规定的设立条件的，不得登记为有限责任公司或者股份有限公司。公司申请设立登记时，需要提交一系列的相关材料，公司登记机关对申请人提交的申请材料，采用的审查方式有形式审查和实质审查两种。形式审查是指行政机关审查申请人提供的材料仅限于其数量是否齐全、形式是否合法；实质审查是指行政机关审查申请人提供的材料内容的真实性和合法性。实践中，形式审查和实质审查的界限并不十分清楚，形式合法与内容合法本身就存在一定的交叉重叠。

3. 变更登记

根据《公司法》的规定，公司营业执照记载的事项发生变更，公司应当依法办理变更登记，由公司登记机关换发营业执照。公司营业执照记载了公司的名称、住所、注册资本、经营范围、法定代表人姓名等事项，上述事项的变更都被视为"企业变更"，因而公司要依法办理变更登记。

第二节 有限责任公司的设立

有限责任公司是由 50 个以下股东出资，股东以其认缴的出资额为限对公司承担责任，公司以其全部财产承担有限责任的企业法人。设立有限责任公司，应满足法律规定的设立条件，依照法定的设立程序，其中任何一个环节出现问题，公司都将无法成立。

一、有限责任公司的设立条件

（一）股东人数合法

我国《公司法》规定，有限责任公司的股东在 50 人以下，自然人、法人或其他组织都可以作为股东设立有限责任公司。法律、行政法规禁止从事营利活动的组织和个人不得成为有限责任公司的股东，例如，党政机关、行政机关及其所属机构、团体，不得成为有限责任公司的股东。公司登记机关接受下列主体申请登记为有限责任公司股东：企业法人，社会团体法人；事业法人；国务院、地方人民政府；自然人；外商投资企业；等等。此外，一人有限责任公司的股东，只能是一个自然人或者法人，而且一个自然人只能投资设立一个有限责任公司，一人有限责任公司不得投资设立新的一人有限责任公司。国有独资公司的出资人必须是国家或者国家授权的国有资产监管机构。

有限责任公司股东人数限于 50 人以下，是为了区别股东人数无上限的股份有限公司。同时，这一规定也符合有限责任公司的特征要求，体现了有限责任公司人合兼资合的信用特征，因为股东人数太多，不利于相互之间的信任与了解，不利于合作和经营。但实践中，有限责任公司的人数限制经常被突破。例如，一些中小型国有企业采取职工买断的公司化模式，由于职工人数众多，通常超过 50 人，于是设计了职工持股会、代持股份等方式，以克服人数上的法律限制，但这种模式往往会产生隐名出资等问题。

（二）股东出资合法

有限责任公司的注册资本为在公司登记机关登记的全体股东认缴的出资额。1994年《公司法》规定，有限责任公司的注册资本不得少于下列最低限额：以生产经营为主的公司，人民币50万元；以商品批发为主的公司，人民币50万元；以商业零售为主的公司，人民币30万元；科技开发、咨询、服务性公司，人民币10万元。2005年《公司法》规定，有限责任公司的注册资本为在公司登记机关登记的全体股东认缴的出资额，有限责任公司注册资本的最低限额为人民币3万元，全体股东的首次出资额不得低于注册资本的20%，也不得低于法定注册资本的最低限额，其余部分由股东自公司成立之日起2年内缴足，投资公司可以5年内缴足。但一人有限责任公司注册资本的最低限额为人民币10万元，并且要一次性缴足。

现行《公司法》取消了之前对一人有限责任公司和有限责任公司最低注册资本的限制，也不再具体规定公司设立时股东或发起人的首次出资比例和出资额，公司的股东或发起人可以自主约定其认缴出资额、出资方式、出资期限等，并依法将这些事项记载于公司章程中。这是因为，有限责任公司按经营内容规定最低注册资本实际意义不大，而公司最低注册资本规定数额过高，会抑制资本特别是民间资本活跃的投资需求，不符合一些行业的实际需要；要求注册资本一次性全部缴足，一些投资较大、回报周期长的项目难以做到，同时在公司成立初期也容易造成大量资金的闲置，这些在某种程度上束缚了公司的发展。

（三）制定公司章程

公司章程是规定公司组织与行为基本规则的书面文件，是全体股东一致的意思表示。有限责任公司章程由股东共同制定，全体股东应当在公司章程上签名、盖章。设立有限责任公司需要具备的条件之一是股东共同制定公司章程。股东即为参与投资设立公司的投资者；共同制定是指公司章程应反映所有股东的共同意志。

股东共同制定公司章程，并非要求每个股东都积极参与公司章程的起草讨论与制定过程，股东在公司章程上签名、盖章，即视为同意接受公司章程的内容，就应当认定为股东参与制定并同意了所签名或盖章的文本，由此标志着公司章程制定程序的结束。

公司章程应采取书面形式。有限责任公司章程的绝对必要记载事项有：公司名称和住所；公司经营范围；公司注册资本；股东的姓名或名称；股东的出资方式、出资额和出资时间；公司的机构及其产生办法、职权、议事规则；公司法定代表人；股东会会议认为需要规定的其他事项。有限责任公司章程的相对必要记载事项有：公司对外投资或提供担保的决议机关和数额限制、公司聘任审计机构的决议权等。而股东会会议认为需要规定的其他事项，则属于公司章程中的任意记载事项。公司章程的修改，往往涉及公司的重大变更或股东的根本利益，因此有限责任公司做出修改公司章程的决议时，须经代表 2/3 以上表决权的股东通过。

（四）有公司名称、住所及组织机构

设立有限责任公司，还要确定公司的名称、住所和组织机构。公司名称的确定需要经过一定的程序。首先要申请公司名称的预先核准，向公司登记机关提交公司名称核准的申请文件，公司登记机关在收到申请文件之日起 10 日内，对公司名称的申请做出核准或驳回的决定。有限责任公司必须在公司名称中标明有限责任公司或有限公司字样。

公司住所是公司主要办事机构的所在地。公司住所应当在其公司登记机关的管辖区域内，而且登记的公司住所只能有一个。若公司设有多个分公司，则以总公司所在地为公司住所。

设立有限责任公司，还要建立符合有限责任公司要求的组织机构，即股东会、董事会或执行董事、监事会或监事等。有限责任公司股东会由全体股东组成，股东会是公司的权力机构。有限责任公司设董事会，成员为 3～13 人。股东人数较少或者规模较小的有限责任公司，可以不设董事会，设 1 名执行董事，执行董事可以兼任总经理。有限责任公司的监事会，其成员不少于 3 人。股东人数较少或者规模较小的有限责任公司，可以设 1～2 名监事，不设监事会。

二、一人有限责任公司

1994 年《公司法》规定，除国有独资公司外，不允许设立一人有限责任公司。但实践中，一个股东的出资额占公司资本的绝大多数，而其他股东象征性地只占极少数，或者一个股东拉上自己的亲朋好友做挂名股东，实质上是一人有限责任公司的现象并不少见。一人有限责任公司设立便捷、管理成本低，而允许设立一人有限责任公司，有利于鼓励投资创业，促进经济发展和就业。因此，2006 年《公司法》允许设立一人有限责任公司，2013 年《公司法》进一步取消了一人责任有限公司的注册资本最低限额为 10 万元人民币的规定。

一人有限责任公司是有限责任公司的特殊形式，仍适用于《公司法》中关于有限责任公司的一般规定，同时法律对一人有限责任公司的要求更为严格。

一人有限责任公司是指只有一个自然人股东或者一个法人股东的有限责任公司。《公司法》对一人有限责任公司做出如下特别规定：

（1）一个自然人只能投资设立一个一人有限责任公司。一人有限责任公司不能投资设立新的一人有限责任公司。《公司法》的这项规定，主要是为了保护债权人的利益，确保交易的安全性与公平性。

（2）一人有限责任公司应当在公司登记中注明自然人独资或者法人独资，并在公司营业执照中载明。在社会经济生活中，出于降低风险的需要，无论是洽谈业务、签订合同还是法律诉讼，都希望能够知悉公司的股东和出资情况，而一人有限责任公司出于诚信和促进社会经济稳健发展的考虑，对于股东及其出资情况也应当以一定的形式向社会公示，以便对方根据实际情况决定自己的行为。同时，将一人有限责任公司的股东及其出资情况予以公示，也有利于债权人及时保护自身的权益。

（3）一人有限责任公司章程由股东制定。一人有限责任公司不设立股东会，但仍然要求股东依法行使权利。对公司事项做出的决定应当采用书面形式，并由股东签名后置备于公司，以便日后有依据可查。

（4）一人有限责任公司应当在每一会计年度终了编制财务会计报告，并经会计师事务所审计。由于一人有限责任公司的股东具有唯一性，监督制约机构力量不足，如果没有外力的引入与监督，公司很难取得社会公众的信任。鉴于此，要求一人有限责任公司编制财务会计报告，并经会计师事务所审计。

（5）一人有限责任公司的股东不能证明公司财产独立于自己的财产的，应当对公司债务承担连带责任。

三、国有独资公司

国有独资公司是指国家单独出资、由国务院或者地方人民政府授权本级人民政府国有资产监督管理机构履行出资人职责的有限责任公司。国有独资公司的组织机构有别于一般的有限责任公司。

由于国有独资公司只有一个股东，因此《公司法》明确规定，国有独资公司不设股东会，由国有资产监督管理机构行使股东会职权。国有资产监督管理机构可以授权公司董事会行使股东会的部分职权，决定公司的重大事项，但公司的合并、分立、解散、增加或者减少注册资本和发行公司债券，必须由国有资产监督管理机构决定。其中，重要的国有独资公司合并、分立、解散、申请破产，应当由国有资产监督管理机构审核后，报本级人民政府批准。

国有独资公司设董事会，董事会是国有独资公司的执行机构。董事会成员由国有资产监督管理机构委派，董事会成员中应当有职工代表，职工代表由职工代表大会选举产生。董事每届任期不得超过三年。董事会设董事长一人，可以设副董事长。董事长、副董事长由国有资产监督管理机构从董事会成员中指定。

国有独资公司设经理，由董事会聘任或者解聘。经国有资产监督管理机构同意，董事会成员可以兼任经理。国有独资公司的董事长、副董事长、董事、高级管理人员，未经国有资产监督管理机构同意，不得在其他有限责任公司、股份有限公司或者其他经济组织兼职。

国有独资公司设监事会行使监督职能。我国《公司法》对国有独资公司的监事会设置做出了详细的规定：国有独资公司监事会成员不得少于 5 人，其中职工代表的比例不得低于 1/3，具体比例由公司章程规定。监事会成员由国有资产监督管理机构委派；但是，监事会成员中的职工代表由公司职工代表大会选举产生。监事会主席由国有资产监督管理机构从监事会成员中指定。

四、有限责任公司的设立程序

（一）订立股东协议

有限责任公司采取发起设立方式，股东对设立公司进行经济和法律上的可行性分析，确定设立公司的意向，在此基础上订立股东协议。协议中主要规定各发起人在公司中享有的权利和应履行的义务，以及对拟设立公司的基本情况做出意向性规定。股东在公司成立后成为公司的股东，所以股东协议是股东之间为设立公司、明确相互的权利和义务而订立的书面文件，在法律上被视为合伙协议。

（二）必要的行政审批

并非所有的有限责任公司的设立都需要经政府主管部门行政审批。一般的有限责任公司可以直接向公司登记机关申请设立登记，而不必办理行政审批手续。法律、行政法规规定，设立公司必须报经审批的公司，以及公司营业项目中有必须依法报经审批项目的公司，公司在设立登记前，需要办理行政审批手续。上述两类公司未经批准，不得申请设立登记。

（三）制定有限责任公司章程

有限责任公司设立的条件之一就是股东共同制定公司章程。共同制定意味着公司章程应反映所有股东的意志。共同制定公司章程并不是要求每个股东都积极地参与公司章程的起草讨论，只要股东在公司章程上签名、盖章，就是表达意志的行为，就应认定为其参与了公司章程的制定，并同意所签名、盖章的文本。公司章程对公司股东以及组织机构中所涉及的人员有严格的约束力，同时也是公司从事经营活动的基本规定。

（四）股东缴纳出资

订立股东协议和制定公司章程后，股东就应该按照协议和章程履行出资义务。由于有限责任公司不得向社会公开招股，因此公司资本必须在设立过程中由全体股东予以认缴。股东可以用货币出资，也可以用实物、知识产权以及土地使用权等作价出资。股东用货币出资的，应当将货币足额存入公司在银行开设的临时账户；股东用实物、知识产权以及土地使用权等作价出资的，应当依法办理其财产权的转移手续。股东缴纳出资后，法定机构验资并出具证明。2013年国务院改革了注册资本登记制度，放宽了注册资本登记条件，取消了有限责任公司注册资本最低为3万元的限制，不再限制公司设立时股东或发起人首次的出资额以及缴足出资的期限，公司实收资本也不再作为工商登记事项。

（五）申请有限责任公司设立登记

股东首次出资经法定机构验资后，由全体股东指定的代表或者共同委托的代理人向公司登记机关申请设立登记。设立登记是公司取得权利能力或法人资格的关键途径。我国《公司法》规定，设立有限责任公司应提交以下材料：公司登记或备案申请书；指定的代表或共同委托的代理人的授权委托书；全体股东签署的公司章程；股东的主体资格证明或自然人身份证件；董事、监事、经理及法定代表人的任职文件和身份证件；住所使用证明；企业名称预先核准通知书；法律、行政法规和国务院规定设立有限责任公司必须报经批准的有关文件或许可证件。在有限责任公司提交材料之后，公司登记机关要对申请人提交的申请材料进行审查。由于申请材料和证明文件不真实而引发的后果，最终由公司申请人承担相应责任。设立有限责任公司的同时设立分公司的，还应就所设立分公司向公司登记机关申请登记。

公司登记机关对符合法律规定条件的公司设立申请，予以登记，同时发放营业执照；对不符合法律规定条件的公司设立申请，不予登记。公司营业执照的签发日期即为有限责任公司的成立日期。公司自成立之日起取得法人资格，同时拥有相应的权利能力和行为能力。

第三节 股份有限公司的设立

股份有限公司是指全部资本划分为等额股份,股东以其认缴的股份为限对公司承担责任,公司以其全部财产对债务承担责任的企业法人。股份有限公司是典型的资合公司,大多采取募集设立方式,可依法公开向社会公众募集资本,股份可以自由转让。

一、股份有限公司的设立方式

股份有限公司的设立方式有发起设立和募集设立两种。

(一)发起设立

发起设立是指由发起人认购公司应发行的全部股份而设立公司。以发起设立方式设立股份有限公司的,发起人应当书面认足公司章程规定其认购的股份,并按照公司章程的规定缴纳出资,股东以非财产出资方式出资的,还应当依法办理其财产权的转移手续。发起人不按照规定缴纳出资,应按照发起人协议承担违约责任。以发起设立方式设立股份有限公司的,由于不涉及社会公众利益,其设立程序相对较为简单,公司成立后,作为股东的投资者仅限于发起人,股东并没有社会化。因此,以发起设立方式设立的股份有限公司具有封闭性的特点。

(二)募集设立

募集设立是指由发起人认购公司应发行股份的一部分,其余股份向社会公开募集或者向特定对象募集而设立公司。以募集设立方式设立股份有限公司的,发起人认购的股份不得少于公司股本总数的35%。以募集设立方式设立的股份有限公司成立之后,公司股东不仅包括发起人,还包括众多的认股人,公司股东已经社会化。由于涉及社会公众的利益,因此股份有限公司的设立条件严苛,设立程序更为复杂。以募集设立方式设立的股份有限公司属于开放式的公众性公司。

发起设立和募集设立始于1994年《公司法》,当时的募集设立仅适用于以公开募集设立方式设立的股份有限公司。自1998年8月起,中国证券监督管理委员会(简称中国证监会)不再批准公开募集设立,提出"先改制运行,后发行上市"的原则,股份有限公司的设立和股份公开发行必须分步进行，所有的企业一律先改制，注册成立股份有限公司后，方可提出发行股票的申请。从 1999 年开始，国有企业和有限责任公司必须改制成规范化的股份有限公司，运行一年以后，方可申请公开发行股票。2006 年中国证监会延续该政策，规定股票发行人应当是依法设立且合法存续的股份有限公司，并持续经营三年以上；对有限责任公司按原账面净资产值折股、整体变更为股份有限公司的，持续经营时间可以前溯至有限责任公司成立之日。这一办法仍然坚持"先设立、后公开发行"的方式，所以公开募集设立至今不能合法实施。

二、股份有限公司的设立条件

设立股份有限公司，应当具备下列条件：发起人符合法定人数；有符合公司章程规定的全体发起人认购的股本总额或者募集的实收股本总额；股份发行、筹办事项符合法律规定；发起人制定公司章程；有公司名称、住所和组织机构等。

（一）发起人符合法定人数

发起人是设立股份有限公司的必要条件之一。发起人是进行公司设立活动的人，既可以是自然人，也可以是法人。发起人的发起行为包括提出设立公司的申请、认购公司股份、对公司设立承担法定责任等。股份有限公司的发起人要符合法定人数，《公司法》明确规定，股份有限公司的发起人应当为 2 人以上 200 人以下，其中须有半数以上的发起人在中国境内有住所。1994 年《公司法》将股份有限公司的发起人限定在"5 人以上"，即只有下限规定而无上限规定。但现实中，利用发起设立达到募集设立目的的公司并不鲜见。募集设立可以最大限度地募集资金，但审批程序烦琐、条件严苛，如果在发起设立时把募集对象全部写成发起人，即发起人超过 200 人，实际上相当于募集设立方式。所以，对股份有限公司发起人规定 200 人的上限，就堵塞了一个实务操作的漏洞。同时，设立股份有限公司是一个过程，也需要一定的时间，要求一定数量的发起人在中国境内有住所，才便于进行各项活动。加之发起人在设立股份有限公司期间以及股份有限公司成立以后有比较重要的责任，只有当他们在中国境内有住所，才更加有利于国家对发起人的活动和行为进行管理与监督，以防止他们利用设立股份有限公司的机会损害社会公众的利益。

（二）有符合公司章程规定的全体发起人认购的股本总额或者募集的实收股本总额

我国《公司法》已经取消"股份有限公司注册资本最低限额为 500 万元人民币"

的规定。以发起设立方式设立股份有限公司的，注册资本为在公司登记机关登记的全体发起人认购的股本总额。发起人应书面认足公司章程规定其认购的股份，并按照公司章程规定缴纳出资。发起人认购的股份在缴足之前，不得向他人募集股份。以非货币财产出资的，应依法办理其财产权的转移手续。以募集方式设立股份有限公司的，注册资本为在公司登记机关登记的实收股本总额，发起人认购的股份不得少于公司股份总数的35%。发起人不按照规定缴纳出资，其应按照发起人协议承担相应的违约责任。

（三）股份发行、筹办事项符合法律规定

发起人必须依照规定申报文件，承担公司筹办事务。按照《公司法》的规定，股份有限公司股份的发行，实行公平、公正的原则，同种类的每一股份应当具有同等权利。同次发行的同种类股票，每股的发行条件和价格应当相同，任何单位或者个人所认购的股份，每股应当支付相同价额。就筹办事项而言，发起人向社会公开募集股份时，必须依法经国务院证券管理部门批准，并公告招股说明书，制作认股书，由依法批准设立的证券经营机构承销，签订承销协议，同银行签订代收股款协议，由银行代收和保存股款，向认股人出具收款单据。

（四）发起人制定公司章程

股份有限公司章程是记载有关公司组织和活动等基本规则的法律文件。股份有限公司章程的制定，因公司设立方式的不同而不同。以发起设立方式设立的股份有限公司的章程由全体发起人共同制定；以募集设立方式设立的股份有限公司的章程由发起人制定，而后需经公司创立大会通过。股份有限公司章程的绝对必要记载事项有：公司名称和住所；公司经营范围；公司设立方式；公司股份总数、每股金额和注册资本；发起人的姓名或者名称、认购的股份数、出资方式和出资时间；董事会的组成、职权和议事规则；公司法定代表人；监事会的组成、职权和议事规则；公司利润分配办法；公司的解散事由与清算办法；公司的通知和公告办法。股份有限公司章程中相对必要记载事项有：公司转让、受让重大资产或对外提供担保等，是否需要经过股东大会的决议；股东大会选举董事、监事是否执行累计投票制等。股东大会会议认为需要规定的其他事项，属于公司章程规定的任意记载事项。股份有限公司章程应采用书面形式，公司章程的修改和变更，也要按照法定条件和程序进行。股东大会做出修改公司章程的决议时，须经出席会议的股东所持表决权的2/3以上通过。

（五）有公司名称、住所和组织机构

股份有限公司的设立，必须要有符合法律规定的公司的名称、住所和组织机构。

股份有限公司的名称要预先申请核准。公司从事经营管理活动，需要有相应的组织机构。为便于国家相关机构依法对公司进行监督管理，保障投资者和债权人的合法权益，股份有限公司必须要有住所。此外，公司应当根据《公司法》的规定设立股东大会、董事会和监事会，股东大会、董事会和监事会应依法行使其职权。

三、股份有限公司的设立程序

与有限责任公司相比，股份有限公司在设立上受到严格限制。具体表现为：

（1）设立条件严苛。股份有限公司的发起人必须达到一定的数量；发起人认购的股本总额或者募集的实收股本总额符合公司章程；发起人要承担严格的设立责任，必须按照法定的要求制定公司章程等。

（2）允许采取募集设立方式。有限责任公司只能采取发起设立方式，而股份有限公司既可以采取发起设立方式，也可以采取募集设立方式，但无论采取哪一种方式，都必须严格按法定要求进行。

（3）股份认定有专门的程序。公司发行股份和投资者认购股份的行为，要严格按照法定程序进行。

（4）设立程序复杂。有限责任公司的设立程序比较简单，设立行为的任意性较多；而股份有限公司的设立程序复杂，而且有严格的强制性。

（一）发起人发起

股份有限公司的发起人应当为2人以上200人以下，其中须有半数以上的发起人在我国境内有住所。在股份有限公司的设立阶段，发起人承担公司筹办事务，对外代表设立中的公司，对内执行公司设立任务。发起人应当签订发起人协议，明确各自在公司设立过程中的权利与义务。发起人协议是发起人之间签订的有关法律、行政法规、相关政策及其他有关事项的协议，具体规范发起人的行为及公司的各项事宜。签订发起人协议后，发起人应组织工作班子进行具体的公司筹建工作。公司发起人需要承担以下职责：公司无法成立时，对设立费用、设立债务以及认股人已缴纳的股款承担连带责任；在公司设立过程中由于发起人的过失致使公司利益受到损害的，应当对公司承担赔偿责任；公司成立后，未按照公司章程的规定缴纳出资，或者出资的非货币财产的实际份额显著低于公司章程中规定的数额，应当补缴。

（二）制定股份有限公司章程

股份有限公司章程的制定者为发起人，而不是公司全体股东。由于股份有限公司的设立方式有发起设立和募集设立,这两种方式的公司章程的制定过程并不完全一致。

1. 发起设立的公司章程的制定

对于以发起设立方式设立的股份有限公司,公司成立后的股东仅限于发起人,股东并没有社会化。以发起设立方式设立的股份有限公司这一封闭性的特点,决定了发起人制定的公司章程已经反映公司设立时所有投资者的意志。因此,公司章程由发起人共同制定,发起人在公司章程上签名、盖章,表示同意接受公司章程的内容。

2. 募集设立的公司章程的制定

对于以募集设立方式设立的股份有限公司,公司成立后,股东不仅有发起人,而且有众多的认股人,股东已经社会化。由于以募集设立方式设立的股份有限公司属于开放式的公众性公司,因此发起人制定的公司章程并不一定能够反映所有投资者的意志。在公司申请设立登记之前,由发起人制定的公司章程,须经公司创立大会通过,发起人和认股人应在公司创立大会上讨论、审议与设立公司有关的重大事宜。我国《公司法》规定,由认股人组成的创立大会,其职权之一就是通过公司章程,公司章程最后文本由创立大会以决议的方式通过。

(三)股东认购股份

对于以发起设立方式设立的股份有限公司,发起人应书面认足公司章程规定其认购的股份,根据发起人协议中规定的出资额履行出资义务。对于以募集设立方式设立的股份有限公司,首先由发起人认购部分股份,其余部分向特定对象或社会公众发行。发起人向社会公开募集股份,需要经过一系列复杂的程序,包括办理公开募集股份批准、公告招股说明书、签订股份承销协议、代收股款协议以及社会公众认缴股款等。

(四)召开创立大会

创立大会是以募集设立方式设立股份有限公司的重要步骤,它决定公司的设立行为以及公司是否成立等,关乎公司能否如期申请登记成立。发起人应当自股款缴足之日起30日内主持召开公司创立大会,创立大会由发起人和认股人组成。发起人应当在创立大会召开15日前将会议日期通知各认股人或者予以公告。创立大会应有代表股份总数过半数的发起人和认股人出席,方可举行。创立大会行使以下职权:审议发起人关于公司筹办情况的报告;通过公司章程;选举董事会和监事会成员;对公司的设立费用进行审核;对发起人用于抵作股款的财产的作价进行审核;发生不可抗力或者经营条件发生重大变化直接影响公司设立的,可以做出不设立公司的决议。创立大会对上述所列事项做出决议,必须经出席会议的认股人所持表决权过半数通过。

（五）建立股份有限公司组织机构

在发起人首次缴纳出资或召开创立大会后，公司应依法成立股东大会，同时选举董事和监事，组成公司的董事会和监事会，使公司能够顺利成立，并保证公司成立后的正常运营。在发起设立的情况下，发起人交付全部出资并进行验资后，由全体发起人会议选举产生董事、监事，组成公司的董事会和监事会，并选出董事长和经理人选。在募集设立的情况下，由创立大会选举董事、监事，组成公司的董事会和监事会，并选出董事长和总经理。新组成的董事会、监事会取代发起人代表设立登记前的公司，履行法定职责。

（六）申请股份有限公司设立登记

以发起设立方式设立股份有限公司的，由董事会向公司登记机关申请设立登记。以募集设立方式设立股份有限公司的，董事会应于创立大会结束后30日内，向公司登记机关报送文件，申请设立登记。设立股份有限公司应当提交以下登记材料：公司登记申请书；创立大会的会议记录；公司章程；验资证明；法定代表人、董事、监事的任职文件及其身份证明；发起人的法人资格证明或自然人身份证明；公司住所证明。若发起人的首次出资是非货币财产，需要提交已办理财产权转移手续的证明文件以及国务院证券监督管理机构的核准文件。

股份有限公司在提交上述材料后，公司登记机关需要对申请人提交的申请材料进行审查。若提交的申请材料符合法定条件，公司登记机关予以登记；若提交的申请材料不符合法定条件，公司登记机关不予登记。因公司的申请材料和证明文件不真实所导致的后果，最终由公司申请人承担相应责任。公司营业执照签发日期为公司的成立日期。

本章小结

公司设立需要严格具备一系列的条件。公司设立的条件是指公司获得法人资格所需具备的基本要素，包括人员条件、资本条件、组织条件和行为条件。人是公司设立过程中不可缺少的一个重要条件，公司设立过程必须由公司的创办人来完成，创办人在公司成立后成为公司的股东。股东是指在公司成立后持有公司股份的人。公司设立的资本条件是指在公司设立时对于注册资本，公司资本、公司资产和股东权益，股东出资方式，以及禁止股东抽逃出资等方面的规定。以发起设立方式设立股份有限公司的，注册资本为在公司登记机关登记的全体发起人认购的股本总额；以募集设立方式设立股份有限公司的，注册资本为在公司登记机关登记的发起人募集的实收股本总额。股东可以用货币出资，也可以用实物、知识产权以及土地使用权等可用货币估价并可依法转让的非货币财产作价出资，但是法律、行政法规规定不得作为出资的财产除外。公司设立的组织条件包括公司名称、公司住所及组织机构等。公司设立的行为条件主要包括制定公司章程、申请注册登记等。有限责任公司的设立条件主要包括股东人数合法、股东出资合法、制定公司章程，以及有公司名称、住所及组织机构等。一人有限责任公司是有限责任公司的特殊形式，《公司法》对一人有限责任公司做出了特别规定。股份有限公司是典型的资合公司，其设立方式有两种：发起设立和募集设立。发起设立是指由发起人认购公司应发行的全部股份而设立公司；募集设立是指由发起人认购公司应发行股份的一部分，其余股份向社会公开募集或者向特定对象募集而设立公司。股份有限公司的设立条件是：发起人符合法定人数；有符合公司章程规定的全体发起人认购的股本总额或者募集的实收股本总额；股份发行、筹办事项符合法律规定；发起人制定公司章程；有公司名称、住所和组织机构等。有限责任公司与股份有限公司不仅设立条件不同，设立程序也有很大差异。有限责任公司的设立程序依次为：订立股东协议、必要的行政审批、制定有限责任公司章程、股东缴纳出资、申请有限责任公司设立登记；而股份有限公司的设立程序依次为：发起人发起、制定股份有限公司章程、股东认购股份、召开创立大会、建立股份有限公司组织机构、申请股份有限公司设立登记。

案例分析　G 灯具有限责任公司的设立

甲、乙、丙三家公司共同出资在鞍山市设立 A 灯具有限责任公司（以下简称 A 公司），拟定的注册资本为 1 000 万元。其中，甲公司以货币出资 100 万元，以机器设备出资 200 万元；乙公司以货币出资 100 万元，以专利权出资 350 万元；丙公司以厂房出资 250 万元。在公司登记时，工商行政管理机关有关人员指出，股东出资不符合法律规定。经过更正后，A 公司得以成立。

A 公司成立后，其生产的灯具物美价廉，畅销市场，在鞍山市灯具市场占有半壁江山。但 2015 年，A 公司的灯具严重滞销，销售额持续下降。经调查发现，公司董事王某于 2013 年与朋友合作，投资设立 M 照明器具有限责任公司（以下简称 M 公司），王某在 M 公司任常务副总经理，具体负责 M 公司的生产经营。由于 M 公司生产的灯具在用料、款式、功能等方面与 A 公司生产的灯具相差无几，挤占了 A 公司的一部分市场份额。于是，A 公司董事会做出如下决议：①撤销王某 A 公司董事的职务，要求王某将从 M 公司所得收入归 A 公司所有。②根据公司产品市场营销业务发展的需要，决定增设市场开发部，并根据总经理的提名，聘任董某为市场开发部经理；解聘财务负责人梁某的职务，聘任监事段某兼任财务负责人。

2016年，自然人赵某、钱某、孙某、李某在营口市欲设立G灯具有限责任公司（以下简称G公司），各方出资情况如下：赵某出资200万元，钱某出资100万元，孙某出资100万元，李某出资100万元。考虑到资金实力和技术能力等情况，大家打算寻找一个投资方，恰好A公司有扩张外地市场的想法，有意向参与投资，拟出资500万元。目前有两种投资方式可供A公司选择：①所有的投资个人赵某、钱某、孙某、李某作为自然人，加上参与投资的A公司，都是G公司的股东，在公司注册时填写的股东为A公司和赵某、钱某、孙某、李某，公司的董事会可能由赵某、钱某、孙某、李某和A公司所派的代表组成。②赵某、钱某、孙某、李某四个自然人成立一家新公司B公司，然后以B公司和A公司共同投资成立G公司，四个自然人赵某、钱某、孙某、李某是B公司的股东，G公司的董事会分别由A公司和B公司选举或者派遣的董事组成。

阅读以上材料，结合课本知识深入思考，并回答以下问题：

1. A公司成立时拟定的注册资本是否符合法律规定？为什么工商行政管理机关认定股东出资不符合法律规定？

2. A公司董事王某的行为是否违反了竞业禁止？A公司董事会根据总经理的提名，聘任和解聘公司部门经理、财务负责人以及聘任监事兼任公司财务负责人，符合法律规定吗？

3. 你认为A公司更可能选择哪一种投资方式？请说明选择每一种投资方式的理由。

第四章 公司治理结构

学习目标

通过本章的学习,应掌握公司治理的定义,理解公司治理与公司管理的联系和区别,熟悉公司治理结构的成因及特征;重点掌握股东大会、经理和监事会的职权与职责,董事会的职能和职权;明确股东、董事、经理和监事的相关内容以及独立董事制度;了解股东大会、董事会、经理层和监事会的设置和运作。

本章导论

公司治理问题是随着现代公司的发展而产生的。公司治理的本质是对公司控制权和剩余索取权分配的一整套法律、文化和制度的安排。公司治理与公司管理既有联系又有区别。狭义的公司治理指公司的内部治理结构或内部治理框架,是公司内部的股东大会、董事会、经理层和监事会之间的职权关系和相互制衡;广义的公司治理除了包括公司的内部治理,还包括公司的外部治理。股东大会是公司的权力机构,董事会是公司的决策机构,经理层是公司的执行机构,监事会是公司的监督机构,这些机构的产生办法、议事规则、投票方式以及职权和职责各不相同。

第一节 公司治理概述

一、公司治理问题的产生

公司治理问题是随着现代公司的发展而产生的。19世纪40年代以前,美国企业界很少出现组织上的创新。当时的企业主要是家族式的独资企业和合伙企业,经济学上称之为古典企业。古典企业是在自由竞争状态下,由单一的或少数几个所有者掌握的单一功能企业,经营规模较小。在这种企业形态下,投资者集企业财产的所有权、经营权、决策权、控制权、收益权和责任于一身。投资者为了自己的利益尽力经营企业,并承担企业经营不善的一切后果。然而,这种高度集中的结构虽然简便,却使企业的发展受到个人财富和管理能力的限制,责任的无限性也使得投资者慑于风险的压力而举步不前。20世纪初以来,资本的集中和技术的进步,促进了现代工商业的巨大发展,公司规模迅速扩大,股东数量急剧增加,股权高度分散化,公司经营日趋复杂。股权的高度分散和流动使投资者的风险大大降低,他们往往抽身于公司管理的琐事,将管理权交给专业经理人来行使,由此形成了所有权与经营权的分离,进而产生了公司治理问题。

公司治理问题受到关注始于20世纪80年代,究其原因主要有:

(1)机构投资者的地位和作用日益明显,机构投资者比中小股东更加关注公司治理问题。

(2)公司并购浪潮兴起后,出现了一些损害股东、经理、员工等公司利益相关者的行为,人们希望借助有效的公司治理限制这些行为。

(3)公司经理不合理的高薪引起公司其他利益相关者的不满,他们更加关注剩余索取权和剩余控制权的合理分配。

(4)经济全球化、一体化和知识经济等新趋势使公司形态、资本结构发生了变化,利益相关者、企业伦理和社会责任等理论的发展也给公司治理研究带来新的课题。

(5)1997年亚洲金融危机以及美国安然等大公司的财务丑闻和破产倒闭事件,掀起新一轮公司治理研究高潮。

二、公司治理的定义

公司治理最早是微观经济学用词。尽管国内外大量学者对公司治理问题进行了研究,但对公司治理至今没有形成统一的定义。

(一)国外学者关于公司治理的定义

1. 治理作用说

伯利和米恩斯以及詹森和迈克林认为,公司治理应致力于解决所有者与经营者之间的关系,使所有者与经营者的利益一致。法玛和詹森进一步提出,公司治理研究的是所有权与经营权分离情况下的代理人问题,中心问题是如何降低代理成本。

2. 存在条件说

哈特提出了公司治理理论的分析框架,认为只要有以下两个条件存在,公司治理问题就必然会在组织中产生:第一个条件是委托代理问题,确切地说是组织成员(可能是所有者、经营者、员工,也可能是消费者)之间存在利益冲突;第二个条件是交易费用过大,使委托代理问题不可能通过合约解决。哈特依据上述两个条件,将公司治理定义为:"在初始合约下没有明确地设定的一个决策机制,用来分配公司非人力资本的剩余控制,即资产使用权如果没有在初始合约中详细设定的话,治理结构决定其将如何使用"①。

3. 基本问题说

科克伦和沃特克指出:公司治理问题包括高级管理阶层、股东、董事会和公司其他利益相关者相互作用中产生的具体问题。构成公司治理问题的核心是:①谁从公司决策层的行动中受益;②谁应该从公司决策层的行动中受益。当"是什么"和"应该是什么"之间存在不一致时,公司治理问题就会出现。

国外学者对公司治理的理解至少包含以下四层含义:

(1)公司治理问题的产生,源于现代公司中所有权与经营权的分离以及由此产生的委托代理问题。

(2)公司治理是一种契约关系,公司治理的安排以公司法和公司章程为依据,以简约的方式(不完全契约)规范公司各利益相关者的关系,约束他们之间的交易。

(3)公司治理的关键在于明确而合理地配置股东、董事会、经理人员和其他利益相关者之间的责、权、利,从而形成有效的制衡关系。

(4)公司治理的本质是对公司控制权和剩余索取权分配的一整套法律、文化和制度安排。

(二)国内学者关于公司治理的定义

国内学者虽然对公司治理进行了较为深入的研究和探讨,但是对于公司治理的定义没有形成统一的认识,各自从不同的角度阐释对公司治理的理解。

1. 强调公司治理结构的相互制衡

吴敬琏认为,所谓公司治理结构,是指由所有者、董事会和高级经理人员组成的一种组织结构。在这种组织结构中,上述三者之间形成一定的制衡关系。通过这一组织结构,所有者将自己的资产交由董事会管理。董事会是公司的决策机构,拥有对高级经理人员的聘用、奖惩以及解雇的权力。高级经理人员受雇于董事会,组成在董事

---

① 哈特. 公司治理:理论与启示. 经济学动态,1996(6):60-63.

会领导下的执行机构，在董事会的授权范围内经营企业。要完善公司治理结构，就要明确划分所有者、董事会、高级经理人员的责、权、利，从而形成三者之间的制衡关系。

2.强调企业所有权或企业所有者在公司治理中的主导作用

张维迎认为，狭义地讲，公司治理结构是指有关公司董事会的功能和结构、股东的权利等方面的制度安排。广义地讲，公司治理结构是指有关公司控制权和剩余索取权分配的一整套法律、文化和制度安排，这些安排决定谁在什么状态下实施控制、如何控制以及风险和收益如何在不同成员之间分配等问题。因此，广义的公司治理结构只是企业所有权安排的具体化，企业所有权是公司治理结构的抽象概括。

3.强调市场机制在公司治理中的决定性作用

林毅夫认为，公司治理结构中最基本的成分是通过竞争的市场实现的间接控制或外部治理，而人们通常关注或定义的公司治理结构实际指的是公司的直接控制或内部治理结构。他强调，内部治理结构虽然必要且重要，但与充分竞争的市场机制相比，内部治理结构只是派生的制度安排，其目的是借助各种可供利用的制度安排和组织形态，最大限度地减少信息不对称的可能性，以保护所有者利益。公司治理机制包括内部治理机制和外部治理机制。内部治理机制通过股东大会、董事会和经理层等公司内部的决策和执行机制发挥作用；而外部治理机制则由多种市场竞争，包括产品（要素）市场竞争、经理人市场竞争、资本市场竞争、控制权争夺和敌意接管等组成。

4.强调利益相关者在公司治理中的重要性

杨瑞龙认为，要扬弃"股东至上主义"的逻辑，遵循"共同治理"的原则，实现公司治理结构的创新。他强调公司不仅要重视股东的权益，而且要重视其他利益相关者的利益；不仅要强调经营者的权威，而且要关注其他利益相关者的实际参与。具体说来，就是在董事会、监事会中要有股东以外的利益相关者的代表，如职工代表、债权人代表等。

综上，国内学者对公司治理定义的分歧主要在于对公司治理结构与公司治理的理解。20世纪80—90年代初，我国学术界对于公司治理与公司治理结构、法人治理结构是混用的，认为公司治理就是公司治理结构。20世纪90年代中期以后，学术界逐渐赋予了公司治理与法人治理结构、公司治理结构不同的含义。现代公司治理有广义和狭义之分。狭义的公司治理指公司的内部治理结构或内部治理框架，是公司内部的股东大会、董事会、经理层和监事会之间的职权关系和相互制衡。广义的公司治理除了包括公司的内部治理，还包括公司的外部治理，即各种为公司生存和发展提供支持的资本市场治理、经理人市场治理和产品市场治理以及社会环境治理等。

三、公司治理与公司管理的联系和区别

公司治理与公司管理是既有联系又有区别的两个概念。公司治理与公司管理都是创造财富的有效机制。公司管理研究怎样产出最大的财富，公司治理则研究如何确保这种财富的创造是合乎各方利益要求的。公司管理研究如何运营公司，公司治理则研究如何确保这种运营处在正确轨道上。公司管理是财富创造的源泉和动力，是在既定的治理模式下，管理者为实现公司目标而采取的行动；公司治理则是企业财富创造的基础和保障，主要考察各利益相关者责、权、利的划分，以及采取什么样的手段实现相互间的制衡。因此，公司治理与公司管理是相互衔接与统一的，二者存在密切的联系。公司治理规定了整个公司运作的基本框架，公司管理则在这个既定的框架下驾驭公司迈向目标。公司缺乏良好的公司治理，即使有良好的管理系统，也不能保证有效运营。同样，如果公司管理体系不畅通，单纯的治理模式也只能是美好的蓝图，缺乏实质的内容。

公司治理与公司管理的区别，主要体现在以下五个方面：

（1）主体不同。公司治理的主体包括股东大会、董事会、经理层和监事会等，董事会是公司治理的中心；公司管理的主体一般包括董事会和经理层，经理层是公司管理的中心。

（2）对象不同。公司治理主要针对公司的经营者，体现为出资人（委托人）对董事会、经理层（代理人）和监事会的管理；公司管理的对象是公司员工，体现为经理层对一般员工的管理。

（3）实施基础不同。公司治理以契约关系（包括书面的和口头的）为基础，通过企业内部和外部的显性契约与隐性契约、公司治理结构以及市场机制来实施；公司管理则以行政权威为基础，通过企业内部的组织机构和制度来运作。

（4）手段不同。公司治理的手段是协调、防范和制约；公司管理的手段则主要是计划、组织、领导和控制。

（5）具体目标不同。公司治理的目标主要是处理公司与利益相关者责、权、利的制衡关系，强调公平；公司管理的目标则是提高公司的效率和盈利水平，侧重于公司的日常经营，追求效率。

四、公司治理结构的成因及特征

（一）公司治理结构的成因

狭义的公司治理指公司的内部治理结构或内部治理框架，是公司内部的股东大会、董事会、经理层和监事会之间的职权关系和相互制衡。所以，公司治理结构由股东大会、董事会、经理层和监事会四个部分构成。公司之所以要建立这样的组织机构，原因主要有以下四个方面：

1. 弥补股东的功能性缺陷

股东作为公司财产的所有者，本应拥有支配和经营这些财产的权利，并保证这些财产的安全和增值。但股东人数众多，不可能每个人都亲自承担经营管理任务，并且每个人都有基于自己利益考虑的愿望和要求，都希望在公司经营管理的重大问题上反映与体现自己的意志和利益。如果选择其中的一个股东或几个股东来经营管理，其他股东不会放心，且有以权谋私之嫌。同时，在公司经营管理的一系列重大问题上，投资者也经常会出现分歧。在这种情况下，公司的重大经营问题就只好由各股东共同表决决定，在表决中贯彻少数服从多数的原则，由此决定了股东大会的存在。

2. 满足快速、便捷和正确决策的需要

股东大会作为反映多数投资者意志、体现投资者利益、统一投资者愿望和要求的工具，成为公司治理结构中最重要的部分。但是，股东人数众多、居住分散，许多股东还从事其他与公司经营无关的活动，如此一来，对公司每一项经营业务都进行表决，频繁地参加股东大会，就显得十分困难。股东大会只能就公司发展的重大战略以及与所有权最终实现相关的问题做出安排，所以，全体股东不可能经常参加股东大会研究公司经营管理的重大决策问题。因此，选出能够代表股东利益、有能力且值得信赖的组织来代替股东大会，执行股东大会的决议，做出经营决策，并对外代表公司进行活动是有必要的，由此决定了董事会的存在。

3. 克服责任无人承担的缺陷

董事会由股东大会选举的董事组成。由于董事会实行集体负责制，全体董事集体对股东大会的决议负责，在出现问题时极易发生责任不清、互相推诿的现象。为了使责任能够具体落实，在董事会之下又设立了经理层，由经理层对公司日常生产经营进行指挥和领导。在直接关系上，经理层只对董事会负责，不对股东大会负责。因此，关于股东大会决议的贯彻落实、公司日常经营管理的重大问题等，只能由股东利益的代表机关——董事会进行决策，由董事会委托经理层操作实施。

4. 维护股东和公司利益

假如不存在道德风险，经理、董事都能完全忠实于自己的委托人，并按照契约的要求反映委托人的意志，股东大会、董事会和经理层三者之间的关系便可概括为公司治理结构的全部内涵。然而，大量实例表明，无论是董事还是经理，都不可能对委托人完全尽职尽责。股东大会虽然是公司的权力机构，但由于一般股东只关心利益分配和股票价格，对公司的经营活动和自我议决权的行使并不重视，公司实权实际上落入董事会手中，股东大会常常只是承认或通过董事会的提案，形同虚设。因此，在董事、经理行为存在道德风险的情况下，股东大会选举监事组成监事会，对董事及经理的行为进行监督。

图 4-1 为中国石油化工股份有限公司的法人治理结构。

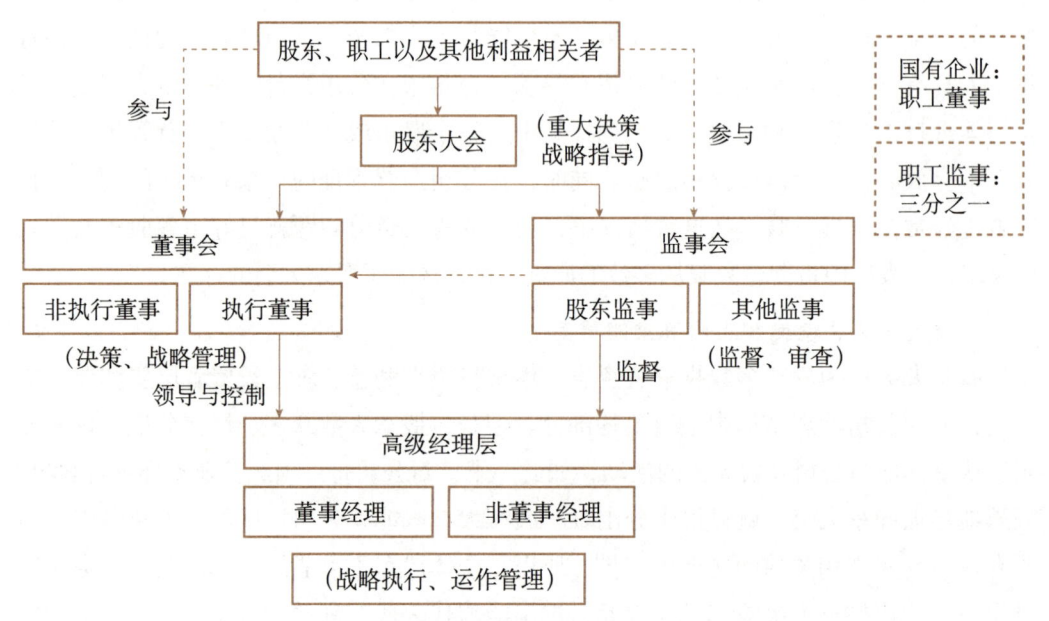

图 4-1 中国石油化工股份有限公司的法人治理结构

（二）公司治理结构的特征

公司治理结构的设置及运行规则要兼顾各方利益，既要保障股东权利的实现，又要保证公司经营高效率进行；既要使组成法人治理机构的自然人充分行使职权，又要使其受到一定的约束和监督。公司治理结构的特征体现在以下两个方面：

1. 职权明确又相互制衡

股东大会是公司的权力机构，对公司的一切重大事务有最终的决定权，其权力由股东直接行使；董事会作为股东大会的常设机构，依据股东大会决议对公司重大事项进行决策；经理层执行董事会的决定，对公司日常生产经营进行指挥和领导；监事会则代表股东和职工，对公司和经营者实行监督。可见，这些机构之间的职权既是明确的，又是相互制衡的，它们自上而下层层授权，又自下而上层层负责，每个机构的职权都是有限的、受制约的，特别是监事会的设置，使公司及经营者的行为受到很大约束，从而防止其违反国家法规和政策，损害公司和股东的利益。

2. 民主和法制相结合

首先，公司的组织机构体现了民主精神。一方面，整个领导群体权利的最初来源是全体股东和职工。股东作为出资人对公司的运行、管理和利益分配享有公开、平等的权利，职工享有民主监督的权利。另一方面，公司的权力机构、决策机构和监督机构均实行民主制和集体领导。其次，公司实行的民主又都是以法制为基础，各机构在履行职责时均应遵守《公司法》、公司章程及其他法律，因此，公司治理既是民主的，又是有序的。

第二节　股东大会——公司的权力机构

一、股东的权利和义务

股东的权利是指作为股东依法享有的资产收益、参与重大决策和选择管理者等权利，股东的义务是指公司章程规定的股东应履行的各项义务。股东的资格是投资者享有股东权利和承担股东义务的前提与基础，股东的权利以股东的资格为基础，股东的资格以股东的权利为表现，二者相互联系、不可分割。

（一）股东的权利

股东享有的权利，可以从不同角度进行分类。

1. 自益权和共益权

根据股东行使权利的目的，可将股东的权利分为自益权和共益权。

自益权是指股东为维护自己的利益而行使的权利，主要体现在经济利益层面，但并非仅仅局限于直接接受金钱的形式。共益权是指股东以个人利益为主要目的，同时兼有为公司利益而行使的权利。自益权以维护股东个人利益为目的，共益权则以维护公司利益和股东个人利益为目的；自益权主要与财产利益相关，共益权则主要与公司治理利益相关。从根本上说，这两类权利的最终目的均在于确认和保护股东的利益。

2. 固有权和非固有权

根据股东权利的性质，可将股东的权利分为固有权和非固有权。

固有权也称不可剥夺权、法定股东权，是指若公司没有得到股东的同意，不得以公司章程或股东大会决议为由，对股东的权利进行不同程度的限制或者剥夺。这是一种与股东的基本权益密切相关的权利，通常由公司法或商法对其进行明确规定，强行将该权利赋予股东，如股东由于出资而享有的股权以及普通股的表决权等。

非固有权又称可剥夺权、非法定股东权，是指公司可以依照公司章程或者股东大会决议，对股东的部分权利予以限制或者剥夺。

3. 单独股东权和少数股东权

根据股东权利的行使方式，可将股东的权利分为单独股东权和少数股东权。

单独股东权是指股东自身就可以行使的权利。少数股东权是指股东须持有公司一定比例的股份方可行使的权利，如股东大会的召集权。股东大会的召集权一般授权给董事会，为防止大股东和董事擅自做一些重大决定，各国法律都赋予少数股东召集和主持股东大会的权利，允许少数股东在符合条件的情况下，召集和主持临时股东大会。我国《公司法》规定，监事会不召集和主持的，连续90日以上单独或者合计持有公司10%以上股份的股东可以自行召集和主持股东大会。

（二）股东的义务

按照权利与义务对等原则，股东在享有权利的同时也要承担相应的义务。从狭义上讲，股东的义务主要指股东的出资义务。通常来说，股东的义务主要包括遵守公司章程、按期缴纳所认缴的出资、对公司债务负有限责任、出资填补义务、追加出资义务、对公司及其他股东诚实信任及其他依法应当履行的义务。

二、股东大会的职权与职责

（一）股东大会的职权

股东大会是公司的权力机构，是股东发表意见、实施权利的主要渠道之一。股东大会代表股东的意志和利益，其职权主要包括：决定公司的经营方针和投资计划；审议批准董事会、监事会或监事的报告；选举和更换非由职工代表担任的公司董事和监事；决定有关董事、监事的报酬事项；审议批准公司的年度财务预算方案、决算方案；审议批准公司的利润分配方案和弥补亏损方案；对公司增加或减少注册资本做出决议；

对发行公司债券做出决议；对公司合并、分立、解散、清算或者变更公司形式做出决议；修改公司章程；公司章程规定的其他职权。

（二）股东大会的职责

股东大会的职责即全体股东需要承担的责任。公司重大问题一经股东大会通过，全体股东就要承担相应的责任。如果股东大会的决策失误，使公司的经营业绩下滑，甚至导致公司破产倒闭，包括当初投反对票或弃权票在内的全体股东，都要承担自己收益减少甚至资产受损的责任。那些不赞成股东大会决议的股东，要想不承担股东大会决议带来的相应责任，唯一的办法就是"用脚投票"，将自己的股份转让出去。

三、股东大会会议

一般情况下，股东大会会议可分为创立大会、股东年会和临时会议。

（一）创立大会

创立大会是在公司筹办工作完成后，由发起人主持召开、认股人参加的大会。创立大会行使下列职权：审议发起人关于公司筹办情况的报告；通过公司章程；选举董事会成员和监事会成员；对公司的设立费用进行审核；对发起人用于抵作股款的财产的作价进行审核；发生不可抗力或者经营条件发生重大变化直接影响公司设立的，可以做出不设立公司的决议。

（二）股东年会

股东年会又称定期会议，是按照公司章程的规定在一定时期内必须召开的会议，一般每年召开一次。股东年会是股东会议或者股东行使权力的具体空间形式。股东在股东年会上听取董事会的报告，向董事咨询所关心的问题，请董事介绍公司当前的运营形势及发展规划等。同时，股东年会也为股东对公司发展提出建议提供了一个良好的机会。股东年会所要议定的议题，一般取决于公司章程中规定的股东会议的权限，主要包括：审议董事会提出的经营报告及资产负债表；讨论分配方案；听取和审议董事会、监事会的报告；选举董事和监事；讨论决定董事、监事的年薪；修改公司章程等。

（三）临时会议

临时会议是指公司章程中没有明确规定召开时间的一种不定期的会议。临时会议相对于定期会议，是在正常召开的定期会议之外，由于法定事项的出现而临时召开的会议。临时会议是一种因法定人员的提议而召开的会议。法定人员包括代表10%以上表决权的股东、1/3以上的董事以及公司监事会或者不设监事会的公司监事。只有当公司需要做出重要决策或者出现重大问题时，才能由法定人员提议召开临时会议。股份有限公司有下列情形之一的，应当在两个月内召开临时股东大会：董事人数不足法律规定人数或者公司章程所定人数的2/3时；公司未弥补的亏损达实收股本总额1/3时；单独或者合计持有公司10%以上股份的股东请求时；董事会认为必要时；监事会提议召开时；公司章程规定的其他情形。

股东大会会议由董事会召集，董事长主持；董事长不能履行职务或者不履行职务的，由副董事长主持；副董事长不能履行职务或者不履行职务的，由半数以上董事共同推举一名董事主持。董事会不能履行或者不履行召集股东大会会议职责的，监事会应当及时召集和主持；监事会不召集和主持的，连续90日以上单独或者合计持有公司10%以上股份的股东可以自行召集和主持。

由于股份有限公司的股东人数成千上万且遍及各地，约时聚会不是一件容易的事，因此召开股东大会会议，应当将会议召开的时间、地点和审议的事项于会议召开20日前通知各股东；临时股东大会应当于会议召开15日前通知各股东；发行无记名股票的，应当于会议召开30日前公告会议召开的时间、地点和审议事项。召开股东大会应以书面形式通知股东。可以对每个记名股东发出书面通知，或者是在影响较大的报刊上公开发布告股东书，指明开会的时间、地点和议决事项。

四、股东大会的投票方式

股东大会做出决议，必须经出席会议的股东所持表决权过半数通过。但是，股东大会做出修改公司章程、增加或者减少注册资本的决议，以及公司合并、分立、解散、清算或者变更公司形式的决议，必须经出席会议的股东所持表决权的2/3以上通过。决议能否获得通过以及通过的决议是否科学、正确，关键取决于股东大会表决制度的选择和安排。股东大会的投票方式包括直接投票、累积投票、分类投票和非比例投票。

（一）直接投票

直接投票即股东在股东大会上按一股一票的原则进行投票。股东出席股东大会会议，所持每一股份有一表决权，每股对公司的某项决议只能表决一次。但是，公司持有的本公司股份没有表决权。这是股份有限公司中最普通而又"最民主"的投票方式，已延续很长时间。

（二）累积投票

股东大会选举董事、监事，可以依照公司章程的规定或者股东大会的决议，实行累积投票制。累积投票制是指股东大会选举董事或者监事时，每一股份拥有与应选董事或者监事人数相同的表决权，股东拥有的表决权可以集中使用。例如，某一股东拥有公司 100 股的股份，应当选的董事为 5 人，则这个股东的投票数为 500。股东既可以把自己拥有的投票数分别投给每个候选人，也可以集中投给一个候选人。这种投票方式给投票者以较大的选择余地，当股东希望把代表自己利益的候选人选入董事会时，可以集中使用手中的票数确保候选人当选。这种投票方式使拥有较少股份的股东也可选出符合自己意愿的董事，能有效地防止大股东利用多数股份的优势完全控制董事会选举现象的发生。

（三）分类投票

分类投票是指把有表决权的股份分成不同的类别，按不同的类别进行投票。实行分类投票的前提是公司发行在外的股份是分成不同类别的。采取这种投票方式在通过一项决议时必须得到双重多数的同意，即不仅要得到出席股东大会会议的多数股权持有人的同意，还要得到各类别股份中各自多数股权持有人的同意。这种投票方式也可以保护少数股份持有人的利益。

（四）非比例投票

非比例投票主要在大型跨国公司和合营企业中使用，它贯彻每个投资者都有发言权和表决权的原则，即某些少数股份持有人在一些问题上的表决权具有比其拥有的股份数高 2～3 倍的效力，从而使这些少数股份持有人的表决权能与多数股份持有人的表决权相平衡。

第三节 董事会——公司的决策机构

一、董事的权利和义务

董事会代表公司对重大事项进行决策，具有实际权力和权威。董事会由董事组成，而董事由股东大会选举产生。董事是公司内部治理的主要力量，对内管理公司事务，对外代表公司进行经济活动。在我国，董事长为公司的法定代表人，是董事会权力的集中代表。

（一）董事的权利

董事的权利是指董事基于法律、公司章程和委任契约而享有的受托处理公司事务的各种权利。董事的权利包括董事的一般权利和董事长的特有权利。董事的一般权利主要有：

（1）出席董事会会议。出席董事会会议是董事的权利，也是董事应尽的义务。董事应当以认真负责的态度出席董事会会议，对所议事项表达明确的意见。

（2）表决权。董事在董事会会议上，有就所议事项进行表决的权利。

（3）董事会临时会议召集的提议权。股份有限公司中代表10%以上表决权的股东、1/3以上的董事或者监事会，可以提议召开董事会临时会议。

董事长除了享有董事的一般权利，还享有独特的权利。董事长的特有权利包括：主持股东大会，召集和主持董事会会议；监督、检查董事会决议的执行；签署公司股票和其他重要文件；在董事会闭会期间对公司重要业务活动给予指导；争议双方票数相等时有两票表决权；公司章程规定或董事会决议授予的其他职权。

（二）董事的义务

董事的义务是指董事对公司的责任。《公司法》规定，董事、监事、高级管理人员对公司负有忠实义务和勤勉义务。

1. 忠实义务

忠实义务又称诚信义务，是指董事在履行职责时必须诚实、善意且合理地相信其行为符合公司的最佳利益。当董事的个人利益和公司利益发生冲突时，要以公司利益为重。董事不能利用其董事身份，侵占或损害公司利益以谋求私利，也不能与公司竞争，不能利用公司机会，不能泄露公司机密，不能从事内幕交易，更不能挪用公款、收受贿赂、滥用公司财产等。

2. 勤勉义务

勤勉义务又称注意义务或审慎义务，是指在保证忠实之后，行为也要到位。董事有义务对公司事务付出时间和精力，以股东和公司的利益为出发点保证公司的正常运营。也就是说，董事应该能够像处理个人事务那般认真和尽力地处理公司事务，或者以管理自己财产所具有的勤勉程度去管理公司财产。

二、董事会的职能和职权

（一）董事会的职能

董事会作为股东大会的受托者，是公司法人财产权的行使主体。依据《公司法》及相关法律法规的规定，董事会的职能可以概括为战略决策职能和监督控制职能。董事会必须积极地履行其职能。

1. 战略决策职能

董事会是公司的决策机构，战略决策职能是公司董事会的重要职能。董事会负责对公司的重大战略及关系到公司发展的重大方案进行决策或审批。董事会的战略决策职能包括：给CEO提供顾问和建议；草创和提出决策方案；积极参与制定决策和设立愿景；监控和评估过去战略的执行情况；等等。董事会的战略决策职能着重强调对CEO的建议和顾问功能。

2. 监督控制职能

监督控制职能是指董事会代表股东对公司的经营实施监督管理。董事会是股东大会的常设权力机构，董事作为股东的受托人负有忠实义务和勤勉义务，理所当然要承担起监督公司业务执行及高级管理人员职务执行情况的义务。董事会的监督控制职能包括：遴选高级管理人员，尤其是聘任及解聘CEO；监督、评估经理层的业绩，调整管理层的薪酬水平及结构；利用董事会权力来保护股东利益，尽可能地减少高管层与股东的利益偏离，使代理成本最小化等。

（二）董事会的职权

为了完成以上职能，董事会必须拥有一系列职权。根据我国《公司法》的规定，董事会对股东大会负责，行使下列职权：召集股东大会会议，并向股东大会报告工作；执行股东大会的决议；决定公司的经营计划和投资方案；制订公司的年度财务预算方案、决算方案；制订公司的利润分配方案和弥补亏损方案；制订公司增加或者减少注册资本以及发行公司债券的方案；制订公司合并、分立、解散或者变更公司形式的方案；决定公司内部管理机构的设置；决定聘任或者解聘公司经理及其报酬事项，并根据经理的提名决定聘任或者解聘公司副经理、财务负责人及其报酬事项；制定公司的基本管理制度；公司章程规定的其他职权。

三、董事会的规模与构成

（一）董事会的规模

不同的国家、不同的公司在董事会规模方面存在很大的差别。毋庸置疑，董事会成员数量对公司决策的有效性会产生重大影响。董事会职能的发挥需要集体决策，董事会成员太少会使权力过分集中，容易造成独裁而损害股东利益，也可能导致董事会缺乏充分的才能与阅历；而董事会成员太多则会造成机构臃肿、决策困难、效率低下、决策成本增加等问题。我国《公司法》规定，有限责任公司的董事会成员为 3～13 人，股份有限公司的董事会成员为 5～19 人，股东人数较少或规模较小的有限责任公司可以设 1 名执行董事，不设董事会。

通常认为，董事会的规模受行业性质、业务模式、内部结构设置及外部压力等因素的影响。

（1）行业性质。如在美国，银行业和教育行业的公司中董事会人数较多。

（2）业务模式。相对于业务简单的公司来说，业务复杂的公司中董事会人数较多。

（3）内部结构设置。设立多个下属专业委员会的董事会，要比单一执行职能的董事会的规模大。下设委员会越多，职能划分越细，董事会人数越多。

（4）外部压力。随着要求增加外部董事等社会呼声的日渐高涨，董事会的规模呈扩张之势。

（二）董事会的构成

从构成上看，董事会成员包括内部董事和外部董事。内部董事是指在本公司任职的董事，从事内部经营管理，又称执行董事。内部董事关注公司发展，对公司业务和行业背景极为了解，能够为董事会提供重要的决策信息。外部董事是指在外单位任职而在本公司挂名的董事，一般来自其他公司、银行等实际工作部门或大学、科研机构等理论工作部门，又称非执行董事。外部董事大都拥有丰富的专业知识、其他行业或者公司管理经验和相对独立的判断力，能够帮助公司从整体和长远的角度考虑问题。外部董事参加董事会，可以扩大忠告和建议来源，使董事会尽可能全面地考虑问题，避免决策失误。

四、董事会会议

董事会的议事方式和表决程序，一般由公司章程规定。董事会会议提供了一个可以使所有董事就某个重要问题进行集中讨论和决策的机会与场所。在董事会会议上，如果董事的观点不一致，通常用投票的方式来解决。所以，董事会会议是讨论和形成一致性观点的重要方式。

董事会会议通常可分为例会和临时会议。例会是定期召开的，一般半年召开一次；临时会议是不定期召开的。董事会会议的召开次数因公司而异，具体取决于公司所处的环境、公司的规模、公司面对的问题以及竞争环境的变化等。董事会决议的表决，实行一人一票，并且出席董事会的成员必须达到法定人数。董事长作为会议的召集者及主持者，应关注董事会会议过程是否完整，董事会目标和公司整体目标是否达成。董事长在会议过程中应尽量保持中立，引导董事表明他们的观点，积极地进行沟通，尽可能地使董事畅所欲言。董事会还要对会议所议事项的决定作成会议记录，出席会议的董事应当在会议记录上签名。

五、董事会的专业委员会

董事会召开的次数和时间基本是固定的，而董事会需要进行决策的事务却很繁杂，并且涉及公司经营的诸多领域，所以单纯依靠董事会会议不足以解决上述问题。随着公司治理不断完善，监管者和投资者等各种外部力量越来越多地介入董事会的内部运作规则之中，一些机构投资者也要求上市公司设立全部或主要由独立董事组成的专业委员会。设立董事会下属的各专业委员会，由董事分别参与各专业委员会的工作，既有利于提高董事会的工作效率，有效发挥其职能，又有利于明确董事的权利和义务，适应现代管理专业化的要求。

（一）专业委员会设立的必要性

董事会作为代表股东利益的公司决策机构，在实践中存在内在的缺陷。一方面，董事会只是对已经形成的议案进行讨论和表决，而专业有效的议案的形成和提出，往往需要进行广泛的调查和深入的研究，董事会很少有机会了解议案的形成过程，可能会在表决时做出错误的决策；另一方面，部分董事会职能的履行，如财务审计和业绩评估等，需要监督主体在被监督对象日常履行职务的过程中对其加以考察和评估，但董事会召开的次数有限，无法对相关履职的过程进行有效监督。专业委员会的设立，恰恰可以弥补董事会存在的上述缺陷。为了更好地行使董事会的决策与监督职能，防止董事会滥用权力，在资本市场成熟的国家，通过设立若干由独立董事占多数组成的董事会内部常设职能化组织即专业委员会，来满足以上专业化运作的需求。需要指出的是，很多公司为了经营需要，设立了由经理层专家组成的委员会，该委员会属于公司执行业务的经理层的一部分，而非董事会的专业委员会。因此，只提供咨询或者属于经理层的委员会，不是董事会的专业委员会。董事会的专业委员会必须是在一定程度上可以代替董事会行使权力并由董事组成的委员会。

（二）专业委员会的特征

从性质上说，专业委员会是董事会的一个内部常设职能化组织，具有以下特征：

1. 专业委员会是董事会内部下属辅助工作机构

专业委员会设于董事会内部，其设立及权力、职责、运行方式和人员构成等，均应获得董事会的批准，专业委员会向董事会负责。

2. 设立的目的是更好地发挥董事会的重大决策和监督职能

董事会不可能经常性地召开会议。为了使董事会更好地履行职能，设立了专业委员会。因此，专业委员会的职责就是更好地发挥董事会的重大决策和监督职能。

3. 专业委员会的组成人员主要是独立董事

独立董事从客观、公正、独立的立场行使职能，在董事会内部设立主要由独立董事组成的专业委员会，可以使独立董事在董事会中真正发挥作用，同时也为独立董事职能的细化和落实提供契机。正是由于专业委员会的存在，独立董事才能真正地"独立"，才能使董事会客观、中立地进行决策和监督。

（三）专业委员会的构成及职能

专业委员会一般包括审计委员会、提名委员会、薪酬委员会、战略委员会，有些公司还设置了公共政策委员会、投资委员会、风险管理委员会等。并不是所有公司的董事会都需要下设一应俱全的专业委员会，各公司完全可以从实际情况出发设立专业委员会。

根据履行职能的不同，专业委员会可分为治理类的专业委员会和管理类的专业委员会。治理类的专业委员会的职能是确保公司规范运作和保护股东利益，如审计委员会、薪酬委员会、提名委员会等，其成员以非执行董事为主，尤其是独立董事，其组成和运作受制于监管部门和证券交易所的规则。审计委员会源于管理实践，后来成为证券交易所要求上市公司董事会必设的机构；薪酬委员会和提名委员会是公司治理运动兴起之后，主要由投资者要求上市公司设立的。管理类的专业委员会的职能是确保公司高层战略管理的有效性与质量，如公共政策委员会、战略委员会、投资委员会等，其成员包括非执行董事和执行董事。由于专业委员会是根据各公司的自身情况设立的，因而各公司之间差异很大。董事会各专业委员会的主要职能如下：

1. 审计委员会

审计委员会作为公司重要的专业委员会，负责检查公司会计制度及财务状况，考核公司内部控制制度的执行情况，评估并提名注册会计师，以及与会计师讨论公司财务问题。为确保审计委员会的专业性和独立性，审计委员会通常由具备财务或会计背景的外部董事组成。

2. 提名委员会

提名委员会的职能是向董事会提名有能力担任董事的人选，具体来说，包括：研究董事、经理人的选择标准和程序并提出建议；广泛搜寻合格的董事和经理人选，对董事候选人和经理人选进行审查并提出建议；负责提交有关董事规模和构成的方案；对现有董事会的组成、结构、成员资格进行考察等。

3. 薪酬委员会

从狭义上讲，薪酬委员会的职能是为公司董事和高级管理人员设计薪酬方案，并交由董事会讨论决定。从广义上讲，薪酬委员会还要对以下内容负责：分析关于董事和高级管理人员薪酬的内外部信息；制定董事和高级管理人员考核的标准；制定一揽子薪酬政策，以吸引、留住和激励高水平的董事与高级管理人员；检查付给非执行董事的费用等。

4. 战略委员会

战略委员会的职能包括对公司长期发展战略、重大投融资项目及决策、年度预算和决算进行研究并提出建议，强化董事会的战略决策功能，以及对其他影响公司发展的重大事项进行研究并提出建议。

5. 执行委员会

执行委员会又称程序委员会，由公司的执行董事和非董事的高级经理人员组成，主要负责公司日常经营决策与运营管理，并执行董事会的决议。执行委员会是否有效，对于团队绩效起着重要。从性质上讲，执行委员会一直处于公司控制的核心。

6. 公共政策委员会

公共政策委员会的职能一般包括监督公司在公共事务方面的责任承担情况，提出相应的指导和建议，例如，为公司管理人员提供社会政治环境变动的趋势分析报告，谋划教育捐赠、社会公益性捐款等事务。

目前，我国上市公司已经普遍设立审计委员会、薪酬委员会、提名委员会和战略委员会、公共政策委员会等。董事会的专业委员会的构成如图4-2所示。

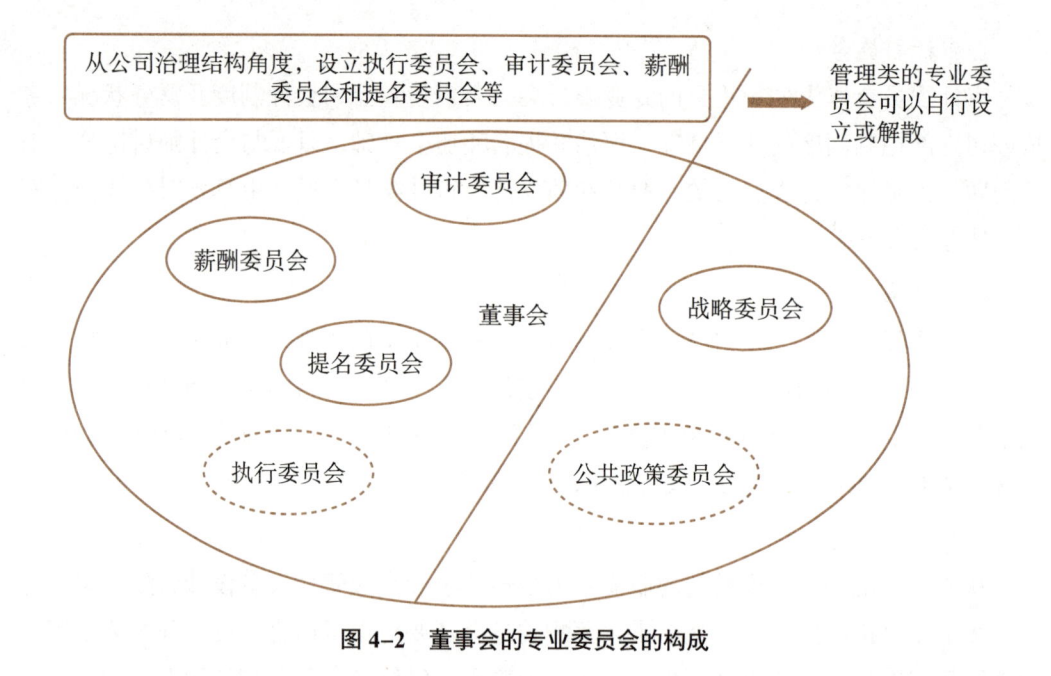

图 4-2 董事会的专业委员会的构成

六、独立董事制度

独立董事制度是指在董事会中设立独立董事，以形成权力制衡与监督的一种制度。独立董事制度是英美国家董事会结构中最具特色的内容，其用意在于引入与公司没有利益关系的外部董事，维护公司、股东、债权人和其他社会公众的利益。独立董事制度起源于 20 世纪 30 年代，以 1940 年美国颁布的《投资公司法》的产生为标志。该制度设计的目的在于防止控股股东及公司管理层等内部人控制，防止他们损害公司整体利益。

（一）独立董事的界定

上市公司中，公司董事可分为内部董事和外部董事。内部董事是指在本公司任职的董事，即执行董事。外部董事又分为有关联关系的外部董事和无关联关系的外部董事。有关联关系的外部董事是指与公司存在实质性利害关系的外部董事，如股东代表董事；无关联关系的外部董事即独立董事。因此，独立董事是指不在上市公司担任除董事之外的其他职务，与所受聘的上市公司及其主要股东不存在可能妨碍其进行独立客观判断关系的董事。由于独立董事不兼任公司的管理层职务，因此独立董事属于外部董事的范畴。同时，独立董事不与公司存在实质性利害关系，所以独立董事又不同于其他的外部董事。

（二）独立董事的特点

董事会是提供经营资本的一方（股东）与运用资本创造价值的一方（经营者）的结合点，直接关系到全体股东利益的实现。然而，公司的董事会常常被大股东操纵。为维护广大中小股东的利益，改变少数大股东一人说了算的状况，有必要在董事会中引进中小股东的代言人即独立董事。独立董事最主要的特点是独立性和专业性。

1. 独立性

独立性是指独立董事在人格、经济利益、产生程序、行权等方面不受控股股东和公司管理层的控制。独立董事由股东大会选举产生，但不是由大股东推荐，也不是公司雇用的经营管理人员，这使得独立董事能够独立享有对董事会决议的表决权和监督权。独立董事不拥有公司股份，与公司没有任何关联业务和物质利益关系，所以独立董事能够以公司整体利益为重，对董事会的决策做出独立的意愿表示。与其他董事相比，独立董事能够公正地履行董事职责，客观地做出决策判断。独立董事的独立性使其成为中小股东的代言人。当然，独立董事不应仅仅维护中小股东的利益，还应站在客观、公正的立场维护全体股东和公司的利益。

2. 专业性

专业性是指独立董事具备一定的专业素质和能力，能够凭借自己的专业知识和经验对公司的相关问题做出判断并发表有价值的意见。企业的科学决策既涉及本企业的知识，也需要政策、法律、市场、产权、宏观经济等方面的知识。公司的执行董事，或者不具有上述某些知识，或者某些知识的拥有量较少，而独立董事大多是经济、法律、金融和人事管理等方面的专门人才，也可能是政府或民间有发言权或有一定影响力的人士。他们进入董事会能增加董事会的信息量，调整董事会的知识结构，打破内部董事某些领域的知识"瓶颈"，为公司带来许多新鲜的思维和创意。因此，独立董事作为专家董事，能够提高公司的决策能力。

（三）独立董事的作用

从某种程度上说，公司治理结构是否健全，在很大程度上取决于是否有一个真正代表公司整体利益的独立的董事会，取决于能否形成以董事会为核心的完善的制衡机制。独立董事作为外部董事，既不代表主要出资人尤其是大股东，也不代表公司管理层，而是作为全体股东合法权益的代表。独立董事对内部董事起监督和制衡作用，能够完善公司治理结构，并且监督和约束公司的决策者与经营者，同时制约大股东的操纵行为，最大限度地保护中小股东以及公司整体利益。具体来讲，独立董事的作用主要体现在以下几个方面：

1. 客观判断

独立董事相对于所任职的公司，其地位是完全独立的，所以能从局外人的角度分析公司的问题，帮助公司在发展战略、经营运作以及其他重大问题上做出客观的判断和更优的决策。相比之下，经理人因长期在公司内部从而形成了思维定式，可能做出不合理的判断。

2. 有效监督

独立董事的独立性，决定了在经理人或其他董事的利益与公司的利益发生冲突时，独立董事能够做出公正的判断。我国上市公司一股独大的现象较为严重，独立董事可以发挥监督代表大股东的董事的行为的作用，防止大股东侵犯中小股东的利益。英美国家是单层制的董事会，公司不设立监事会，独立董事的重要作用就是监督首席执行官（CEO）和其他内部董事的行为。

3. 专业建议

独立董事往往拥有与公司经营业务相关的经济、财务、工程、法律等专业知识，熟悉公司以外的市场机会、新技术、金融和国际问题等，能够提供公司可能没有的技能和经验，获取执行董事不容易获取的信息，从而能够从不同角度审视公司的问题，拓宽公司董事会决策的视野，从其专家型的知识层面影响董事会决策，为公司指出正确的方向，促进公司长期发展。

4. 社会资本

独立董事往往是声望较高的业内专家，拥有广泛的社会关系和社会资源，以及良好的道德素养和社会形象，能够通过自己的影响增加公司与外界的联系，为公司提供商机，在公司进行重大投融资以及并购时，独立董事的社会背景、专业技术或管理知识会体现出其特有的价值，有助于公司抓住市场机会。许多独立董事在不同公司兼任，还可以帮助公司与其他企业建立战略联盟，为公司获取更多有价值的资源。

（四）独立董事的职权

独立董事对上市公司及全体股东负有忠实义务与勤勉义务，应按照相关法律法规和公司章程的要求独立地履行职责，不受上市公司主要股东、实际控制人或者其他与上市公司存在利害关系的单位或个人的影响，以保护公司整体利益，尤其是中小股东的合法权益。上市公司应赋予独立董事以下职权：重大关联交易由独立董事认可后，提交董事会讨论；向董事会提议聘用或解聘会计师事务所；向董事会提请召开临时股东大会；提议召开董事会；独立聘请外部审计机构和咨询机构；可以在股东大会召开前公开向股东征集表决权。此外，独立董事对以下事项发表独立意见：提名、任免董事；聘任或解聘高级管理人员；公司董事、高级管理人员的薪酬；独立董事认为可能损害中小股东权益的事项。为使上述职权得以落实，上市公司应当提供独立董事履行职责所需的工作条件，及时向独立董事提供相关材料和信息，保证独立董事的知情权。独立董事行使职权时，可以向董事、经理及其他高级管理人员进行调查，有关人员应当积极配合，提供有关情况与资料，不得拒绝、阻碍资料提供或隐瞒真实情况，不得干预其独立行使职权。

第四节　经理层——公司的执行机构

公司的执行机构是指以总经理为首的经理层。经理层是指由以总经理为首的高级管理人员组成的经理班子，是公司业务活动的指挥中心。行使公司经营管理权的经理，肩负着运营所有者投入的资本并实现资产增值的使命。经理作为公司日常经营的管理者，其投入公司的精力是董事尤其是外部董事的数倍以上，对公司情况的掌握程度也更为详尽。

一、经理的定义

"经理"即经营管理，一是负责统筹和规划公司的业务经营，制定公司的经营策略并有效地执行；二是负责协调公司经营过程中各部门之间的沟通和衔接，使各部门的员工更有效率地工作。前者注重"经营"，后者关注"管理"，二者缺一不可。

经理是指经公司董事会聘任，对公司资产的保值和增值负有责任，在公司日常运作中独立地行使业务执行和管理权利的经营管理者，是公司治理结构的核心组成部分。因此，经理对公司的发展至关重要。经理的任职资格是经理履行董事会委托工作所需具备的条件。一般来说，对经理任职资格，相关法律法规只做一些消极规定，这一点与董事的任职资格限制基本相同。所不同的是，董事一般从股东中产生，而经理可以不是股东，因为经理所从事的工作的专业化程度较高，法律规定把选任经理的范围扩大到股东之外，以便能够选择到更适合管理公司的专业人员。

二、经理的职权和职责

鉴于经理在现代公司中的重要地位,我国《公司法》明确规定了经理的权利。有限责任公司可以设经理,经理由董事会决定聘任或者解聘。经理对董事会负责,行使下列职权:主持公司的生产经营管理工作,组织实施董事会决议;组织实施公司年度经营计划和投资方案;拟订公司内部管理机构设置方案;拟订公司的基本管理制度;制定公司的具体规章;提请聘任或者解聘公司的副经理、财务负责人;决定聘任或者解聘除应由董事会决定聘任或者解聘以外的负责管理人员;董事会授予的其他职权。此外,公司章程对经理的职权另有规定的,从其规定。经理列席董事会会议。

与经理的权利相对应,经理要按照《公司法》和公司章程的规定承担相应的责任。经理主要承担经营管理不善的责任,包括职务上、经济上和刑事上三个方面。职务上,若由于个人能力不强或责任心不强,导致经营管理不善,公司效益下降,经理需要承担薪资减少甚至被董事会解聘的直接责任;若由于在经营管理上出现重大失误,使公司蒙受巨大损失,经理不仅要承担职务被解除的责任,还要承担赔偿公司损失的责任;若经理背着董事会和监事会,生产经营法律严格禁止的产品或服务内容,受到国家有关部门查处而使公司形象遭到重大损害、经济遭受重大损失,经理不仅要承担职务被解除和赔偿公司损失的责任,还要承担相应的法律责任。

三、首席执行官(CEO)

首席执行官(CEO)通常是指一个企业集团、财阀或行政单位中的最高行政负责人。CEO直接向公司的董事会负责,在公司或组织内部拥有最终的执行权力。

当今社会竞争不断加剧,市场风云变幻,公司的决策速度和执行力度比以往任何时候都要重要,传统的"董事会决策、经理层执行"的公司体制难以满足日趋多变的要求。繁杂的企业内部信息交换,以及决策层和执行层之间存在的信息传递和沟通障碍等问题,已经严重影响公司对重大决策的反应速度和执行能力。此外,规范化的上市公司,其股权比较分散,董事会成员对公司的具体决策往往容易产生分歧,重大战略决策会因决策层的举棋不定、争辩不休而贻误时机。CEO模式是由CEO独揽公司的经营权,在公司内部权力结构上突出CEO的权力,弱化股东、董事会权力与地位的一种公司治理结构。CEO决策是在既受董事会控制又被充分授权条件下的"一长制"决策。CEO 的出现有效地解决了决策层与执行层的断裂问题，将决策层与执行层有机地结合起来，增强了企业的决策能力和执行能力，既提高了工作效率，又降低了管理成本。因此，在决策环境复杂、决策责任重大的大企业，董事会和 CEO 两种决策机制结合，既有利于谨慎决策、控制风险，又能保证公司的决策效率和行政管理效率。

四、董事长、CEO、总裁和总经理

董事长、CEO、总裁和总经理是现今中国公司流行的称谓，这些称谓背后折射出公司治理制度和体系。董事长也称董事会主席，是企业所有者即股东利益的最高代表人，理论上是企业管理层权力的唯一来源，而 CEO、总裁和总经理是所谓的职业经理人，作为企业高级管理人员，都是由董事会任命的。

董事会是公司的决策机构，并非行政机构，作为代表投资者即所有股东利益的委员会，董事会由董事长根据公司章程召集，这就决定了董事长和董事会成员之间并不是行政上的上下级关系。从理论上说，董事长能够代表董事会行使最高权力，任命或解除公司中管理者的职务。CEO、总裁和总经理都是公司管理层的一员。CEO 是公司的经理层之首，在公司里的地位高于总裁、总经理等高级管理人员。CEO 是公司治理结构改革的产物，为提高决策效率和执行力，董事会将部分决策权下放到 CEO 手中。总裁是仅次于 CEO 的行政长官，也负责管理公司的具体事务，是公司内部掌握最高管理实权的人。在没有 CEO 之前，总裁几乎是公司中唯一掌握最高管理实权的人。总裁之下设有总经理，总经理是公司业务执行的最高负责人。

改革开放后，CEO 作为对公司高层管理者的称谓，随着跨国公司一同进入我国。但 CEO 在我国公司中的广泛设置，给我国公司治理带来一些混乱。盲目设置 CEO 加重了我国公司治理的内部人控制问题，许多公司的董事长兼任 CEO，公司决策权和执行权由一人掌控，CEO 不仅控制了公司日常经营，而且控制了原本由董事会控制的诸如公司战略规划、利润分配等权力。在现代企业制度还不完善的情况下，CEO 这一职位会使权力更加集中。除了董事长和 CEO 的兼任问题，CEO、总裁和总经理的兼任也是普遍现象。在所有权与经营权分离的情况下，经理层掌握实权却缺乏相互制衡的职位设置，导致委托代理问题层出不穷。我国公司治理结构的产生和发展与市场经济发达的国家相比，具有不同的初始状态和约束条件，因此，我国公司在借鉴西方公司治理经验的同时要多考虑我国特色，不能盲目照搬。

第五节　监事会——公司的监督机构

监事会是公司治理结构中不可或缺的一部分，是顺应公司监督的需要产生的。监事会是股东大会领导下的监察机构，也是公司的监督机构。监事会受股东大会的委托，对股东大会负责，负责对董事、经理等高级管理人员进行监督，以保证公司有效运行，维护以股东为主体的利益相关者的合法权益。

一、监事及其任职资格

监事是公司监事会的成员，由股东大会选举产生，对股东大会负责，代表股东行使监督权，执行对公司业务以及对董事、经理等高级管理人员的监督。监事一般由股东担任或者由股东大会选举产生。出于独立的需要，公司董事长、董事、总经理、副总经理等不得兼任监事。

《公司法》规定了监事的任职资格，有下列情形之一的，不得担任公司的监事：无民事行为能力或者限制民事行为能力；因贪污、贿赂、侵占财产、挪用财产或者破坏社会主义市场经济秩序，被判处刑罚，执行期满未逾5年，或者因犯罪被剥夺政治权利，执行期满未逾5年；担任破产清算的公司、企业的董事或厂长、经理，对该公司、企业的破产负有个人责任的，自该公司、企业破产清算完结之日起未逾3年；担任因违法被吊销营业执照、责令关闭的公司、企业的法定代表人，并负有个人责任的，自该公司、企业被吊销营业执照之日起未逾3年；个人所负数额较大的债务到期未清偿。

二、监事会及其组成

为了保证公司正常、有序经营，防止董事和高管滥用职权，危及公司、股东和其他利益相关者的利益，各国都规定在公司中设立监察人或监事会。监事会是股东大会领导下的监察机构，执行监督职能。监事会与董事会并立，独立行使对董事会、总经理、高级职员及整个公司管理的监督权。

股份有限公司设监事会，监事会成员不得少于3人。监事会由全体监事组成，成员包括股东代表和适当比例的公司职工代表，其中职工代表的比例不得低于1/3，具体比例由公司章程规定。监事会中的职工代表由职工通过职工代表大会、职工大会或者其他形式民主选举产生。监事会设主席1人，可以设副主席。监事会主席和副主席由全体监事过半数选举产生。监事会主席召集和主持监事会会议；监事会主席不能履行职务或者不履行职务的，由监事会副主席或者由半数以上监事共同推举1名监事召集和主持监事会会议。

三、监事会的职权和职责

监事会作为公司的监督机构，以保护股东利益为己任，监督、约束董事会成员和高级管理人员。监事会的职权主要包括：检查公司财务；对董事、高级管理人员执行公司职务的行为进行监督，对违反法律、行政法规、公司章程或者股东大会决议的董事、高级管理人员提出罢免的建议；当董事、高级管理人员的行为损害公司利益时，要求董事、高级管理人员予以纠正；提议召开临时股东大会会议，在董事不履行法律规定的召集和主持股东大会会议职责时召集和主持股东大会会议；向股东大会会议提出提案；依照法律规定，对董事、高级管理人员提起诉讼；公司章程规定的其他职权。

监事会不能代替董事会进行决策活动，不能对外以公司的名义进行各种业务活动，也不得干扰董事会和经理层的正常活动。因此，因决策失误或经营管理不善而使公司蒙受损失，监事会及其监事不承担相应的责任。但是，如果监事在执行职务时存在渎职行为，或者违反法律法规或公司章程的规定，以及对公司董事、经理人员违反国家法律法规或公司章程的行为不予以监督、制止，甚至变相和公开怂恿或共同参与，视情节轻重和造成的后果程度，要相应地承担不同的责任，轻者将被解除职务、赔偿公司由此遭受的部分经济损失，重者将承担法律责任。

本章小结

公司治理问题是随着现代公司的发展而产生的。现代公司治理有广义和狭义之分。狭义的公司治理指公司的内部治理结构或内部治理框架，是公司内部的股东大会、董事会、经理层和监事会之间的职权关系和相互制衡。公司治理与公司管理是既有联系又有区别的两个概念。公司治理结构的成因包括弥补股东的功能性缺陷，满足快速、便捷和正确决策的需要，克服责任无人承担的缺陷，以及维护股东和公司利益。股东大会是公司的权力机构，股东依法享有资产收益、参与重大决策和选择管理者等权利，同时履行相应的义务。股东大会是股东发表意见、实施权利的主要渠道之一。股东通过创立大会、股东年会和临时会议对公司的重大问题进行表决。股东大会的投票方式有直接投票、累积投票、分类投票和非比例投票。董事会是公司的决策机构，代表公司对重大事项进行决策。董事由股东大会选举产生，对内管理公司事务，对外代表公司进行经济活动。董事对公司负有忠实义务和勤勉义务。为了更好地决策和监督，董事会通过设立若干专业委员会，如审计委员会、提名委员会、薪酬委员会、战略委员会等行使职权。独立董事具有独立性和专业性的特点，能够监督和约束公司的决策者与经营者，制约大股东的操作行为，最大限度地保护中小股东和公司的利益。经理层是公司的执行机构。总经理作为公司法人代表的代理人，对董事会负责，拥有经营管理的职权，并承担经营管理不善的责任。首席执行官（CEO）通常是指一个企业集团、财阀或行政单位中的最高行政负责人，其在公司或组织内部拥有最终的执行权力。监事会是公司的监督机构，是公司治理结构中不可或缺的一部分，独立行使对董事、经理等高级管理人员的监督权。

案例分析　公司治理的迪士尼童话[①]

一场长达数年的迪士尼高层控制战终于落下帷幕。仅从媒体公开的情节，公众就可以感受到它的跌宕起伏和惊心动魄，迪士尼游乐园、米老鼠、唐老鸭、狮子王、白雪公主和七个小矮人给全世界人民带来了无数欢乐，而在这欢乐的背后，却是家族企业错综复杂的斗争史。

1923—1945年是迪士尼兄弟创业并使企业走向辉煌的时期。三只小猪、唐老鸭、米老鼠、白雪公主和七个小矮人等产生于那个时期。但随着业务快速发展，公司治理结构并没有摆脱个人化、家族化模式的束缚。那时候的迪士尼虽然是一家创业成功且很赚钱的企业，但不是一家安全的企业。沃特·迪士尼依靠他的天才创作成就了一家业绩辉煌的企业，但他的个人家族式管理让迪士尼在通往伟大的道路上止步了。

如何在保持创始人家族对公司控制的同时，又能确保源源不断的卓越领导人加入公司并带领公司继续前进，一直是迪士尼公司治理面临的一道难题。沃特·迪士尼如果在1945年就能建立完善的公司治理结构，组建合适的董事会和监事会，也许可以避免之后发生的种种问题。可惜，沃特·迪士尼对于改善公司治理结构似乎并不太感兴趣，对于自己去世后的迪士尼公司也抱着鸵鸟态度。1945年，沃特·迪士尼任命哥哥罗伊接任总裁，就已经预示了公司的人才不济，以及家族式管理常常引发的家族内斗和亲情离散。沃特·迪士尼的强迫症和对迪士尼公司的独断管理给公司埋下了隐患，

[①] 案例来源：刘彦文，张晓红. 公司治理. 2版. 北京：清华大学出版社，2014. 引用时有修改。

但这些隐患都被此前的成功所掩盖。果然，1966年沃特·迪士尼的去世给迪士尼公司带来了无法估量的损失。迪士尼公司在20世纪70年代显得格外暗淡，几乎没有什么有影响力的作品出现。出于无奈，沃特·迪士尼的哥哥、73岁高龄的罗伊不得不继续主持工作。但1971年罗伊去世后，迪士尼公司内部开始上演争权夺利的大戏。

从20世纪70年代后期到80年代初是迪士尼公司"失去的十年"，公司不仅在低增长甚至亏损的边缘徘徊，而且从好莱坞首屈一指的公司沦落为二流制片商。直到1980年，沃特·迪士尼的女婿米勒接任公司总裁，局面才暂时稳定了一些。然而，罗伊早在1951年就想方设法把自己的儿子弄进公司，年轻的罗伊·E.迪士尼在1967年成为公司董事。1984年，迪士尼公司陷入严重危机。人们普遍认为它已回天乏术，一些意图收购的公司像掠食的秃鹫在迪士尼公司四周盘旋，公司面临被分拆出售的危险。罗伊·E.迪士尼赶走了自己的堂姐夫米勒，引进了职业经理人迈克尔·艾斯纳，在迪士尼公司历史上第一次实现了所有权和经营权的分离。

随着职业经理人的引入，迪士尼公司马上起死回生。在艾斯纳接手后，20世纪80—90年代初，迪士尼帝国经历了名副其实的中兴。在艾斯纳任期的前十年，这个动画王国的年收入从17亿美元增长到254亿美元，公司股价上涨了30倍，公司成为《财富》500强之一。然而，隐患仍然存在，权力制衡的公司治理结构，即CEO、董事会和监事会的三权分立和制衡，没有在迪士尼公司建立起来并最终服务于公司整体和全体股东。迪士尼公司没有设立监事会，艾斯纳又兼任董事长和CEO。由于公司不断扩张，股权越来越分散，每个股东的声音越来越弱，难以对公司决策施加影响，从而给这位贪婪的职业经理人带来了绝好的机会。

艾斯纳是个弄权好手，自然不会放过公司治理方面的漏洞。在管理层，他独断专行，几乎将所有人才赶走，如赶走了为迪士尼公司立下赫赫战功的杰弗里·卡曾伯格，最后导致整个管理层无人可用。在所有权层面，他不断提高自己的薪水和股票期权，并请美国最杰出的薪酬顾问格雷夫·克里斯特尔起草了自己的薪酬合约。这份合约的核心就是高薪加大量的股票期权。在控制迪士尼公司发给自己大量股票后，艾斯纳成为仅次于创始人的侄子罗伊·E.迪士尼的股东，直至最后所持股份超过罗伊·E.迪士尼。艾斯纳在操控迪士尼公司董事会近20年的过程中一步一步、一点一点地把"自己人"塞进董事会。最后，本来应该代表股东大会行使公司权力的董事会，被"劫持"成了艾斯纳个人的董事会。

2001年，当罗伊·E.迪士尼还是最大股东的时候，他曾向艾斯纳提议把他的一个儿子安插到公司董事会，旨在为公司向迪士尼家族下一代的交接做准备，但遭到艾斯纳的无情阻拦。可见，当时的董事会投票已经变成艾斯纳个人意志的代名词。2003年，艾斯纳又利用72岁以上的董事会成员退休条款挤走了迪士尼家族在公司中仅存的血脉罗伊·E.迪士尼，这位当年将他引入公司并将他推上董事长兼CEO宝座的恩人，当然也是"艾氏"董事会的一个"外人"、一个"非自己人"、一个最后需要排除的"绊脚石"。由此，艾斯纳实现了自己对迪士尼公司的完全控制，把迪士尼公司窃为己有，变成自己的独立王国，仆人最终成了主人。

公司董事会一般通过设立以独立董事为主的提名委员会、薪酬委员会和审计委员会等来有效约束CEO的决策行为。由提名委员会提名董事和CEO、CFO（Chief Financial Officer，首席财务官）、COO（Chief Operating Officer，首席运营官）等高级管理人员，然后由董事会审核批准，而不是反过来由CEO提名并任命董事人选。谁任命谁、谁罢免谁，就决定了一个公司的治理结构及其权力结构是不是安全、可靠。而由以独立董事为主的薪酬委员会制定CEO等高级管理人员的薪水和其他报酬的制度，可避免职业经理人自己定自己的薪水，或者操控董事会，勾结所谓的薪酬专家和顾问给自己发巨额的薪水。据悉，美国CEO的高薪时代就是艾斯纳开启的。

迪士尼公司董事会的失效在迈克尔·奥维茨的1.4亿美元"遣散费"一案中得到了充分的暴露。艾斯纳在赶走卡曾伯格等公司人才之后，就把公司变成了对他言听计从的人的天下。此时的公司也由此失去了活力，遭到各方的批评。艾斯纳于是招揽自己的好朋友迈克尔·奥维茨进入公司。但在迈克尔·奥维茨想独立做事的时候，艾斯纳又马上赶走了他。公司提名委员会的作用在其中近乎零，完全是CEO艾斯纳一人做主决定人选，然后经过董事会的橡皮图章走走形式。迈克尔·奥维茨在位10个多月就拿走了公司1.4亿美元的"遣散费"，而公司薪酬委员会对此丝毫不起作用。当股东集体诉讼他们投资的金钱被如此浪费的时候，董事会居然一致支持CEO。法官在暂无相关法律依据的情况下，按照商业判决法则最终判定迪士尼公司董事会无罪。但法官钱德勒仍表达了自己的愤慨："艾斯纳往董事会里安排了很多朋友和熟人，说明这些人自愿听从艾斯纳的意愿，并不是真正独立的人。"钱德勒把艾斯纳称作"精通权术的人"和"帝国主义者"，并谴责他是美国企业高管的坏榜样。被激怒的股东渐渐清醒过来，不再满足于在媒体上谴责独裁CEO，开始追问一个真正的问题：在公司发生状况前、发生状况时、发生状况后，我们的董事在哪里？董事对股东和公司的勤勉义务、忠实义务、熟悉义务和注意义务在哪里？董事对公司的信托责任在哪里？违背这些义务和责任的董事如何接受公司治理条例中法律的处理？大部分股东对此仍然选择采取消极策略即"用脚投票"，卖掉股票走人，而少部分选择采取积极策略的股东则通过"集体诉讼"来维护权益，尤其是机构投资者。因为这些机构投资者持有的股票较多，不太好卖，而且他们比小股东掌握更多公司治理知识。所以，追求公司长远发展目标的机构投资者越来越关注公司治理的趋势，甚至有机构投资者自己提名公司治理专家进入董事会任董事。

很多人认为，那些橡皮图章式的董事会成员都是愚笨、软弱的人，可实际上他们精明得很。他们用自己的"软弱"把董事长、CEO 等推向前台，自己则躲在幕后，无所事事，不承担责任，却享有高薪、金手铐、金降落伞等巨大利益。这些人会小心翼翼地躲避对他们不合格的指控。所以，很多大公司碌碌无为的董事都在不合格和不道德的指控中，选择不道德的指控而避免不合格的指控。但这些好日子可能一去不复返了，公司治理越来越触及董事选拔和董事责任等核心问题，利益相关者的声音也越来越大。

2004 年 3 月 3 日，在迪士尼公司股东大会上，艾斯纳虽然操纵着股东大会，董事长和 CEO 的人选只有他自己，但股东在没有其他人可选的情况下，对艾斯纳投了 43% 的不信任票。加州公务员退休基金坚持要求公司按照最佳准则的建议将董事长和 CEO 分设。最后，艾斯纳被迫辞去董事长职务，另外一名同样被股东投了 24% 的不信任票的美国前参议员、公司首席董事乔治·米切尔继任董事长，而艾斯纳仍留任 CEO。"艾氏"董事会在股东投出如此多不信任票的情况下，仍然表示对管理层信任。可想而知，股东当然不会就此罢休。当时一位股东服务机构的发言人就表示，迪士尼公司董事长和 CEO 职务的分离仅仅是公司治理结构改革的第一步。果然，一年之后，2005 年 9 月 30 日，艾斯纳被迫辞去 CEO、顾问等一切和迪士尼公司有关的职务。

阅读以上材料，结合课本知识深入思考，并回答以下问题：

1. 在艾斯纳管理迪士尼公司的 20 年中，前后两个 10 年，一个好，一个坏，其根本原因何在？
2. 为什么说有效的公司治理结构对于企业发展至关重要？
3. 如何建立完善的公司治理结构？

第五章　外部公司治理

学习目标

通过本章的学习，应掌握外部公司治理的含义和内容，明确外部公司治理与内部治理之间的关系，理解资本市场和控制权市场的作用机制，了解社会环境治理的含义和作用。

本章导论

外部公司治理是以竞争为主线的外在制度安排，与内部治理共同构成公司治理的完整内容，包括资本市场治理、控制权市场治理、经理人市场治理、产品市场治理和社会环境治理。资本市场由股票市场和债务市场组成，其通过股票价格和债务契约对公司和管理层形成外部约束。控制权市场是依托证券市场的控制权争夺实现外部公司治理。公司控制权市场治理包含两层含义：代理权征集和接管。经理人市场的价格机制具有信号筛选功能，经理人市场的存在就是对经理人机会主义行为的一种威胁，所以其是对经理人及其经营行为约束最强的市场。产品市场是个显示屏，投资者可以通过公司产品和服务的价格、质量、市场占有率和盈利水平等指标，判断经营者履行职责的状况。社会环境治理从宏观角度，通过法律法规和其他社会监督实现治理，可以在一定程度上弥补内部治理和外部治理机制的不足。

第一节 外部公司治理的含义和内容

一、外部公司治理的含义

公司的有效运营和科学管理，不仅需要通过股东大会、董事会、经理层和监事会发挥作用的内部治理，还需要一系列通过资本市场、控制权市场、经理人市场和产品市场，以及法律法规、伦理道德和社会文化、中介机构和自律组织等发挥作用的外部公司治理。外部公司治理是以竞争为主线的外在制度安排，其通过外部的各种环境和主体，包括公平的市场竞争环境、充分的信息作用机制、客观的市场评价和淘汰机制以及政府、社会公众等对公司进行治理。外部公司治理通过各种市场、中介机构、政府等企业外部主体的约束监督机制作用于公司，为公司内部治理营造相对高效和规范的外部环境，促使公司内部治理在法律及公司章程的框架内，按照公司内部效益最大化的原则进行。

内部治理和外部公司治理相辅相成、缺一不可。如果外部治理机制完善和健全，当公司经营出现战略决策失误、市场份额下降、股票价格下跌等问题时，外部公司治理将通过接管公司、更换管理层等方式改善公司治理。所以，外部公司治理作为一种非正式的制度安排，能够起到辅助内部治理、提供公司绩效信息、激励与约束经营者等积极作用。如果说内部治理是以产权为主线的内在制度安排，那么外部公司治理则是以竞争为主线的外在制度安排，二者各自发挥作用，对公司来说都是不可或缺的。内部治理是公司治理制度的核心部分，外部公司治理则是公司治理制度强有力的外在保障。外部治理机制能够补充和辅助内部治理，通过市场体系、竞争机制、法律法规和社会监督等方式作用于公司，促使管理层尽职尽责，保护以股东为主体的利益相关者的利益。

二、外部公司治理的内容

西方发达国家公平且充分竞争的市场经济，为监督和约束经营者提供了有效的外部市场体系。证券市场对控制权的配置和转移，经理人市场对职业经理人的优胜劣汰，产品市场对公司产品的优胜劣汰，都要通过市场机制实现。而法律法规、社会伦理道德和企业文化的柔性约束以及中介机构和自律组织的行业规则约束，则是通过制度环境的监督和约束发挥作用的。因此，完整的外部公司治理体系包括完善的市场体系、优胜劣汰的竞争机制、健全的法律法规和柔性的道德准则约束等。因此，外部公司治理的内容包括资本市场治理、控制权市场治理、经理人市场治理、产品市场治理、社会环境治理。

第二节　资本市场治理

一、资本市场的作用机制

资本市场是以中长期金融工具为媒介进行资金融通的市场，又称长期金融市场。资本市场有广义和狭义之分。狭义的资本市场专指发行和流通股票、债券等证券的市场，又称证券市场；广义的资本市场除了证券市场，还包括银行的中长期借贷市场等。本书所指的资本市场是狭义的资本市场。

规范的资本市场能够为公司内部治理提供良好的外部环境和较为有利的外部条件。首先，资本市场的良好运行能够使公司在顺利筹集所需资金的同时，提供更多的有关公司的绩效和评价，从而形成良好的外部监督约束机制，推进公司内部治理水平的提升。其次，资本市场是一个竞争性的市场，筹资者之间存在直接或间接的竞争关系，价格竞争异常激烈，所以，资本市场的存在能够通过建立市场价格达到买卖双方交易之间的平衡。最后，资本市场能够将生产要素在部门之间实现合理的转移和分配，将公司资本用到有效的投资上，并吸纳不容易变现的资本，因而资本市场能够筛选出经营情况良好的公司，过滤掉运营不良的公司，使经营情况良好的公司能够更好地分配其所拥有的各项生产要素，提升经营管理水平。

二、股票市场治理

股票市场是上市公司募集资金以及投资者进行股票买卖的场所，主要由股票发行市场和股票流通市场构成。股票发行市场是通过发行股票进行筹资活动的市场，其一方面为资本的需求者提供筹集资金的渠道，另一方面为资本的供应者提供投资场所。所以，股票发行市场是实现资本职能转化的场所，能够把社会闲散资金转化为生产资本。由于发行活动是股票市场一切活动的源头和起点，因此股票发行市场又称"一级市场"。股票流通市场是对已发行的股票进行转让的市场，又称"二级市场"。股票流通市场一方面为股票持有人提供随时变现的机会，另一方面为新的投资者提供投资的机会。与股票发行市场的一次性行为不同，股票流通市场股票是持续不断地进行交易的。因此，股票发行市场是股票流通市场的基础和前提，股票发行市场的规模决定股票流通市场的规模，影响流通市场股票的交易价格；股票流通市场是股票发行市场存在和发展的条件，股票流通市场可以使股票投资具有流动性，使长期投资短期化，从而实现风险性、流动性和盈利性的协调平衡。因此，发达的流通市场是股票市场得以长期稳定发展的重要保障。

在有效的股票市场，股票的市场价格提供了有关公司管理效率的信息，这些信息在一定层面上反映了公司经营的好坏和经营者的努力程度。投资者通过股票价格的变动判断公司的优劣，从而决定资金的投向。如果公司经营不好、业绩不佳，股票价格就会不高或者下跌，投资者会转而将资金投向那些业绩好、有成长性的公司，迫使公司采取对策改善经营情况，董事会也会采取行动更换现有的经营者。因此，股票价格反映了公司的经营情况和未来盈利能力，形成对经营者业绩的强有力评价。股票市场为外部投资者及利益相关者提供了一种监督公司的机制。股票市场不仅为投资者提供了有关公司业绩状况的信号，帮助投资者分散风险，而且推动资本市场成为公司管理业绩的监督者和裁判员，从而监督、约束公司和管理层采取措施改善经营情况、提高效率。

三、债务市场治理

债务市场治理是债权人以债务契约为约束准则，监督和约束公司履行债务契约，以保证债权人利益的一种制度安排。债务是一种硬约束，过度的债务融资会使公司的成本上升、债券评级降低。如果资不抵债，公司还会面临破产的危险。所以，债务融资可以抑制企业经营者的过度投资，在公司治理中发挥独特且重要的作用。

债务市场通过两个渠道对公司实施治理：①公司负债比例过高或者债权人利益受损，将导致公司的债券评级降低，引起中介机构（如外部审计部门）的介入以及机构投资者的关注，这势必增加公司的融资成本，还可能招致债权人对公司的起诉；②债权人通过对债务的期限安排和把控，对公司进行不定期的审查和监督，以约束公司和经营者的行为。如果经营不善，公司就会破产倒闭，经营者有可能被替换，所以债务市场对经营者的约束强于股票市场。因此，债务市场为公司治理提供了一条途径，直接抑制了公司和经营者的不当行为。

第三节　控制权市场治理

一、控制权市场的作用机制

公司控制权配置实质上是契约各方对公司权力和利益的安排。控制权市场是一个由不同管理团队在其中相互争夺公司资源管理权的市场，主要依托证券市场的控制权争夺，取得对目标公司的实质性控制，达到接管公司、更换经营不善的管理层的目的。控制权市场治理作为外部公司治理的一种重要机制，是以并购形式表现出来的，以获取公司控制权为目标。

从作用机制来看，控制权市场治理主要通过公司控制权的转移，实现资源的有效配置，降低代理成本。当公司经营不善或面临危机时，市场往往低估其价值，因而很容易成为并购的目标。外部的其他公司通过兼并、收购和代理权争夺等方式进入公司，取得对目标公司的控制权，通过控制权的争夺，达到重组目标公司的目的，改变目标公司的经营战略。因此，控制权市场治理是一种对经理人具有实质性威胁的外部约束机制，能够监控管理层的能力和管理效率，使外部潜在的强势力量介入到公司中，进而重新任免公司的管理层。如果公司被外来竞争者接管，能力不足或违反忠实义务和勤勉义务的管理层将被替换或受到惩戒，其自身的利益和在业界的声誉将会受损。因此，公司控制权市场治理使现有的管理层始终承受着被替换的压力，采取措施改变管理模式，提高公司绩效，从而有效地降低代理成本。

公司控制权转移后，新的管理层取代现有的管理层，提高了公司的治理效率，目标公司的价值通常会有所上升，整个社会的效益也会得到提升。因此，控制权市场的存在是对公司内部的一个重要约束，也是对经营不善的管理层最为有效的约束。公司控制权市场治理包含两层含义：代理权征集和接管。

二、代理权征集

代理权征集是通过争夺股东的委托表决权，进而争取更多的董事会席位，达到替换公司管理层或改变公司战略的目的。在代理权争夺过程中，参与争夺的各方为了征集到足够数量的委托表决权，必须提出有利于公司利益的政策或建议，迫使管理层采取有利于公司利益最大化的战略决策和投资计划。代理权争夺的成功实现，意味着公司控制权发生转移，缺乏经营能力、未能实现公司目标的管理层将被替换。因此，代理权争夺是控制权市场治理的一种重要方式，是对代理人的有效监督和约束。

在股权高度集中的公司，由于大股东绝对控股，其他股东试图发起代理权争夺以更换代理人难以实现，因为其他股东无法征集到足够数量的委托表决权。在相对控股的公司，由于存在几个大股东的联盟，如果控股股东损害其他股东的利益，其他股东为了维护自身利益会联合起来，通过收集股权或投票代理权，获得更多的表决权或者超过相对控股股东的表决权。这将导致公司控制权的变化和转移，进而替换现有的代理人，推选出更有能力、更加尽责的代理人。在股权高度分散的公司，由于中小股东普遍只关注短期收益，加之对公司的运营状况缺乏有效的信息，大多数股东存在"搭便车"的动机，既没有动力也没有能力通过代理权争夺变换公司的控制权。所以，在股权高度分散的公司，通过代理权争夺更换代理人的可能性很小。

三、接管

接管是指公司在经营过程中遇到困难、业绩不佳，股票价格明显下跌，股票被其他公司大量购买，导致公司控制权易手。未经双方协商，公司股票被收购方公开标价收购，即越过目标公司管理层而直接收购目标公司股东所持股份，以达到控制目标公司的收购形式，称为敌意接管。

接管通常被视为激烈的外部治理机制，对不称职或滥用职权的代理人可能带来颇具威胁的惩罚，是对内部人控制的一种有效的外部制约。通常情况下，成为收购对象的往往是经营情况较差或者经营面临困难的公司，这意味着公司的内部治理安排是无效的。所以，接管无论成功与否，对公司治理都具有一定的积极意义。成功接管后，公司管理层发生变动，经营不善的经理人被取代，公司价值往往会大幅度提升。即使接管不成功，在位经理因面临被取代的威胁也会主动改变经营行为，最终使公司价值得到提升。同时，潜在的接管还向公司的中小股东提供了一种保护。中小股东如果对公司经营和未来发展不满，就会抛售手中的股票，导致公司的股票价格下跌，外部投资者能以较低的成本买进足够多的股票而接管公司，并撤换在位经理。因此，接管作为公司控制权市场发挥资本配置功能的一种重要方式，迫使在位经理为避免出局而不断地改进公司经营情况，提高管理效率。

应该指出的是，接管作为一种激烈的外部治理机制，其有效性仍存在一些不可忽视的问题。首先，接管的代价十分高昂。在接管过程中，收购者将不得不向目标公司的股东支付更高的预期收益，否则这些股东不会选择卖出手中的股票。而且，收购者还会面临来自其他收购者的竞争,当其他收购者注意到公司价值被低估时,激烈的并购争夺战很有可能发生,从而导致收购者要付出较高的并购成本。其次,接管的威胁虽然可以制约代理人无视股东利益的不作为或无能行为,阻止代理人挥霍公司资源,但不可忽视的是,流动性的接管市场并不容易被监督,而且接管行为会不可避免地受到其他因素的干扰,可能进一步增加代理成本。因此,接管作为一种非正式的制度安排,其治理作用的有效发挥,无疑要受到制度环境等方面的影响。

第四节　经理人市场治理和产品市场治理

一、经理人市场治理

经理人市场是指在公平、公正、公开的竞争环境下,企业自主地选择合适的职业经理人,职业经理人通过这个平台选择自己所向往企业的人才市场。经理人市场是外部公司治理一个非常特殊的市场,是对经理人及其经营行为约束最强的市场,也是降低公司的代理成本和控制代理风险的主要手段。

有效的经理人市场可以甄别有能力和尽职的经理人,以及没有能力、不尽职的经理人,因为经理人市场的价格机制具有信号筛选功能,价格本身反映了经理人的能力和信誉。公司在选择经理人时,主要是根据过去的经营业绩和表现,判断其人力资本的价值和经营能力,做出取舍。为此,经理人势必会努力提高自己的经营管理能力和业绩水平,以期在经理人市场提高对自己管理能力的定价。在这样一个活跃和充分流动的经理人市场,对公司发展做出杰出贡献的经理人往往会受到重用,他们不仅会获得丰厚的待遇,而且如果离开公司,也会因为有良好的管理声誉而取得高水平的定价。反之,如果在位经理不能称职地经营公司,尤其是在经营过程中滥用控制权、偏离股东利益目标,导致公司价值下降,董事会就会通过经理人市场,聘请能力更强、更勤勉尽责的经理人取代在位经理。当然,并非一定要采取这种手段,因为经理人市场的存在,本身就是对经理人机会主义行为的一种威胁。每个在位经理面对社会评价和市场选择时,不可能不加强对自身行为的约束,这将促使在位经理更加珍惜自己的职业形象与个人声誉,从公司利益出发,承担起应负的经营管理责任,并尽最大可能为股东创造价值。

当前,由于体制的弊端、法制不健全以及职业经理人个人道德问题等原因,职业经理人与企业所有者双双落入信任缺失的陷阱。公司困惑于无法找到值得信任的职业经理人，而优秀的职业经理人也为寻找值得信任的公司而苦苦努力。因此，建立完善的经理人市场，发挥经理人市场作为外部公司治理的重要机制，具有重要的现实意义和深远的历史意义。

二、产品市场治理

公司的经营情况在很大程度上是通过其产品或服务展现的，公司治理的最终结果也会反映在公司产品或服务的竞争力上。可以说，产品市场是个显示屏，公司绩效在这里显示无遗。产品市场不仅提供公司经营情况的相关信息，如公司产品或服务质量以及公司运营状况和潜在风险，而且可以显示经理人的出类拔萃或者平庸无能。因此，产品市场治理是外部公司治理的一个重要方面。在充分竞争的产品市场，企业之间的竞争较为充分，当公司经营不善时，市场占有率会持续下降，产品或服务的竞争力下降，投资者通过产品市场可以了解企业的运营状况，并通过"用脚投票"的方式表达自己的不满。管理层为了避免被替换而不得不努力工作，以提高产品质量、服务水平和市场占有率，促使公司产品在市场竞争中占据主导地位。

目前，我国绝大部分产品的供给已经由卖方市场转变为买方市场，产品竞争日趋激烈。在这样一个充分竞争的产品市场，如果公司的产品或服务质量高而深受市场欢迎，那么该公司的产品或服务的市场占有率与盈利水平就会上升，否则公司将被市场淘汰。因此，竞争性的产品市场能够对公司的产品或服务做出公正的裁决，股东可以通过公司产品或服务的价格、质量、市场占有率和盈利水平等指标，判断经营者履行职责的情况。因此，竞争性的产品市场可以提供企业经营绩效和经营者努力程度的信息，委托人可以据此评价经营者并对其实施奖惩，从而对经营者形成很强的激励与约束作用。

第五节 社会环境治理

社会环境是人类生存及其活动范围内物质条件和精神条件的总和。狭义的社会环境仅包括人类生活的直接环境，如家庭、学习条件、社会组织和其他集体性社团等；广义的社会环境则进一步涵盖了整个社会的经济文化等体系。社会环境治理是一种间接的公司治理，它不直接介入公司内部的权力体系，也不干预公司的微观运作，只是把公司作为一个市场主体纳入整个市场经济的宏观运行中加以综合把握、监督和制约，使公司在达到内部治理制度化、效率化的同时，自觉维护国家、社会及其他市场主体的利益，尽到更多的社会责任。因此，社会环境治理是公司内部治理失效和外部治理机制失灵的存在基础，可以在一定程度上弥补内部治理失效和外部治理机制失灵的不足。

一、法律法规治理

法律法规治理是政府通过制定法律法规对公司治理产生影响，以及国家法律制度背景与执法状况对外部公司治理环境进行营造。法律法规治理既是一种事前的规范与约束机制，也是一种事后的公司治理方式，其强制性决定了完善的法律法规可以更好地促进公司发展。《公司法》通过确认公司的法律地位，规范公司的内部和外部运作，维护社会经济秩序和保证交易安全；《上市公司治理准则》阐明了公司治理的基本原则、投资者权利保护的实现方式，以及上市公司董事、监事、经理等高级管理人员所应遵循的基本行为准则和职业道德等。此外，政府还通过制定一些制度和规则来规范公司行为，这些制度和规则包括信息披露制度、股东权益保护制度、防止内部人控制制度、禁止内幕交易和关联交易制度等。

（一）信息披露制度

信息披露制度是指上市公司为保护投资者利益，接受来自社会各方面的监督，必须依法将自身的经营情况、财务状况等信息和资料，向证券管理部门及有关部门如实报告，并向社会公开或公告，以保障相关利益者知情权的制度。信息披露制度包括证券发行的信息披露制度和证券交易的信息披露制度。

信息披露制度具有持续性、强制性和权利义务的单向性三个特征。持续性是指信息公开在时间上是一个永久存续的过程，而且是定期与不定期相结合。强制性是指有关市场主体在一定条件下披露信息是一项强制性的法律义务，披露者必须如实披露，没有丝毫回旋的余地。权利义务的单向性是指信息披露者只承担信息披露的义务和责任，与此同时，投资者只享有获得信息的权利。

上市公司要从以下方面提高信息披露质量：

（1）严格按照法律、行政法规和上市规则的规定，及时、准确、完整、充分地披露信息，披露信息的内容应方便社会公众投资者阅读、理解和获得。

（2）积极开展投资者关系管理工作，建立健全投资者关系管理工作制度，董事会秘书具体负责公司投资者关系管理工作。

（3）积极主动地披露信息，公平对待公司的所有股东，不得进行选择性信息披露。

（4）通过多种形式主动加强与投资者特别是社会公众投资者的沟通和交流，设立专门的投资者咨询电话，在公司网站开设投资者关系专栏，定期举行与社会公众投资者见面的活动，及时答复社会公众投资者关心的问题。

（二）股东权益保护制度

在现代公司，股东大会采用"资本多数决"的表决原则，即股东按照其所持股份或者出资比例对公司重大事项行使表决权，决议经代表多数表决权的股东同意方能通过。"资本多数决"原则使大股东或控股股东处于支配地位，中小股东对公司决策难以产生有效的影响。在实践中，中小股东权益被大股东侵害的情况时有发生。"资本多数决"原则削弱了中小股东参与公司决策的权利，大量的中小股东不愿出席股东大会会议，导致股东大会形式化。因此，如何保护中小股东的权益，以及在中小股东权益受到大股东侵害时，如何采用合理、有效的方式保护中小股东的合法权益，就显得至关重要。股东权益保护制度包括股东大会制度、股东知情权保护制度、公众股东表决权保护制度和独立董事制度等。

股东知情权是股东的法定和固有的权利，享有和行使知情权是投资者监督公司经营的重要手段和措施，也是投资者参与公司重大决策等其他权利得以实现的前提和基础。它不仅关系到股东自身权益的实现，而且与公司管理是否规范紧密相连。尤其是中小股东享有对公司财务、经营管理和重大决策的知情权，能够有效监督和约束公司及经营者的行为，避免大股东侵害中小股东的权益。我国《公司法》规定，股东有权查阅、复制公司章程、股东大会会议记录、董事会会议记录、监事会会议决议和财务会计报告。股东可以要求查阅公司会计账簿。公司应当在股东提出查阅公司会计账簿书面请求的15日内，书面答复股东并说明理由，不得无故拒绝提供查阅。

上市公司要建立和完善社会公众股股东对重大事项的表决制度。对上市公司向股东增发新股和配售股份、重大资产重组以及对社会公众股股东利益有重大影响的相关事项，公司要按照法律、行政法规和公司章程的规定，不仅要经全体股东大会表决通过，而且要经参加表决的社会公众股股东所持表决权的半数以上通过，方可实施或提出申请。为此，上市公司要积极采取措施，提高社会公众股股东参加股东大会会议的比例，鼓励上市公司向股东提供网络形式的投票平台，股东可以亲自投票，也可以委托他人代为投票。董事会、独立董事和符合一定条件的股东可以向上市公司股东征集其在股东大会上的表决权。上市公司要切实保障社会公众股股东选择董事、监事的权利，在股东大会选举董事、监事的过程中，积极推行累积投票制，充分反映社会公众股股东的意见。

完善独立董事制度，也可以充分保护股东权益。独立董事不仅要保护公司和股东利益，而且要保护中小股东的合法权益不受损害。独立董事要独立履行职责，不受上市公司主要股东、实际控制人或者与上市公司及其主要股东、实际控制人存在利害关系的单位或个人的影响。对重大关联交易、聘用或解聘会计师事务所，需经独立董事同意方可提交董事会讨论。独立董事可以独立聘请外部审计机构和咨询机构，对公司的具体事项进行审计和咨询。董事会秘书要积极配合独立董事履行职责，公司要保证独立董事享有与其他董事同等的知情权，及时向独立董事提供相关材料和信息，定期通报公司运营情况。独立董事要按时出席董事会会议，及时了解公司的生产经营情况，主动调查、获取做出决策所需要的情况和资料，从而更好地保护中小股东的权益。

（三）防止内部人控制制度

在所有权和经营权分离的现代公司，作为委托人的股东拥有公司的最终控制权，作为内部人的经营者拥有公司的经营管理权。随着管理的专业化和股权分散化的加剧，拥有专门管理知识并垄断了专门经营信息的经理人实际上掌握了公司的控制权，相当数量的大型公司是由并不拥有公司股权的高级经理人控制的。作为内部人的经营者在法律上或事实上掌握了公司的控制权，内部人通过对公司的控制追求自身利益，产生"内部人控制"现象。由于所有者与经营者利益不一致，内部人可能会利用实质上的经营决策权做出对自己有利的逆向选择，或者产生不以股东利益最大化为目标的道德风险，公司的外部成员如股东、债权人、主管部门等很难对经营者的行为进行有效的监督。公司权力过分集中于内部人，股东及其他利益相关者的利益将会受到不同程度的损害。因此，现代公司有必要建立内部人控制制度，通过规范、有效的法人治理结构，协调与明确所有权和经营权分离所产生的委托代理问题。《中华人民共和国公司法》《中华人民共和国证券法》（简称《证券法》）等法律针对相关问题规定了一些重要制度，主要包括建立符合现代市场经济要求的法人财产权制度、强化公司的内部监督机制、构建对内部交易和关联交易进行外部监督的治理机制等。

（四）禁止内幕交易和关联交易制度

内部交易是指公司内部人员与公司之间进行的相关交易，典型的例子是企业集团的母公司与子公司以及子公司之间发生的交易。这种交易可能是合法的，也可能是非法的。内幕交易是指知悉和获取内幕信息的人，利用内幕信息进行证券交易，通常指的是公司内部人员和以不正当手段获取内幕信息的其他人，违反法律法规泄露内幕信息，或者根据内幕信息买卖证券的行为。关联交易是指具有关联关系的主体之间进行的交易。关联关系指的是控股股东、实际控制人以及董事、监事等高级管理人员与其直接或间接控制的公司之间的关系,可能导致公司利益转移的其他关系,如关联方之间的购买和销售商品以及提供和接受劳务、代理、担保和抵押等。内幕交易和关联交易行为严重违背了证券交易中"公开、公平、公正"的原则,损害了投资者的合法权益。因此,建立并完善禁止内幕交易和关联交易制度是十分必要的。各国法律制度均禁止内幕交易和关联交易。

内幕交易人员利用其特殊地位或机会获取内幕信息,侵犯了普通投资者的平等知情权和财产权益,使上市公司的信息披露失去客观性和公正性,使证券价格和指数的形成过程失去客观性和时效性。所以,内幕交易不仅侵犯了广大投资者的合法权益,影响了投资者投资上市公司的信心,而且误导了普通投资者对公司业绩的综合评价,损害了上市公司的利益,使证券市场丧失了优化资源配置和作为国民经济"晴雨表"的作用。为规范上市公司行为,避免内幕交易,要加强对内幕交易的监管。在国务院国有资产监督管理委员会公布的《关于加强上市公司国有股东内幕信息管理有关问题的通知》中,明确了内幕信息管理工作的责任主体,要求上市公司国有股东、实际控制人都要建立符合自身管理、运行特点的内幕信息管理制度,明确专门的负责机构和人员。要尽快建立和落实内幕信息知情人登记制度,规范信息披露与保密备查等要求,上市公司国有股东、实际控制人在建立制度和明确机构的同时,要对自身内幕信息管理情况开展一次全面自查,严防内幕信息泄露等。

关联交易主要是具有关联关系的主体之间进行的交易。正常的关联交易可以稳定公司业务,分散公司经营风险,有利于公司成长和发展。但实践中,一些公司利用与从属公司的关联关系和控制地位,迫使从属公司与自己或其他关联方进行对自己有利的交易,损害从属公司和少数股东的利益。为此,各国公司法中对关联交易有或繁或简的相关规定,通过调整关联关系来保护从属公司和少数股东的利益。在大陆法系国家,法律对关联交易在人事控制、会计原则、财务控制等方面都有较为详细的规定,法院也可以根据法律原则规定对关联交易做出裁决。在英美法系国家,由于法官的自由裁量权较大,通常由法官根据案件的具体情况对关联交易做出裁决。在我国,关联交易现象随着经济的发展、公司规模的扩大和内部结构的复杂而逐步增多,尤其在上市公司这一现象更为普遍。一些上市公司的大股东、实际控制人和管理层通过关联交易,挪用上市公司资金,为自己或关联方提供担保,通过操纵交易条件将公司的利润转移至关联方,严重损害了上市公司、少数股东和债权人的利益。为此,中国证监会、财政、税务等部门从财政、税收、上市公司监管等方面对公司关联交易做出了相关规定,即公司的控股股东、实际控制人以及董事、监事等高级管理人员不得利用其关联关系损害公司利益,并明确了公司的关联方利用关联关系损害公司利益的法律后果。

二、其他社会监督

法律法规和管制制度为公司治理提供了坚实的法律基础和强有力的外部保障，但是依靠法律法规和管制制度解决公司治理问题的代价是十分高昂的，法律法规和管制制度运作的缓慢性和高成本决定了伦理道德治理与文化治理，以及中介机构和自律组织治理等外部约束的必要性和迫切性。

（一）伦理道德治理与文化治理

伦理道德治理是指一个国家或社会主流的价值准则、伦理观念等对公司利益相关者的态度和行为的影响及约束。伦理道德治理不是通过相关的法律制度，而是通过根植于社会之中、具有广泛社会认同和潜在约束力的道德准则体现出来的。文化治理是指组织通过共有的价值观念、制度安排和行为规范影响和约束成员行为。公司治理文化是一种渗透于公司组织各个方面、各个层次的价值观念、思维方式和行为习惯，是股东大会、董事会、监事会和经理层等公司治理机构在运作过程中逐步形成的有关公司治理的哲学理念、行为规范、制度安排及其治理实践。建立伦理道德支持体系和体现公司文化精神的治理机制，有助于公司妥善处理相关各方的责、权、利关系，实现各方利益的均衡，促进利益相关者共同发展。伦理道德治理和文化治理与法律法规治理的不同之处在于其约束力是潜在的和无强制力的。法律法规是公司治理的刚性约束，对公司治理起到强制约束的作用，而伦理道德和文化则是公司治理的柔性约束，能够从更深层面对公司运营和成员行为加以规范。因此，完善公司治理必须刚柔并济。

（二）中介机构和自律组织治理

中介机构是指利用自身所具备的知识技能向委托人提供公证性、代理性、信息技术服务性等中介服务的机构，如会计师事务所、审计师事务所、律师事务所和新闻媒体等。自律组织是通过制定公约、章程、准则、细则等进行自我监管的组织，如经纪人协会、行业研究会、企业联谊会等。中介机构不仅能够为公司提供各种资源和信息，而且能够促进公司提高信息的透明度和公开度，为公司的良好运营创造一个相对透明和高效的外部环境。各种行业自律组织较为完善的市场准入制度和市场竞争机制，在一定程度上促进了公司治理机制的优化和完善。因此，中介机构和自律组织治理能够对公司起到强有力的约束作用，这种外部公司治理的监督和约束作用，有利于完善公司内部治理。

本章小结

内部治理和外部公司治理相辅相成、缺一不可。作为一种外在制度安排,外部公司治理通过资本市场治理、控制权市场治理、经理人市场治理、产品市场治理和社会环境治理发挥作用。狭义的资本市场专指发行和流通股票、债券等证券的市场。股票市场治理通过股票价格的波动,提供公司经营绩效和管理效率的信息,形成对管理层的外部约束,而债务市场治理以债务契约为约束准则,对管理层的约束强于股票市场治理。控制权市场治理是依托证券市场的控制权争夺,使公司控制权发生转移,从而有效配置资源,降低代理成本。公司控制权市场治理包含两层含义:代理权征集和接管。代理权征集是通过争夺股东的委托表决权,进而争取更多的董事会席位,达到替换公司管理层或改变公司战略的目的。接管是通过收购目标公司的大部分股份而使公司控制权易主,是一种对代理人具有实质性威胁的外部制约。经理人市场的价格机制具有信号筛选功能,价格本身反映了经理人的能力和信誉。经理人市场是对经理人及其经营行为约束最强的市场。产品市场在一定程度上反映了公司的经营情况,委托人可以据此评价经营者并对其实施奖惩。内部治理失效和外部治理机制失灵,需要包括法律法规和其他社会监督在内的社会环境治理来弥补。法律法规治理是政府通过制定法律法规对公司治理产生影响,以及国家法律制度背景与执法状况对外部公司治理环境进行营造。依靠法律法规和管制制度解决公司治理问题的代价是十分高昂的,法律法规和管制制度运作的缓慢性和高成本决定了伦理道德与文化治理,以及中介机构和自律组织治理等外部约束的必要性和迫切性。

案例分析 万科股权之争

万科企业股份有限公司(简称万科)成立于 1984 年,经过数年的发展,于 1988 年进军房地产行业,之后经过 30 多年的良好运营,成为国内领先的房地产开发商。2016 年,万科首次跻身《财富》世界 500 强,排第 356 位;2017 年再度上榜,排第 307 位。万科定位于城市配套服务商,坚持"为普通人盖好房子,盖有人用的房子",坚持与城市同步发展、与客户同步发展两条主线。公司核心业务包括住宅开发和物业服务。万科在巩固核心业务优势的基础上,围绕城市配套服务商的定位,积极拓展业务版图,进入商业开发和运营、物流仓储、冰雪度假、集中式长租公寓、养老、教育、"轨道+物业"等领域,同时积极参与混合所有制改革。

公司聚焦城市圈带的发展战略。截至 2016 年底,万科已经进入内地 65 个城市,这些城市分布在以珠三角为核心的南方区域、以长三角为核心的上海区域、以京津冀为核心的北京区域，以及由中西部中心城市组成的中西部区域。2017年，深圳市地铁集团（简称深圳地铁）成为万科的基石股东，表示将支持万科当前的混合所有制结构和事业合伙人机制，支持万科城市配套服务商战略和公司的稳定健康发展。未来深圳地铁将与万科充分发挥各自优势，共同推进实施"轨道+物业"发展战略，全面提升城市配套服务能力，助推城市经济发展。

万科股权之争则是中国A股市场历史上规模最大的一场公司并购与反并购攻防战。万科作为国内领先的房地产开发商，以诚信、品质和创新著称。2015年伊始，"宝能系"通过在二级市场高调举牌多家公司迅速进入大众视野。2015年1月，"宝能系"最初买入万科股票。万科公告显示，截至2015年7月10日，前海人寿（宝能系）通过二级市场耗资80亿元买入万科约5.52亿股，占万科总股本的约5%。不到半个月的时间，即7月24日，前海人寿及其一致行动人钜盛华对万科二度举牌，持有万科11.05亿股，占万科总股本的10%。2015年8月26日，前海人寿、钜盛华通知万科，截至当天，两家公司增持了万科5.04%的股份，加上此前的两次举牌，"宝能系"合计持有万科15.04%的股份，以0.15%的优势首次超过万科原第一大股东华润集团。2015年9月4日，香港交易所披露，华润集团耗资4.97亿元，分别于8月31日和9月1日两次增持，重新夺回万科第一大股东之位。截至11月20日，华润集团共持有万科15.29%的股份。到2015年12月，"宝能系"下的钜盛华和前海人寿两家公司持有的万科股份占总股本的20.008%，"宝能系"再次取代华润集团成为万科第一大股东。

2015年11月27日至12月7日，某保险集团利用旗下4家保险公司与其一致行动人共抢筹万科5.53亿股，持股比例为5%；2015年12月17日和12月18日，某保险集团分别以均价21.81元/股和23.55元/股增持万科1.05亿股和2 287万股，三次共耗资108亿～128亿元，持有万科7.01%的股份，占万科总股本的6.18%，成为万科第三大股东。2015年12月23日，万科表示"保险+地产"的模式将会为房地产行业带来产融结合的机会，万科也在积极寻找风险投资的支持。而这一阶段某保险集团积极为风险投资寻找优秀的投资项目，且有意发展地产版图，期待与万科的全方位合作。于是，二者于当日结盟。一夜之间，"宝万之争"剧情反转。当时，万科与华润集团合计持股约20.64%，稍低于"宝能系"的实际持股比例，而某保险集团的成功"插足"使得万科转危为安。

2015年12月18日，万科发布临时停牌公告称，正在筹划股份发行，用于重大资产重组及并购资产，这也被视为王石及万科管理团队对"宝能系"的正式反击。2015年12月18日，宝能集团在官网发表声明称，公司重视风险管控，重视每一笔投资，恪守法律，尊重规则，相信市场的力量。万科停牌时间历时六个月之久，重组对象始终扑朔迷离。直至停牌后的第四个月，万科才首次公布了重组对象——深圳市地铁集团。按照万科发布的交易预案公告，万科拟以发行股份的方式购买深圳地铁集团持有的前海国际100%的股权，初步交易价格为456.13亿元。万科将以发行股份的方式支付全部交易对价。万科采用这一策略的目的是通过发行股份，稀释"宝能系"的股份。但令万科意外的是，这一做法同时也稀释了华润集团的股份，招致华润集团的激烈反对。在6月17日的董事会上，"华润系"的三位董事对重组预案直接投了反对票，表达了明确的态度。事件出现了戏剧性一幕，万科的坚定伙伴华润集团与宝能集团在2016年6月初共同发布公告声明反对万科重组预案。

"宝万之争"尚未落幕，恒大集团又突袭加入战局。2016年8月4日，恒大集团买入万科516 870 628股，占万科已发行股本总额的4.68%。初次举牌万科之后，恒大集团增持万科股份的脚步并未放缓，分别于2016年8月8—15日、2016年8月16日至11月9日和2016年11月18—29日进一步增持万科235 792 663股、161 932 084股和161 932 084股，分别占万科已发行股本总额的2.140%、1.467%和1.467%。截至2016年11月30日，恒大集团共持有1 553 210 974股，占万科已发行股本总额的14.07%，从而成功挤占某保险集团第三大股东的位置。从2016年12月5日开始，中国保险监督管理委员会推出一连串监管措施，并要求前海人寿、恒大人寿等暂停万能险新业务，使得恒大人寿险资举牌的股价遭遇滑铁卢，"宝能系"和"恒大系"持有的万科A股价也连日下跌。2016年12月23日，以万科A最新收盘价20.29元计算，恒大集团已浮亏12.94%，金额约47亿元。至此，恒大集团增持万科A的脚步放缓。万科股权之争前途未卜。

2017年6月9日晚，恒大集团发布公告称，其所持有的15.53亿股万科股份，以约292亿元悉数转让给深圳地铁集团。恒大集团转让14.07%万科股份终破"万宝之争"僵局。恒大集团于2017年6月9日作为转让方与受让方深圳地铁集团签订协议，据此将持有的共15.53亿股万科股份出售给受让方，总对价约为292亿元人民币，每股转让价格18.80元。预期将就出售事项产生亏损约为70.7亿元，唯以最终审计为准。本次转让后，恒大集团此前所持14.07%万科股份全部出清，深圳地铁集团持股比例由15.31%变为29.38%，超"宝能系"25.04%的持股而成为万科第一大股东。当时万科各方股东持股比例依次为：第一大股东深圳地铁集团，占29.38%；第二大股东"宝能系"，占25.04%；第三大股东某保险集团，占6.73%。此前，2017年3月，恒大集团已经将所持万科股份表决权、提案权及参加股东大会的权利，不可撤销地委托给深圳地铁集团行使，期限一年。此次转让后，深圳地铁集团正式成为万科第一大股东，万科第一大股东再次易主。2017年6月21日，万科公告新一届董事会候选名单。历时近两年的万科股权之争在万科公布新一届董事会提名之后，或已尘埃落定，落下帷幕。

阅读以上材料，结合课本知识深入思考，并回答以下问题：

1. 收购或接管是怎样形成的？这一治理方式有着怎样的运行机制？万科股权之争体现出怎样的代理权竞争？

2. 收购能给公司带来什么？应该从哪些方面完善公司的外部治理机制？

第六章 公司治理模式

学习目标

通过本章的学习，应重点掌握公司治理的三种典型模式，即英美治理模式、德日治理模式和家族治理模式，熟悉这三种治理模式的特点和优缺点，了解在经济全球化背景下公司治理模式的新变化以及公司治理模式面临的挑战与趋同，明确我国公司治理的现状和完善途径。

本章导论

公司治理是一种制度安排，通过构建科学合理的公司权力安排、责任分工和约束机制，使所有者和经营者的责、权、利得到均衡，以保证以股东为主体的利益相关者的利益。在现代市场经济国家，由于各国的社会经济制度、历史文化背景、法律制度环境以及其他主客观条件不同，各国资本市场发育程度、公司资本结构和融资方式存在差别，形成了各具特色的公司治理模式。目前，世界上较为典型的公司治理模式主要有三种：①英美治理模式；②德日治理模式；③家族治理模式。随着全球化市场的发展，各种公司治理模式也面临诸多挑战。各种模式取长补短、相互融合，呈现出趋同的趋势。我国公司治理模式的形成和发展，与国有企业的改革探索是相伴而行的。上市公司根据《公司法》的相关规定及证券交易所的上市要求，逐步改进公司内部治理机制和外部治理机制，但仍存在诸多问题，因此必须通过各种途径完善我国上市公司的治理。

第一节 英美治理模式

英美治理模式又称外部控制主导型公司治理模式或市场导向型公司治理模式，是指以外部市场为主导，主要依靠高效运行的市场机制监督和激励经营者，流行于美国、英国及英联邦国家的一种公司治理模式。这些国家的资本主义经历了较长时间的自由发展，较少受到政府、银行、管理机构或工会的影响，资本流通活跃，证券市场发达，股东权逐步集中到养老基金及其他专业管理基金等机构投资者手里，并且存在十分活跃的控制权市场。

一、英美治理模式的特点

英美治理模式以股东主权加竞争性市场为特点，其特点体现在以下几个方面：

（一）股权高度分散

美国公司的持股主体以个人投资者和机构投资者为主，股权高度分散，一些上市公司往往拥有几十万、上百万甚至上千万股东。个人投资者所持股份零星分散，与庞大的公司股份相比显得微不足道，以至单个股东对公司经营决策很难产生影响，没有能力参与公司经营决策，很难对公司的经营和管理提出意见。个人投资者要想达到参与公司经营决策的目的，必须通过组织和游说其他股东，集中分散的表决权才能办到。而这样做，一方面要付出巨大成本，另一方面获得的收益极为有限。高度分散的股权使大量股东无论是从理论上还是从实际操作上都很难达成一致，个人投资者和机构投资者对公司的直接控制和管理极为有限，并且很容易被其他股东"搭便车"。因此，股东一般很少有积极性去监督公司的经营情况，他们不长期持有一种股票，当对公司经营情况不满意时，就会选择"用脚投票"的方式卖出股票，导致公司的股票流动性很高。也就是说，普通股东通过股东大会投票参与公司经营决策的"用手投票"机制名存实亡。

（二）单层董事会制度

董事会是公司治理的核心，英美公司没有监事会，董事会履行监事会的职责，兼有决策和监督双重职能。单层董事会集监督职能和执行职能于一身。英美公司董事会有两个鲜明的特点：一是董事会下设一些专业委员会，如战略委员会、审计委员会、薪酬委员会和提名委员会等完成其职能，分别召开会议，承担不同的责任。二是董事分为内部董事和外部董事，内部董事一般在公司担任要职，是公司经营管理的核心；外部董事即独立董事，一般在公司董事中占多数，但通常不在公司任职。英美公司董事会的监督职能主要由独立董事承担，审计委员会、薪酬委员会、提名委员会等行使监督职能的专业委员会通常主要或全部由独立董事组成。而且，独立董事在公司董事会中的比例多在半数以上。以美国为例，公司独立董事比例高达62%左右。20世纪末，美国大型公司董事会的平均规模是13人，执行董事平均不超过3个人，其他都是外部董事或独立董事。

（三）以股票期权为主的长期激励

为了使身负重责、大权在握的经营者对股东尽心尽责，满足股东和公司长期利益最大化的需求，英美公司大都注重长期激励，对经营者实行包括股权、股票期权、股票增值等形式在内的长期激励计划，其中股票期权是最主要的形式。股票期权制度直接反映了经营者的报酬与其个人的能力和努力程度，因此受到很多公司的青睐，在美国500强企业中，90%以上推行了股票期权。相对于工资和奖金，股票期权是一种长期激励计划，不仅使企业持续发展成为股东和经营者的共同目标，而且为经营者的努力带来更大动力。经营者通过行使期权而获益，收益取决于股票在二级市场的升值，而股票的升值幅度与经营者长期的经营业绩直接相关，这种长期激励计划可以有效地激励经营者着眼于公司的长远发展和股东利益的长期最大化。值得指出的是，股权激励也导致了经营者持有公司相当数量的股份，经营者较大数量的持股在公司股权高度分散的情况下，无疑加大了经营者对公司的控制力。在股东大会虚置和董事会失灵而难以发挥作用的背景下，公司内部治理势必陷入激励有加、约束无力的窘境，成为只有激励、没有约束的失控的内部治理机制，而广大的外部股东只好借助发达的证券市场和活跃的控制权市场，实现被动的、事后的外部公司治理。

（四）发达的外部市场治理

市场约束的外部公司治理在英美治理模式中处于主导地位。美国实行的是市场外向型融资体制，证券市场发达，企业以直接融资为主，发行股票是企业融资的主要渠道。由于股权高度分散，无论是机构投资者还是个人投资者，通常都不直接干预公司运营，而是通过股票买卖"参与"公司重大决策。持股的短期性使股票交易活跃，兼并和重组事件经常发生，公司随时面临被并购接管的风险。首先，美国产品市场的竞争非常激烈，在竞争性的产品市场，购买者的选择和竞争的压力决定产品能否畅销，并对企业经营行为形成一种客观的和最终的评价机制，所有者可以通过市场上产品的竞争力获得丰富的信息，如以竞争对手的销售状况为依据对经营者进行相对业绩评价，或者以产品的市场价格推断其成本，从而克服所有者和经营者的信息不对称，为委托代理问题的解决提供可靠的信息支持。其次，良好的经理人市场可以使经营者在企业内部或企业之间的不同岗位流动，如果企业经营不善，经营者就可能被董事会解雇，声誉不好的经营者可能被永远赶出经理人市场，这种市场博弈的最终结果是那些对股东利益负责、经营绩效好的经理人得到广泛认可。最后，高度分散的股权和较强的股票流动性，形成了一个庞大的资本市场，客观上容易使购并者通过市场收购分散的股权。如果股东对公司的经营情况不满，就会卖出股票，引起股票价格下跌，购买者会乘虚而入。这种压力迫使经营者改善经营情况，提高公司业绩。当公司的市场价值低于实际价值时，购并就会发生，被购并公司的经营者就会面临被替代的危险。因此，经营者会采取各种措施反对购并活动，促使公司市场价值不断上升。

（五）股东至上的单边治理

英美治理模式在很大程度上体现为股东主权模式，在这种模式下，股东是公司治理的唯一主体，公司的其他利益相关者，如雇员、债权人、消费者等被排除在外。公司经理层作为股东的代理人，其目的是使股东利益最大化，因此，股东利益至高无上。此外，英、美两国是个人主义和自由主义的发源地，奉行亚当·斯密的"看不见的手"理论，政府一般不直接干预经济。公司资产和股东价值在公司中占主导地位，财产权优先于其他权利。在这种社会文化氛围中孕育、产生和形成的公司治理奉行"个人财产神圣不可侵犯"的原则，公司治理的目的就是保护股东的利益，防止经营者的机会主义行为。

二、英美治理模式的优缺点

（一）英美治理模式的优点

英美治理模式的核心是外部市场的强约束作用，其优点主要体现在以下方面：

1. 分散投资风险

英美国家股权高度分散，控股股东的持股比例较低，从而可以避免因一家公司的经营不善或环境变化而带来的连锁反应。当股东对公司经营和业绩不满时，其就会抛售手中持有的股票，而流动的股票市场为股东提供了无限制的、低成本的退出机会，使股东容易卖出股票来降低风险。当管理层或公司行为损害股东利益时，大多数股东通过"用脚投票"的退出机制和控制权市场来约束经营者，从而能够从外部防止经营者的机会主义行为。成熟的外部市场机制，不仅可以为投资者提供准确、可靠的信息，而且可以通过及时、透明的信息披露，约束和监督经营者的不当行为。所有这些都可以分散投资风险，保护中小股东的利益。

2. 优化资本配置

英美公司活跃的控制权市场，通过并购接管等方式，实现对公司的资产重组和管理层的更换。如果业绩不佳，股票价格下跌，实力集团就会在股票市场收购公司股票，而持股比例的变化将带来公司控制主体的变化，股东和管理层的地位也会随之改变，这种并购接管机制将促使资本向优势企业流动。资本市场的优胜劣汰，能够把资本投入到其他有生命力、有前途的公司，使市场中的资本容易重新得到优化组合，从而有效地实现资本的优化配置。

3. 提高创新能力

英美国家拥有成熟的资本市场、控制权市场、经理人市场、产品市场以及完善的市场机制，为降低代理成本提供了有力的外部支持，保护了投资者的利益。而且，外部市场治理的压力和动力，迫使经营者大胆创新，敢于冒险，充分发挥创造力，从而促进创新精神，提升公司的竞争力。

（二）英美治理模式的缺点

1. 股东"搭便车"现象严重

英美公司股权高度分散，使股票分布在成千上万的个人投资者和机构投资者手中，每一个投资者所持有的股票在公司股票总额中仅占微小的份额。由于股权过于分散，股东通过股东大会行使权力的成本很高。当治理成本不足以从对经营权的监管而得到的利润中获得补偿时，股东就会放弃这种监督，寄希望于其他股东过问公司经营，造成中小股东普遍存在"搭便车"行为。股权越分散，单个股东所持股份越少，"搭便车"的股东就越多。所以，英美公司中小股东真正关心公司价值的动机和能力是十分弱的，大多数股东从来没有参加过股东大会，即使在股东大会召开时，也有相当一部分人放弃了这一权利。高度分散的股权造成公司经营权和所有权过度分离，公司被少数大股东和经营者控制，在缺乏制度有力约束与监督的情况下，管理层很容易滥用手中的权力，从而严重损害公司和中小股东的利益。

2. 内部治理机制不力

在英美治理模式下，对经营者的有效监控，一方面通过股东大会、董事会这一内部治理机制来实现，另一方面通过资本市场、控制权市场、产品市场和经理人市场这一外部治理机制来实现。公司内部治理机制通常指股东选出能代表他们利益的董事组成董事会，负责做出公司重大决策和监督管理层，董事会可以撤换不称职的公司高管。董事分为内部的执行董事和外部的非执行董事。执行董事不可能自己监督自己；非执行董事尤其独立董事，由于种种原因也无法胜任监督工作和履行董事的责任。首先，非执行董事通常是工商界的专业人士，也可能是其他公司的执行主管和执行董事，还可能是投资银行、会计师事务所、律师事务所的合伙人，他们很少有时间考虑其担任非执行董事的公司的事务，也没有时间和动机去收集除了管理层提供的信息之外的其他信息。而且，非执行董事可能把自己担任的董事职务归结为公司管理层的信任，因此通常会对管理层表示认同甚至忠诚，而不是监督管理层的行为。英美单层董事会制度赋予独立董事较大的监督权，但在实践中，独立董事往往很忙，以至没有足够的时间去开展监督工作，造成内部治理机制有时形同虚设，不能很好地发挥监督作用。

3. 投资行为短期化

公司股权高度分散，单个股东的持股比例低，使普通投资者难以对公司决策产生影响。投资者主要关心能否获得足够的短期投资回报，都想在较短的时间内获得收益。在巨大的压力下，经营者不得不采取短期行为来获取利润，以满足股东利益最大化的需求。而证券市场较强的流动性，使得一旦公司经营出现波动，股东便会在最短的时间内将手中的股票转手或者改变自己的投资组合来规避风险，而无意插手改组公司或帮助公司改善经营情况。频繁的收购威胁容易使经营者采用短期行为和反收购措施，而忽视长期资本投资和人力投资，不利于建立企业长期稳定的合作关系，形成了更高的代理成本。这样一来，企业的长期投资以及长期的稳定发展得不到保障，企业间兼并和收购的动荡局面，反过来也会加剧经营者获取短期收益的投机行为。

第二节 德日治理模式

德日治理模式又称内部控制主导型公司治理模式或网络导向型公司治理模式，是指股东（法人股东）和银行（一般也是股东）在公司治理中发挥主导作用的一种公司治理模式。这种治理模式主要被以德国为代表的大多数欧洲大陆国家以及日本等后起的工业化国家采用。与英美治理模式不同，德日治理模式根植于"日耳曼式"资本主义，大都经历过资本主义的急速发展时期，因此企业受政府、银行、工会和管理机构的影响较大，资本流通性较差，证券市场不够活跃，企业兼并与收购较为困难，银行等金融机构在企业间接融资中居于主导地位。

一、德日治理模式的特点

德日治理模式以主银行制和法人相互持股为特点，其特点体现在以下几个方面：

（一）法人交叉持股

在德国、日本等大陆法系国家，公司资本在很大程度上是通过银行、保险公司、家族和国家筹集的，因而形成了普遍的交叉持股，大部分股权控制在银行或法人手中，呈现出股权相对集中的特点。法人交叉持股的目的是保持经营稳定，法人一般不会轻易出售股份，从而使股票的流动性低。因此，德日治理模式主要依靠大股东内部治理，当公司业绩不佳时，大股东直接行使表决权，而不是抛售股票。由于德国、日本在法律上对法人交叉持股没有限制，因而公司法人之间交叉持股的现象非常普遍。法人交叉持股有两种形态：一是垂直持股，如丰田、住友等公司通过建立母子公司关系，达到密切生产、技术、流通和服务等方面相互协作的目的；二是环状持股，如三菱公司、第一劝银集团等，法人交叉持股的目的是彼此之间建立稳定的资产和经营关系。法人交叉持股加强了关联企业之间的联系，企业之间相互依存、相互渗透、相互制约，在一定程度上结成了"命运共同体"。

（二）银行是公司的主要股东

在德日治理模式下，银行不仅是企业的主要债权人，而且与企业交叉持股，兼有债权人和股东的双重身份，从而在银行和企业之间形成一种特殊的关系——主银行关系。主银行作为大股东，不仅向企业提供大量贷款，而且派遣董事和监事积极参与企业的治理。例如，日本的主银行制是一个多面体，主要包括三个方面的关系：一是银企关系，即企业与主银行之间在融资、持股、信息交流和管理等方面形成的关系；二是银银关系，即银行之间基于企业的联系而形成的关系；三是政银关系，即政府与银行之间的关系。这三层关系相互交错、相互制约，共同构成一个有机的整体，形成以银行为中心的法人交叉持股的网络。主银行制实行相机治理，当企业经营情况良好时，主银行一般不干预企业事务；当企业经营情况恶化时，主银行介入企业进行干预。德国银行堪称"全能银行"，不仅开展种类繁多的金融服务业务，而且充当股东股票的保管人。通过对公司股份表决权的集中拥有和在监事会中的特殊影响，德国银行介入并几乎控制了公司的经营，同时德国银行还间接持股，即兼作个人股东股票的保管人。德国大部分个人股东平时都将股票交给自己信任的银行保管，并把他们的表决权转让给银行来行使，这种转让只需个人股东在储存协议书上签署授权书就可以了，这样银行就得到了大量的委托表决权，能够代表个人股东行使表决权。银行利用代理投票制度，对公司的经营决策施加影响。

（三）双层董事会制度

德日公司多采用双层董事会制度，即监督职能和执行职能分设。在德国公司中，监事会在上，董事会在下，故这种形式的董事会称为垂直式双层董事会。股东大会直接选举产生监事会，监事会由非执行董事构成，行使监督职能，监督公司管理层，故这种形式的董事会称为监督董事会。董事会由执行董事组成，行使执行职能。股东大会、监事会和董事会分设，决策者与执行者相互独立，有利于发挥监事会对公司经营者的有效监督。德国公司这种独特的双层董事会制度，赋予监事会强大的职能——决策与监督并存。在日本公司中，董事会和监事会均由股东大会选举产生，监事会独立于董事会。所以，监事会和董事会是平行的，都对股东负责，故这种形式的董事会又称水平式双层董事会。董事会和经理组成的执行机构合二为一，决策者与执行者合二为一。由于日本公司的股东主要是其他法人和银行，企业集团内部交叉持股，通过互派代表相互监督，为了弥补监督不力的缺陷，又实行独立监察人制度，这就构成了日本富有特色的监督机构。

（四）外部市场不发达

作为后起的工业化国家，德国、日本采取政府主导型的公司治理模式，有政府干预经济的传统，政府干预抑制了资本市场的发育，加大了收购成本，减少了强制性购并事件的发生。法人交叉持股和稳定持股使得通过市场购买大比例股份非常困难，依靠银行和大股东治理，通过主银行与经理会从内部监督经营者，这些都造成了德国、日本不发达的外部市场。德国、日本的资本市场远不如美国发达，股票的流动性低，稳定性较强，在整体上不能起到促进资源优化配置和改善经营者绩效的作用。法人交叉持股的目的，并不是获取股息红利，而是为了加强彼此间的联系，促进企业发展，故其不会受股市行情的左右轻易抛售或买进股票，所以股票价格的波动不会对经营者造成有效的压力，敌意接管也受到日本、德国企业文化的强烈抵制。同时，德国、日本经理人市场的作用比较有限，高管在公司服务的期限较长，跳槽的频率也小。尤其是在日本，公司的经理和董事大部分是经过公司内部长期考察和选拔，依靠激烈的角逐逐步升迁的，人员的流动仅限于公司内部，日本公司很难像美国公司那样通过经理人市场招聘到公司所需的高管,因而经理人市场的作用非常有限。

(五)利益相关者共同治理

德国和日本都是有着集权传统的国家,在历史发展过程中逐渐形成了崇尚共同主义和群体意识的独特的文化价值观。德国、日本深受黑格尔哲学和儒家思想的熏陶,逐渐形成了独特的集体主义价值观。日本员工与企业共命运,企业与员工的长期关系及主银行的相机治理,使公司治理更多地体现了债权人、员工的合法利益。德国民主思想和工人运动极为活跃,法律规定工人有权参加董事会的选举,与股东共同决策。因此,德日治理模式强调共同主义、普遍雇员的参与,公司治理的主体除股东外,还包括债权人、雇员、消费者和供应商等利益相关者,奉行利益相关者共同治理的理念。

二、德日治理模式的优缺点

(一)德日治理模式的优点

德日公司股权集中程度高,股权大都集中在银行或法人股东手里,而且持有股权的时间长、稳定性好。在这种股权结构下,股东主要通过参与公司的日常经营决策实现监督控制,因而德日治理模式具有以下优点:

1. 银行的监控作用得到充分发挥

在德日公司中,银行既是公司的大股东,又是公司的主要债权人。作为公司的大股东,银行对公司不仅有监督的动力,而且有监督的能力。银行有丰富的专业知识和经验,以及一般股东所没有的精力和时间,可以通过监事会和董事会直接参与公司的日常经营决策,能够及时、有效地对公司生产经营进行监督,从而保证公司正常高效运行。银行作为公司的主要债权人,为了保证自身债权的安全,必然会及时、全面地获取和掌握公司有关生产经营活动的信息,并对其贷款进行全方位的监督。当公司经营陷入困境时,银行会从资金、人员等方面帮助公司渡过难关。同时,作为公司股东的银行借助贷款,拥有比其他股东获取更多的公司生产经营活动信息的天然优势,监控成本更低,可以避免经营者的短期行为。

2. 公司的长远稳定发展得到较好的保证

德日公司法人交叉持股,股东投资的主要目的不是获得股息或者股票溢价收入,而是关注长期收益和投资安全。这不仅使股东持有的股票很少出手交易,从而抑制了公司购并事件的发生,而且形成了相互控制、相互依赖的稳定关系。作为公司大股东的银行,很少对公司进行短期投资,而是与公司保持长期稳定的关系,以期获得更大的收益。法人交叉持股所形成的企业之间的长期稳定关系，为企业长期稳定发展提供了强大的动力，一旦有关联企业发生困难，其他成员会尽力相助，相关企业都会伸出援手，从而实现整个集团的长期发展。共同治理，提高了员工参与治理的热情和对企业的忠诚度，终身雇佣制和内部提拔制也使员工致力于企业的长期发展，从而推动企业长期稳定发展。

3. 提高了交易效率

股权的集中程度高，解决了股权分散在监督经营上"搭便车"的问题，法人交叉持股使股票的流动性低，不会发生敌意接管，股东、董事、银行和员工等利益相关者相互监督的内部治理机制对管理层形成了有效控制，这些既提高了企业的效率，也有利于解决委托代理问题。银行作为债权人意味着企业债务成本低，容易解决企业长期投资的资金需要及短期所遇到的财务困难问题，法人交叉持股能够把分散竞争的企业凝聚在一个企业集团内，集团内部的协作替代了竞争，主要股东不再以股权控制和支配企业为目的，而是力图维持企业之间长期稳定的关系，从而避免一次次寻找对象、决定交易条件，由此节约了交易费用，提高了交易效率。

（二）德日治理模式的缺点

20世纪90年代以前，德日治理模式一直受到追捧，学者认为德国和日本经济的快速发展主要源于其独特的治理结构和高效的治理效率。然而，20世纪90年代日本泡沫经济破灭，日本经济停滞不前，德国也发生了史上最严重的次经济衰退，德日治理模式引起人们的反思，认为这种模式出现问题是由于其本身固有的缺点。

1. 中小股东利益得不到有效保障

德日治理模式主要依靠股东直接治理，控股股东可能会出现操纵公司、谋求控制权私利等不规范行为，从而使中小股东的利益受到损害。法人交叉持股以及银行同时持有大量的股权和债权，导致德日公司的资本市场发育程度不高，公司发生并购的概率极小，接管机制几乎不能发挥作用，中小股东难以通过证券市场卖出持有的股票，因而抑制了其他治理机制的健全发展，中小股东的利益得不到有效保障。

2. 外部监督力量较弱

德日公司主要依赖内部资金融通，难以通过控制外部资金来源对公司施加有效的影响。大股东掌握着公司的实际控制权，往往不会监督自己的行为，而小股东由于持股比例较低，存在"搭便车"的现象，鲜有动机监督公司和经营者的行为。由于依赖大股东的直接控制，德日公司的外部市场不发达，缺乏来自资本市场、控制权市场和经理人市场的压力，使得原本极具竞争力的市场治理难以发挥应有的监督作用。此外，公司的信息披露不透明，外界很难从极少的信息披露中看出公司决策制定过程，极易形成绝对的内部人控制。由于来自公司外部的监督力量较弱，一旦金融系统出现问题，公司治理及整个经济将会遭到严重冲击。

3. 创新能力不足

德日治理模式的主银行制和法人交叉持股的目的不在于资本市场的有效竞争，而在于加强企业间的业务联系，这使企业缺乏发展动力，可能造成企业安于现状，创新能力不足。在这种治理模式下，经理人市场的竞争压力并不明显，经营者可能会不思进取，造成企业缺乏创新意识和发展动力。终身雇佣制为雇员忠于公司并努力工作创造了重要的激励机制，但是公司内部产生的"论资排辈"，日益强化了董事长和资深董事之间以及资深董事和其他董事之间的层级差别，不利于董事独立地做出创新决策。终身雇佣制和递延报酬抑制了员工的创新，不利于人力资源的合理配置，影响了公司的决策效率和创新能力。

第三节　家族治理模式

家族治理模式是公司治理模式最原始的形式，又称家族控制主导型公司治理模式，指企业所有权与经营权没有实现分离，而是集中于一个人或者一个家族，控制权在以血缘、亲缘和姻缘为纽带的家族成员中配置的一种公司治理模式。韩国以及东南亚的新加坡、马来西亚、印度尼西亚和菲律宾等国家的公司采用这种治理模式。

一、家族治理模式的特点

（一）所有权主要由家族成员控制

所有权集中于家族成员是韩国和东南亚等国家公司普遍存在的现象，小公司中这一现象更加明显。即使是大公司，所有权集中于家族成员的程度也超过60%，如菲律宾和印度尼西亚全部资本市场的1/6可以最终追溯到一个家族的控制，如苏哈托家族和阿亚拉斯家族。在家族治理模式下，家族成员控制企业的所有权主要有以下三种情况：

（1）由企业创业者单独或共同拥有，创业者退休后，交由子女或第三代共同拥有。

（2）由合资创业具有血缘、亲缘和姻缘关系的家族成员共同控制，然后顺延传至创业者的第二代或第三代家族成员，由他们共同控制。

（3）迫于企业公开化或社会化的压力，把企业的部分股权转让给家族外的其他人或企业，或对企业进行改造公开上市，从而形成家族企业产权多元化的格局，但是其所有权仍主要由家族成员控制。

（二）企业决策家长化

在家族治理模式下，企业经营管理权主要由具有血缘关系的家族成员和具有亲缘、姻缘关系的家族成员共同控制。由于受儒家伦理道德思想的影响，韩国和东南亚家族企业的决策被纳入家族内部序列，重大决策如创办新企业、人事任免、决定企业接班人等都由作为企业创始人的家长一人做出，家族中其他成员做出的决策也必须得到家长的首肯，即使家长退居二线，第二代家族成员做出重大决策时，也须征询家长的意见或获得同意。当家族企业的领导权传至第二代或第三代家族成员后，上一代家长的决策权威也同时赋予第二代或第三代接班人，其他家族成员必须遵从。

（三）经营者激励约束双重化

在韩国和东南亚的家族企业中，所有权与经营权的统一解决了委托代理问题，经营者受到家族利益和亲情的双重激励与约束。第一代创业者的经营目的往往是光宗耀祖或使家庭成员生活得更好，以及为子孙后代留一份产业。对于家族企业第二代接班人而言，发扬光大父辈留下的事业、实现家族资产的保值增值、维持家族成员的亲情，是对其经营行为进行激励与约束的主要机制。因此，与非家族企业经营者相比，家族企业经营者的道德风险、利己的个人主义行为发生的概率较低，因而用规范的制度对经营者进行激励与约束已无必要。但是，这种建立在家族利益和亲情关系基础上的激励约束机制，也使家族企业经营者承受较大的压力，并为家族企业的解体留下了隐患。

（四）员工管理家庭化

儒家的"和谐"和"仁者爱人"等思想被应用于对员工的管理，目的是在企业营造家庭式的氛围，使员工有很高的归属感。例如，韩国的家族企业为员工提供各种福利，如宿舍、食堂、通勤班车、职工医院、托儿所等，使员工感受到企业亲情般的关怀。再如，马来西亚的金狮集团，在经济不景气时不辞退员工，如果员工表现不佳，集团会采取谈心等方式分析和解决问题。对员工的这种家庭化管理，不仅增强了员工的忠诚度，而且减少了员工与企业之间的摩擦，保证了企业的顺利发展。

（五）来自银行的外部监督较弱

东南亚的许多家族企业都涉足银行业，一些家族企业的最初创业始于银行业，而后才拓展到其他产业。银行往往是家族的系列企业之一，与其他企业一样，银行都是实现家族利益的工具，所以银行必须服从于家族的整体利益，为家族的其他企业服务。因此，来自银行的约束基本上是软约束，对没有涉足银行业的家族企业，一般都采取由下属企业之间相互担保的形式向银行融资，这也使银行对家族企业的监督削弱。韩国的银行由政府控制，只有符合政府宏观经济政策和产业政策要求的企业，才能获得银行的大量优惠贷款，所以韩国的家族企业都是围绕政府的政策指向创办企业和从事经营，这导致银行只是一个发放贷款的工具，对企业的约束和监督较弱。

二、家族治理模式的优缺点

（一）家族治理模式的优点

家族治理模式产生于特定的历史条件，又立足于深厚的文化土壤。家族企业顽强的生命力证明了家族治理模式存在的合理性，也说明了与其他公司治理模式相比其有优越的一面。家族治理模式的优点体现在以下几个方面：

1. 降低委托代理成本

在家族治理模式的产权制度中，家族或创业者持有企业全部或大部分股权，所有权与经营权合一，委托人与代理人身份合一，不存在委托人与代理人之间效用函数的不一致和信息不对称的情况；把持企业各重要岗位的家族成员，既是所有者又是经营者，受到家族利益与亲情的双重激励与约束。这些都能够有效降低委托代理成本。家族企业的信息不对称情况不明显，使得家族成员与企业签订契约的交易费用大大降低，加之家族成员具有共同的价值观、伦理观以及他们之间存在家族性的默契，因而对家族成员的监督成本很低。

2. 有利于整合资源

家族企业利用血缘和亲缘关系获得创办企业所需的物质资本与人力资本，初始创业资本一般来源于家庭积累或亲友资助，企业发展需要再投资时也主要依靠内源融资，即除了企业自身积累外，主要靠家族成员再投入，这种融资方式不仅比银行贷款或社会融资容易，而且成本低。同样，创业初期在用人制度上偏重于血缘、亲缘关系等，家族成员的利益共享、风险共担机制使家族企业的生存发展与家族成员的利益紧密相连，家族成员对企业有强烈的认同感和忠诚度。在共同利益要求的驱使下，血缘、亲缘关系产生的信任优于体制信任，家族成员间更容易相互配合，有利于企业内部沟通与协调，从而有效整合各种资源。

3. 决策与执行效率高

家族治理模式下的决策机制，一般为高度集权的家长制，企业家长往往集所有权与经营权于一身，且具有高度权威，可以凭借经验和才智迅速做出决策，并使各项决策顺利地贯彻实施。决策职能的专业化和集中化，能够保证协调的顺利进行，以及实际知识的利用和职责的落实，因而有利于决策者做出最优决策并贯彻实施。此外，由于决策者和所有者的身份合一，企业家长的任何失误所造成的后果最终要由家族承担，因此其决策时必然选择对企业最优的方案。家长决策制还在一定程度上节约了决策时间，保证了决策的迅速，从而使企业能及时把握商机。

4. 提高企业的凝聚力

家族和企业的合一使家族成员把企业资产视为家族资产，家族内部都有一种共识，即家族成员必须为家族企业的发展努力。受家族伦理道德规范的制约，如果某个成员出现道德风险和逆向选择，就有可能被家族抛弃。在这种压力下，家族成员一般都会自觉为家族企业努力工作，使得家族企业能够像家庭一样存在并保持较高的稳定性。家族治理模式使家族企业带有浓厚的家族文化氛围，在企业中形成具有显著家族色彩的价值观与经营理念，表现为企业内部的观念与情感认同。这种企业文化随着时间的推移而被强化。如果家族企业能够在经营过程中脱离财产继承和人际关系争端，其经营文化的同质性与继承性将进一步巩固，这有助于提高企业的凝聚力。

（二）家族治理模式的缺点

1997年亚洲金融危机后，东南亚国家很多家族企业的内部结构和运作过程曝光，家族治理模式引起更多人的关注。家族治理模式在带动各国企业成长和经济发展方面发挥了重要作用，但其自身也存在缺点。家族治理模式的缺点主要表现在以下三个方面：

1. 权力过于集中

家族治理模式的显著特点之一是所有权高度集中在家族成员手中。随着家族企业中的部分企业上市，股东不仅有家族成员，还有家族外的其他股东，家族企业的所有权结构开始多元化和分散化。但是，大部分所有权仍然掌握在家族成员手中，家族企业在决策时，更多地考虑控股股东或家族的利益，忽视甚至损害其他股东的利益，导致中小股东利益受到损害。例如，公司为受同一个家族控制的其他公司提供贷款或担保等，会给公司的中小股东带来不得不承担的风险。

2. 家族继承的风险较大

家族治理模式具有企业决策家族化的特点，能够为家族企业带来凝聚力强、稳定性高和决策迅速等优点，这是以参与经营管理的家族成员具备相当的专业知识和管理能力为条件的。如果参与经营管理的家族成员不具备相当的专业知识和管理能力，则家族企业的上述优势不仅发挥不出来，而且会带来经营管理上的风险，甚至导致企业破产。当家族企业的领导权传至第二代或第三代时，家族成员之间容易引起纷争。如果承接领导权的人选得不到其他家族成员的拥护，则容易导致企业分裂甚至解体。还有一些家族企业的继承人由于对企业环境、个人经验和管理能力缺乏正确的认识，采取攻击型经营策略，也容易导致企业经营失败。

3. 外部监督作用有限

韩国和东南亚国家的家族企业受到政府的强力干预，企业融资渠道狭窄，所需资金大都通过银行的间接融资获得。银行作为集团的一个企业或者在政府控制下提供贷款的角色，很难有效地发挥监管作用。尽管韩国已经实行金融自由化，而且国家对经济干预的范围逐步缩小，但政府干预银行的传统做法一直延续，银行决策倾向于反映政府意图而不是对股东负责，尤其是对政府大力扶持的家族企业，银行往往不可能履行债权人职责对企业进行严格的监督和审查。韩国和东南亚国家的资本市场不发达，股票的流动性低，交易不活跃；韩国政府还制定了相关法律来控制外国投资者的持股比例，防止家族企业被敌意接管。政府的强力干预导致很难通过外部市场监督和约束企业的不当行为。此外，企业信息披露不充分、透明度低以及信用体系尚不健全，致使家族企业的社会化和公开化程度低，外部股东很难获得准确的信息，做出相应的投资决定，保护自己的利益。

第四节　公司治理模式的比较与趋同

一、公司治理模式的比较

英美治理模式、德日治理模式和家族治理模式是世界上三种典型的公司治理模式，其形成是由各国的经济发展模式、股权结构、资本结构和市场环境的演变过程，以及公司所在国的历史和文化传统等因素共同决定的。

（一）形成背景

从形成背景来看，公司治理模式的形成与其法律制度、民族观念和历史传统有着非常紧密的联系。英美治理模式产生于政府宏观调控经济的环境下，银行实行分业经营，禁止银行持有公司股票限制了银行等金融机构在公司股权中的扩张，从而形成了高度分散的股权结构，单个法人持股比例受到限制，公司的融资方式以直接融资为主、间接融资为辅。由于主要采用股权融资的方式，企业负债率较低，资本市场是其主要的资金来源。德日治理模式产生于政府间接管理的经济发展环境下，德国、日本的传统文化注重集体观念、合作意识和缔结长期关系，使企业与企业、企业与银行之间形成了更为密切的关系，形成了相对集中的股权结构，法人交叉持股，银行是企业资金的主要来源，公司直接融资的比例明显低于英美国家。家族治理模式产生于政府主导的经济发展环境下，公司所有权主要控制在家族成员手中，形成了高度集中的股权结构，企业负债率较高。

（二）治理结构

从治理结构来看，英美治理模式属于"一元制"，单层董事会制度使董事会没有足够的影响力来监督与控制经理人，公司治理结构中起决定作用的是经理层，其对利益相关者的关注度不高。经理人激励是公司治理的主要问题，董事会大都设立专业委员会行使权力。德日治理模式属于"二元制"，双层董事会制度使董事会的作用有限，银行和大股东直接参与公司治理，监督和控制管理层，高度关注利益相关者的利益，对经营者的激励不是主要问题，有些公司董事会设立专业委员会。家族治理模式的董事会虚化，起不到监督和控制的作用，家长在董事会一统天下，经营者受家族利益和亲情的双重激励与约束，对利益相关者的关注较少，董事会不设立专业委员会。

（三）外部治理

从外部治理来看，在英美治理模式下，上市公司数量较多，企业经营不善时发生接管的概率较高，资本市场和经理人市场的作用很大，银企之间不存在控制关系。在德日治理模式下，由于受法律法规的限制，很少出现通过接管企业实现管理层更迭的情况，敌意接管的概率很低，资本市场和经理人市场的作用也不大，在银企关系上实行主银行制。在家族治理模式下，内部矛盾激化往往导致公司瓦解，敌意接管的概率较低，经理人市场、资本市场和控制权市场的作用不大。

二、公司治理模式面临的挑战与趋同

（一）公司治理模式面临的挑战

在过去几十年里，各种公司治理模式都得到了长足的发展。英美治理模式有过辉煌，但在某些时候也使人迷惘；德日治理模式使日本和德国在第二次世界大战后迅速恢复了活力，并造就了两大经济强国，但两国也曾陷入泡沫经济之中；家族治理模式造就了许多实力显赫的家族企业，但至少在西方人看来这种模式并不牢靠，而且由于其所依赖的文化背景十分深厚，因此几乎无法模仿。可见，各种公司治理模式都面临挑战。在英美治理模式下，股权高度分散，股票的流动性高，弱化了股东对公司的监控，不利于建立长期稳定的关系，造成了经营者的短期行为，而机构投资者的消极行为等因素使个人投资者怀疑其治理的有效性。德日治理模式因法人交叉持股而使资本市场疲软，主银行制导致泡沫经济产生，利益相关者之间的冲突有增无减。家族治理模式由于企业的社会化和公开化程度低，普遍存在大股东暗箱操作、忽视中小股东利益的情况，因而决策机制不健全，集团内部矛盾重重，家族的继承方式使董事会在选择接班人时缺乏有效的市场约束。

英美治理模式在强化信息披露的透明度、解决分散化的投资者监督方面做得很好，但不利于建立长期稳定的合作关系。德日治理模式在减少大部分股东信息不对称、保持利益相关者关系的长期稳定方面具有优势，但在解决委托代理问题时显得乏力。家族治理模式由于内部交易成本低，又具有双重激励与约束，可最大限度地提高内部管理效率，但同时又存在忽视中小股东利益、家族的继承方式使董事会在选择接班人时缺乏有效的市场约束等问题。由此可见，各种公司治理模式所体现出来的经济效率难分优劣。

（二）公司治理模式的趋同

各种公司治理模式都有其产生的特殊历史背景以及文化、法律和市场环境，因此都有其存在的合理性。20世纪80年代以来，种种迹象表明，不同的公司治理模式取长补短，显示出日益趋同化的倾向。英美治理模式开始把目光转向公司内部，放松对银行持有公司股票的限制，鼓励机构投资者参与公司治理，引入独立董事，以增强董事的独立性，加大内部监控力度。德日治理模式，开始关注个人投资者的利益，加速资本市场的发展，减少法人交叉持股的数额，重视资本市场作用的发挥。家族治理模式下公司股权不断公开化和社会化，控制权由家族成员和非家族成员共同控制，外部股东的制约和监督不断增强。因此，各种公司治理模式正在相互渗透、相互交融，呈现出趋同的趋势，具体体现在以下方面：

1. 机构投资者参与公司治理的意愿明显加强

随着养老基金、保险基金和投资基金等机构投资者持股数额增大，它们不再像以前那样通过"用脚投票"来表达对管理层的不满，相反，它们发现，参与"关系投资"有助于提高投资组合价值，因此它们日益加强与管理层的接触，并在公司治理中发挥积极的作用。众所周知，机构投资者往往持有大量股票，如果在短期内抛售股票，势必引起股价大跌，其自身利益也会遭受巨大损失，这在客观上迫使机构投资者放弃传统的"用脚投票"的方式，转而采取积极的姿态来参与公司治理，借助投票机制直接参与公司决策以保证其利益不受损害，并追求企业的长期价值。企业也越来越重视加强与机构投资者的联系和沟通，保持企业经营的透明度，提高在资本市场的良好形象，而机构投资者为保证持续获利，也希望与企业建立长期的信任关系，通过建立机构投资者协会、分享信息、积极投票、向管理层提供建议等方式加大对企业的影响。这种合作共进的治理方式，既推动了企业发展，促进了企业长期发展目标的实现，也使机构投资者能够持续获利，增强了长期投资的信心。

2. 银行的治理作用发生变化

英美国家放松了对银行的限制，德日国家也松动了银行与企业的关系。1933年经济大萧条时期制定的《格拉斯－斯蒂格尔法案》，限制了银行在公司治理中发挥作用。20世纪80年代后期，美国放松了对银行的限制，1987年《银行公平竞争法案》的施行，使商业银行可以涉足证券等非传统银行业务，证券公司、商业银行、储蓄贷款机构、信用社、人寿保险、养老基金等金融机构的业务差别日渐缩小。1999年美国正式施行以金融混业经营为核心的《金融服务现代化法案》，极大地放宽了银行业、保险业和证券业经营的权限，允许银行、保险公司和证券公司以控股的方式相互渗透，完善了银行的监管机制。此外，英美公司发行股票的成本逐年增加，一般股票的发行成本占融资总额的2%～5%，有的公司这一比例甚至达到10%，加之发行股票对公司的信息披露要求严格，有些公司为了保守商业机密放弃直接融资，只能通过间接的债务融资获得资金，导致银行与公司的联系不断加强。另外，20世纪80年代的泡沫经济使日本企业的融资方式发生了很大变化，企业通过发行股票的方式增加了筹资数量，而银行本身由于大批呆账、坏账的影响，自身的实力被削弱。在这种情况下，日本的主银行体系开始松动，更改主银行体系、摆脱主银行控制的企业增多。随着日本企业的成功，其海外业绩取得了丰厚的利润，为企业内源融资奠定了良好的基础，不仅使银行与企业相互持股制度开始裂痕，而且使德日公司较紧密的相互持股关系发生了微妙的变化。

3.利益相关者日益受到重视

20世纪60年代利益相关者理论兴起，迫使公司治理改革的重点转向关注利益相关者各方的利益。利益相关者理论认为，公司存在的目的不是单一地为股东提供回报，还要承担相应的社会责任，应以社会财富的最大化为目标。公司不仅要遵守法律法规，还应当在提高整个社会的福利方面发挥作用。由此，英美公司开展了公司治理改革，借鉴德日治理模式下的员工参与和共同治理，把劳动力和资本等同视之，探索和创新共同治理的方式，员工依法进入董事会，参与公司经营战略的制定。20世纪80年代以来，美国29个州公司法变革的实质，就是要求董事会为整个利益相关者服务，而不仅仅为股东服务。随着民主公司理念的推行，利益相关者通过各种方式进入董事会参与决策。英美公司实行内部员工持股计划（Employee Stock Ownership Plans，ESOP），通过内部员工持股，强化员工的参与治理，缓解劳资之间关系紧张的局面，使员工与企业结成命运共同体，从而在一定程度上促进了公司的长期稳定发展。由此看出，各种公司治理模式趋向于保护包括员工在内的利益相关者的利益，将更多的权利交给其他的利益相关者，让关键的利益相关者参与公司治理。

第五节　我国公司治理的现状和完善途径

我国公司治理模式的形成和发展，与国有企业的改革探索是相伴而行的。1993年11月，国家确定了建立现代企业制度的改革目标，同年12月29日第八届全国人民代表大会常务委员会第五次会议通过我国第一部《公司法》，该法自1994年7月1日起施行。至此，公司的运作和规范以法律形式固定下来。随着公司化改革的实施和深入，越来越多的公司进入资本市场开始上市交易，大大缓解了国有企业对资金需求的巨大压力。企业成为上市公司后，与外界的交流往来日趋增多，其治理结构也不断完善和科学化。根据公司发展的要求，经过多次修订，现行《公司法》由全国人民代表大会常务委员会于2018年10月26日发布。修订后的《公司法》，其内容得到显著充实和完善，我国公司的运作更加规范。

一、我国公司治理的现状

我国上市公司按照《公司法》及交易所上市规则的要求，建立了股东大会、董事会、经理层和监事会各司其职、互相制衡的治理结构。然而，形式上的完善并不代表实质上的有效，内部治理机制作用的发挥受到"一股独大"股权结构的制约，外部治理机制有待进一步完善，利益相关者的保护力度不够，相应的法律法规的执行和文化体制建设有待加强，所以，我国上市公司无论是内部治理机制还是外部治理机制都有待进一步完善。

（一）股权结构不合理

我国上市公司存在的突出问题之一是股权过于集中，国有股比例过高，国家作为所有者缺乏具体的人格化代表，导致公司治理中存在种种问题。上市公司"一股独大"的股权结构，使董事会受大股东的控制和驱使，公司的经营目标不再是股东价值最大化，而成为大股东或控股股东的利益最大化，股东大会渐渐发展成为"大股东会"，大股东利用其绝对控股地位采用各种手段肆意盘剥小股东，已经成为当前上市公司治理的一个突出问题。由于中小股东持股比例不高，因而他们无法监督大股东，普遍对公司的经营管理漠不关心。股权过于集中，造成控股股东控制董事会的选举权，进而操控董事会决策，公司的控制权可能落入管理层手中，而监事会成员也由大股东选举产生，因此互相包庇的乱象时有发生，中小股东的利益无法得到有效保护。

（二）董事会的独立性不强

我国吸收英美治理模式的经验，形成了以股东大会为权力机构、董事会为执行机构、监事会为监督机构的公司治理结构。现行的公司治理结构既存在经理层大权独揽，集控制权、执行权和监督权于一身，也存在控股股东利用自己拥有的控股地位，推荐代表自身利益的人出任董事，并在董事会里形成多数而操纵董事会，导致公司的决策机构——董事会的独立性受到干扰。实践中，董事会的构成不合理，董事会中的大部分董事是公司的高级管理人员，董事会成员与管理层人员高度重合，董事长与总经理一人兼任的情况严重，形成事实上的内部人控制。国有上市公司董事的聘任与解聘来自上级的行政命令，董事长、董事主要由上级行政机关任命，而非通过人才市场招聘或内部竞争产生。董事以追求个别股东的单独利益为全部目的，其结果是董事会决策的独立性和正确性大打折扣，公司的总体利益和长远利益得不到保障。

（三）监事会的监督作用有限

我国《公司法》规定，公司监事会和董事会同处于股东大会之下，董事会作为股东利益的代表，决定公司的重大决策、经理的聘任或解聘，监事会履行监督职能，监督经理和董事的行为，以此维护公司和股东的利益，所以监事会处于与董事会平行的地位。然而，由于董事会拥有决策权，董事长是公司的法人代表，而监事会受重视的程度远不及董事会，监事会实际上成为董事会下的一个机构，监督作用得不到充分发挥。此外，监事会主要由股东代表和职工代表组成，监事会主席一般由工会主席兼任，在行政关系上受制于董事会或兼任公司管理层的董事，监事会无权任免董事会或经理层的成员，无权参与和否决董事会、经理层的决策，即使董事会有违法违规行为，监事会也不能直接对董事和经营者采取措施，这使得监事会的监督力度大打折扣。近年来，我国上市公司违法违规现象层出不穷，监事会负有不可推卸的责任。监事会成为董事会的附庸，监事会的责任不明确、构成不合理以及监督机制不健全，使监事会形同虚设，难以起到应有的监督作用。

（四）市场体系有待完善

英美治理模式之所以会取得良好的效果，主要得益于发达的外部市场。发达的外部市场为英美治理模式的良好运行创造了条件。然而，我国的市场经济处于初级阶段，无论是资本市场还是经理人市场都不健全，无法为公司治理作用的发挥提供良好的外部环境。我国产品市场的竞争相对充分；资本市场不断发展，股票价格不能反映公司的实际情况，重股市轻债市、重银行融资轻债券市场融资的现象明显；控制权市场严重扭曲，国有股东的绝对或相对控股增加了公司控制权转移的难度和成本，行政撮合和短期炒卖限制了并购接管的治理效应；经理人市场尚未形成，经理人选拔任用的市场化程度较低，国有企业经理人由政府任免而不是通过市场来选择，多数上市公司的管理层由大股东委派的人员组成，外部人很难进入公司管理高层，难以通过市场机制的优胜劣汰对经理人进行外部约束。

（五）忽视对利益相关者的保护

我国奉行英美国家的"股东主权"模式，对公司债权人、员工等利益相关者的重视不够。首先，银行参与公司治理的作用较弱。《中华人民共和国商业银行法》和《中华人民共和国证券法》规定，银行不能持有公司股份，这一限制使银行作为债权人对公司的介入只能在事后，当公司陷入破产境地时，银行没有重组权，往往导致公司事先转移和变卖优良资产，银行最终能够实现的破产债权寥寥无几。其次，员工参与公司治理的作用较弱。我国《公司法》规定，国有独资公司或者两个以上国有投资主体投资的公司中，董事会成员中应当有员工代表，但没有规定员工董事在董事会中的比例，所以，普通员工难以进入董事会参与决策。工会代表广大工人阶级的利益，但在股东至上的公司治理框架下，工会的监督作用日趋减弱。

(六) 法律法规的执行和文化体制建设有待完善

公司治理的法律体制不健全，还未形成一套完整的相互支持、相互补充的公司治理法规体系。部分由国有企业改制而来的上市公司仍然与政府有着千丝万缕的联系，政府难以完全按照市场化、客观、公平的原则执行相应的法律法规并进行监管，且由于对上市公司违规行为处理力度不够，上市公司的违规成本相对较低，上市公司违规行为时有发生。我国会计师事务所、审计师事务所等中介机构仍在不断发展，其与上市公司合谋做假账、披露虚假信息的行为偶有发生，部分中介机构尚未充分发挥外部监督作用，甚至成为上市公司违规的帮凶。随着信用市场蓬勃发展，中国特色的信用体系逐步形成，但随着公司决策活动的复杂性、风险性和不确定性的提升，评价经营者业绩、监督其行为变得更为困难，外部监督效果仍有提升空间。我国市场经济的历史较短，尚未形成相对成熟的股东文化和公司治理文化，缺乏对受托责任和诚信的高度重视，且由于新闻舆论和社会公众的监督作用尚未充分发挥，导致公开性不够等。

二、完善我国公司治理的途径

我国上市公司的造假和恶意侵害中小股东的利益等行为，不仅引发了社会的诚信危机，而且破坏了整个社会的经济秩序。完善上市公司治理制度，强化上市公司治理，成为当前迫切需要解决的问题。党的二十大报告提出："推进国有企业、金融企业在完善公司治理中加强党的领导，加强混合所有制企业、非公有制企业党建工作，理顺行业协会、学会、商会党建工作管理体制。"加强党的领导是推进公司治理体系、治理能力现代化的根本保证。

（一）优化公司股权结构

完善上市公司股权结构，形成相对分散的股权结构，可以避免"一股独大"，使大股东和小股东都有机会直接或者间接参与公司治理，实现各种股权之间的相互制约和相互平衡。要逐步减少国有股权所占比例，对于不需要或者不适合国家控股的行业和企业，国有股应当逐步退出，通过国有股的回购、转让和减持等方式，优化公司的股权结构。通过出售部分股权、法人之间换股、债权转股权和员工持股等方式，调整和转变公司单一股权结构的现状，实现公司股权的多元化。允许银行对上市公司适量股权投资，特别是针对债务较多的上市公司，银行可以直接进入董事会参与公司治理，或者通过检查公司的资金账户监督公司的运作。公司治理模式的趋同化表明，机构投资者参与公司治理是未来的发展趋势，因此，优化公司股权结构要大力培育和发展机构投资者，吸引包括投资基金、保险基金、银行性金融机构以及非银行性金融机构等形式的投资者参与进来。理性的机构投资者持股时间较长，入市资金数量大，拥有足够的能力和信息，且注重投资的安全性和长期效益。要充分利用机构投资者拥有专业化的人才、掌握充分的信息等条件，对经理人实行有效的监督，从而完善公司治理结构。

（二）确保董事会的独立性

公司治理结构的核心是董事会，只有保证董事会的独立性，才能使公司高效、有序地运行。首先，改善董事会的结构。适当减少内部董事，相应地增加外部董事，特别是一定数量的专业知识扎实、工作经验丰富且具有独立判断力的独立董事，采用累积投票制选举产生董事，完善董事提名和任免机制。其次，强化董事会的职能。内部董事主要致力于通过经理层搞好公司的经营管理，而外部董事主要是做好监督，通过构建董事会制衡格局，使董事会和董事在法律与公司章程的规定内合法合理地行使权力，保证董事会独立做出重大决策。同时，董事长和总经理不能由一人兼任，分开设置可以避免董事长和总经理的权力过于重合，防止董事会对总经理的监督变成自我监督。再次，建立和健全独立董事制度。借鉴英美国家独立董事主要来自其他企业高管的做法，改变我国的独立董事多是高校教师或者科研机构学者的情况，充分发挥独立董事的专业知识和工作经验，为公司的经营决策提出建设性的意见和建议，并通过独立董事的力量制衡和监督董事会，以保证董事会健康运行。最后，规范董事会的良性运作，加快董事会各专业委员会的建设。上市公司应设立提名委员会、薪酬委员会、审计委员会等专业委员会，完善公司的董事会制度。

（三）强化监事会的监督职能

在我国公司治理结构中，董事和监事都由股东大会选举产生，董事会与监事会处于平等的地位，二者相互独立、互不隶属，都对股东大会负责和报告工作。建立高效的公司治理结构，必须强化监事会的监督职能，使董事会和经理层的违规行为能够得到有效遏制。首先，从立法入手完善公司的监事会制度。明确的法律保障是提高监事会地位、加强监事会权威的先决条件，在组织架构上让监事会直接向股东大会负责，使其不受董事会和经理层的制约。其次，适当扩大监事会规模，改善监事会成员的构成。监事会成员除股东监事之外，还应有其他的利益相关者，包括机构投资者、员工甚至债权人监事，同时可以引进日本的外部监察人制度，形成多元主体的共同监督。多元主体的共同监督能够增强监事会的独立性，提高监事会监督的有效性。再次，提高监事的层次和专业素质。监事应当由具有法律、会计等方面专业知识或工作经验丰富的人担任。优化监事的专业知识结构，保证监事具有一定的专业素质，有利于监事会及时发现和纠正公司不正当的行为，更好地监督董事和经理层。最后，赋予监事会相对独立的权力。监事会对公司决议有提出质疑的权力，对公司经营中出现的问题有调查的权力，对董事和经理层的不正当行为有及时向董事会、股东大会或其他监督机构反映的权力。要确保监事对重大决策的否决权、对董事和经理层的监督权、对公司财务的监督检查权、对利益相关者的保护权等。

（四）构建和完善竞争有序的市场体系

完善外部治理机制，需要资本市场、产品市场和经理人市场相对发达，所以，必须构建和完善竞争有序的市场体系。首先，加大力度完善产品市场和要素市场，加强产品市场和要素市场的竞争，减少产品流通过程中的壁垒，使产品能够跨地区、跨行业自由流通。其次，加快资本市场的发展，为企业发展拓宽融资渠道，引导中小投资者理性投资，使投资者通过股价及其他市场信息，有效判断公司的竞争能力和经理人的履职行为，促进资本市场制度创新，不断规范股票市场，大力发展控制权市场，通过政府引导和创造条件，实现与资本市场、产品市场和要素市场的互动。最后，积极培育和发展经理人市场。经理人市场不仅可以为上市公司提供经理人才和人才能力信号，而且可以协同公司建立一套能科学选择和评价经理人的体系，形成高效的经理人市场竞争机制。要尽快培育和完善经理人市场，建立市场化的、动态的、长期的激励机制，加强职业经理人的培养，提高职业经理人的专业素质，培育成熟的职业经理人队伍，加大对职业经理人的激励与约束。

（五）实现利益相关者共同治理

为保护公司利益相关者的利益，除了推进相关制度的建设外，还要培育公司共同治理文化，实行利益相关者共同治理。要充分利用银行在监督方面的信息优势和技术优势，发挥银行事前、事中和事后的监督作用，尤其是负债率较高的企业，可以单独设立银行监事制度。明确职工参与在公司治理中的地位，让职工进入董事会和监事会参与决策、监督。增加基层职工董事数量，确保职工董事能够代表大多数人的利益。完善由股东、债权人（如银行）以及职工三方组成的监事制度，实行三方监事所占比例各为1/3。协调公司"新三会"（董事会、股东大会、党委会）和"老三会"（党委会、职工代表大会和工会）的关系，在大型国有企业，可采取双向进入、交叉任职的办法，党委书记和职工代表按照法定程序进入董事会，形成对公司重大问题的统一决策，党委成员和职工代表可以按法定程序进入监事会，董事长、监事会负责人和总经理也可按照有关程序进入党委会。同时，充分发挥中介机构、媒体等的监督作用，避免股东至上的单边治理损害中小投资者的利益，保护公司利益相关者的利益。

本章小结

  世界上典型的公司治理模式主要有英美治理模式、德日治理模式和家族治理模式三种。英美治理模式具有股权高度分散、单层董事会制度、以股票期权为主的长期激励、发达的外部市场治理和股东至上的单边治理等特点。这种治理模式有利于分散投资风险、优化资本配置、提高创新能力，但也存在股东"搭便车"现象严重、内部治理机制不力和投资行为短期化等问题。德日治理模式具有法人交叉持股、银行是公司的主要股东、双层董事会制度、外部市场治理不发达和利益相关者共同治理等特点。这种治理模式具有充分发挥银行的监控作用、较好地保证公司的长远稳定发展和提高了交易效率等优点，但同时存在中小股东利益得不到有效保障、外部监督力量较弱和创新能力不足等缺点。家族治理模式具有所有权主要由家族成员控制、企业决策家长化、经营者激励约束双重化、员工管理家庭化和来自银行的外部监督较弱等特点。这种治理模式具有降低委托代理成本、有利于整合资源、决策与执行效率高以及提高企业的凝聚力等优点，但权力过于集中、家族继承的风险大、外部监督作用有限是这种治理模式存在的主要问题。在过去几十年里，各种公司治理模式都得到了长足发展，同时也面临挑战。种种迹象表明，各种公司治理模式正在相互渗透、相互交融，呈现出趋同的趋势。我国上市公司无论是内部治理还是外部治理都存在突出的问题，主要体现为股权结构不合理、董事会的独立性不强、监事会的监督作用有限、市场体系有待完善、忽视对利益相关者的保护，以及法律法规的执行和文化体制建设有待完善。为此，完善我国公司治理要优化公司股权结构、确保董事会的独立性、强化监事会的监督职能、构建和完善竞争有序的市场体系、实行利益相关者共同治理。

案例分析 著名公司的董事会治理模式[①]

  全美董事联合会咨询委员会将公司治理的目标确定为：公司治理要确保公司的长期战略目标和计划确立，以及为实现这些目标而建立适当的管理结构（组织、系统、人员），同时要确保这些管理结构有效运作，以保持公司的完整、声誉，并对它的各个组成部分负责。

  下面首先介绍通用汽车公司董事会公司治理准则。

---

① 案例来源：王中杰.董事会治理.北京：中国发展出版社，2011.引用时有修改。

1994年通用汽车公司董事会发表《通用汽车董事会指引》，对公司董事会模式和运作做出了基本的规定，其做法引领了美国公司董事会潮流，世界范围内的公司纷纷效仿。这一基本模式在明确董事会长期保持公司业务成功和最优化的财务报酬、增加股东价值责任，以及战略决策和监督、管制利益相关者义务的基础上，对董事会各事项运作提出了准则，包括董事会的组成和董事的选拔，董事会领导权限，董事会结构，内外部董事，董事的任期、离职、退休年龄、薪酬，董事会会议及议程，董事会评价，董事社会关系，董事会与高级管理人员的关系，专业委员会事务，CEO（首席执行官）评估与发展计划等方面的规定。

通用汽车公司董事会的基本结构为董事13人，其中独立董事占多数，下设6个专业委员会，包括计划委员会、资本股委员会、董事事务委员会、财务委员会、薪酬委员会和公共政策委员会。

关于董事长和首席执行官的相互独立性的职能划分，《通用汽车董事会指引》规定，如果董事长兼任首席执行官，则由外部董事选出一名董事，负责主持外部董事例会，承担由外部董事作为一个整体而担负的责任。美国几乎所有的机构投资者都把这一做法纳入对公司治理结构的指导原则中。美国加州退休人员基金的方式是在董事长兼任首席执行官时，董事会正式或非正式赋予一位独立董事领导权力，协调其他独立董事工作。美国机构投资者协会的做法是：如果首席执行官是董事长，需要指定一位联席董事，以便董事们可以与其讨论一些问题或增加一些议程项目（那些不适于直接向首席执行官提出的议题）。由卡内基基金会创建、拥有90年历史的美国教师保险和年金协会建立的基金组织——大学退休股权基金也认为：在那些董事长和首席执行官没有分设的公司，董事会应该考虑选择一位或多位独立董事作为领导董事。

接下来，我们来看看淡马锡公司的董事会制度。

淡马锡公司的董事会制度，包括董事会的职权和构成及其对下属公司的管控。

新加坡政府通过董事会制度对淡马锡公司进行监控。财政部任命淡马锡董事会的主席和董事，同时，根据新加坡宪法第五号规章的规定，淡马锡董事会成员及总裁的任免还必须由民选总统批准。淡马锡公司每年定期报送经审计的财务报表供财政部审阅，以便财政部能随时了解淡马锡公司的经营情况，财政部只在影响淡马锡某个关联企业股份的并购和出售的问题时才会参与进来。

董事会保持独立性，保证不受干涉地对管理层进行监管，确保管理层高效运作。董事会必须保证公司有一个团结有力、专业干练的管理层。董事会有责任和权力聘请或解雇总裁，以及制定总裁的奖励方案。淡马锡公司董事会每年向财政部交业绩单，如果业绩不好，就会被换届。

董事会目前有9名成员，除1～2名执行董事外，其余都是独立董事、外部董事。

近年来，董事会增加了独立董事的比重，调整为以独立董事为主、股东董事为辅的架构。来自政府部门的董事代表政府出资人的利益，为了保证公正性和中立性，他们不在淡马锡公司领取薪酬，其薪酬由政府支付。其他董事则一般按照市场原则进行物质激励。确定董事薪酬时一般坚持三项原则：能反映董事所做的贡献；符合市场和行业的惯例；独立董事薪酬不能太高，以避免其对该职务产生依赖。淡马锡公司非执行董事的薪酬由董事会专属薪酬与在专业委员会任职薪酬两部分组成。前一部分由年度固定薪酬和董事会会议津贴（单次金额×出席次数）组成，后一部分包括专业委员会主席薪酬和专业委员会成员薪酬（按职务获取其中一种）。

淡马锡公司通过影响下属公司的战略方向来行使股东权利，但不插手其具体商业运作。淡马锡公司和其他投资者行使权利的方式主要是通过及时、完整的财务报告，将下属公司的工作重点放在建立企业的价值观、企业的重点业务、培养人才、制定战略发展目标，并争取持久盈利增长等宏观工作上。

下属公司董事会的构成情况如下：基本上是政府公务员与民间企业家各一半或者4：6的比例，即10位董事会成员中，4～5位为政府公务员，代表政府出资人的利益，而另外5～6位的独立董事大部分为商业经验丰富的民营企业或跨国企业优秀的企业家，从而保证了企业在市场竞争中的运营效率；执行董事来自公司管理层。淡马锡公司及其关联企业对董事兼职的数量没有限制，一个人在淡马锡公司及其关联企业最多可兼任6家公司董事职务，但要保证出席董事会会议并付出必需的时间和精力。

淡马锡公司的所属企业董事长几乎都是非执行董事（外部董事），这使董事会决策更独立于管理层。董事会下设7个专业委员会，专业委员会的召集人或主任及其组成人员大部分都是独立董事，以保证决策的民主和专业。总经理的决策首先由专业委员会论证，最后交由董事会把关，而更重大的决策交给股东大会。下属公司总经理离任后，三年内不得担任本公司董事长。

阅读以上材料，结合课本知识深入思考，并回答以下问题：

1. 通用汽车公司的董事会和淡马锡公司的董事会分别具有哪些特点？
2. 比较通用汽车公司和淡马锡公司治理模式的不同之处。
3. 分析通用汽车公司和淡马锡公司董事会治理模式的不同之处，以及对完善我国公司董事会治理的启示。

第七章 经理人的激励与约束

学习目标

通过本章的学习，应了解经理人激励与约束问题的产生及根源，熟悉经理人激励与约束的相关理论，掌握经理人的激励机制与约束机制的主要内容，明确股权激励的产生和发展，掌握股权激励的方式。

本章导论

在现代公司，所有权与经营权的分离导致经理人取代所有者掌握了公司的控制权，委托人和代理人之间产生了委托代理问题。因此，建立科学、有效的经理人激励与约束机制，关乎股东利益和公司的生存与发展。经理人的激励机制是公司治理机制的重要环节，指通过为经理人设计周详的激励报酬合同，解决所有权与经营权分离情况下委托人与代理人目标函数的背离，使经理人有积极性为公司利益勤勉尽职。同样，经理人的约束机制是为了解决委托人与经理人之间的委托代理问题，避免经理人损害股东和公司利益而建立的内部和外部约束机制。随着现代金融和财务手段不断完善，经理人的激励机制也在不断发展和丰富，越来越多的企业认识到经理人激励的重要性，并采取不同的方式对经理人进行有效的激励。股票期权作为一种重要的股权激励方式，在英、美等国家非常盛行。股权激励是一个严密而庞大的系统项目，上市公司要围绕一些基础要素，设计出合理、合法且容易操作的股权激励计划，以降低经理人的代理成本。

第一节　经理人激励与约束概述

一、经理人激励与约束问题的产生及根源

（一）经理人激励与约束问题的产生

在现代公司，企业财产的存在形式在价值形态上表现为股东所持有的股票，在使用价值形态上表现为企业可独立支配的资产。这一分离的结果，一方面使财产的价值形态不依附于使用价值而独立运动，从而使股份的自由转让和大规模地筹集社会资本成为可能；另一方面，随着企业规模不断扩大、股权日益分散以及经营管理趋于复杂化和专门化，企业经营管理权不可避免地从资产所有者的手中转移到拥有专门管理技能的经营者手中，产生了"经理革命"。"经理革命"的实质是经理人取代所有者掌握企业控制权，使企业的财产关系由"两权合一"转变为"两权分离"，股东与经理人的关系转变为委托代理关系。资产所有者把企业财产的实际占有权、使用权和处置权委托给代理人，其本意是促成拥有专门管理技能的经营者的人力资本和所有者的实物资本的最佳结合，以求企业在市场竞争中得以生存与发展以及实现利润最大化。但是，这也为委托代理问题埋下了隐患。

（二）经理人激励与约束问题的根源

1. 委托人与代理人之间的利益目标不一致

作为委托人的股东，追求企业利益最大化，表现为对企业利益最大化目标的追求；作为代理人的经理人，其目标是自身效用最大化。经理人的自身效用包括货币收入和非货币收入。货币收入主要指工资、奖金、股票或股票期权等可以转化为货币的金融资产，经理人的货币收入由公司董事会根据其经营业绩决定，这就限制了经理人利用其控制企业资源的优势谋取货币收入的可能性。这样，经理人谋取自身效用最大化的目标便转向非货币收入。所有这些使经理人自身效用最大化的非货币收入通常都必须以牺牲股东利益为代价。

2. 委托人与代理人之间的信息不对称

经理人直接经营企业，具备管理技巧和经营上的优势，其掌握的信息和个人经营

行为是大量的、每日每时发生的，能形成很多的"私人信息"和"私人行为"；委托人由于已经授权，不便也不可能进行过细的干预，因而对经理人努力程度的了解往往是表面的和"账面"的，很难判断经理人是否为追求股东利益最大化做了最大努力。

3. 委托人与代理人之间的责任和风险不对等

作为委托人的资产所有者把经营权委托给经理人后，表面上似乎"轻松"了，实则不然，一旦企业发生意外，责任和风险还得由资产所有者承担；经理人获得企业控制权后，其权利和义务看似对等，但当企业真的出现问题时，经理人的损失最多是自身的名声和职位，这与所有者可能要承担血本无归的实际责任和风险是无法相比的。

二、经理人激励与约束的相关理论

（一）人力资本理论

人力资本理论是 20 世纪 60 年代由舒尔茨和贝克尔创立的。该理论认为，物质资本是指物质产品上的资本，包括机器、设备、原材料以及土地、货币等；人力资本则是体现在人身上的资本，表现为蕴含在人身上的各种生产知识、劳动与管理技能以及健康素质的存量总和。掌握了知识和技能的人力资本是一切生产资源中最重要的资源。人力资本管理建立在人力资源管理基础之上，其综合了"人的管理"与"资本投资回报"两个方面，将企业中的人作为资本进行管理，并根据不断变化的人力资本市场情况和投资收益率等信息及时调整管理措施，从而获得长期的价值回报。企业可以被看成人力资本与非人力资本的特别契约，人力资本是财产的一种特殊形式，人力资本的所有权属于个人，非激励难以调动，人力资本所有者既可能勤勉工作，使企业价值剧增，也可能"偷懒"。所以，所有者既需要建立有效的激励机制来提高经理人的工作积极性，也要对经理人进行监督和约束。

人力资本理论不仅从理论上提供了经理人凭借其人力资本的所有权取得剩余索取权、参与企业利润分配的依据，同时还提示我们，报酬是调动经理人积极性、激励并约束其行为的一个重要因素。人力资本的产权特点决定了企业必须依赖激励与约束机制调节所有者与经营者的关系。

（二）委托代理理论

委托代理理论认为，在现代公司两权分离的情况下，所有者委托经营者运作企业形成委托代理关系。由于委托人和代理人之间的信息不对称及企业经营的不确定性，代理人可能在经营过程中不顾委托人的利益追求自身的利益，即存在道德风险和败德行为，这就需要企业建立完善的约束机制对代理人进行监督。代理人可能消极怠工，不会全身心地投入工作中，存在偷懒行为，这就需要企业建立完善的激励机制，激发代理人的工作积极性，使代理人和委托人的利益趋于一致。在完全信息和企业经营不确定性的条件下，委托代理双方可以签订完全合约，对经营环境的变化和代理人的行为一一做出规定，从而避免代理人的道德风险、败德行为和偷懒行为。但是，现实中完全信息和企业经营确定性的条件并不存在，双方只能签订不完全合约，由此产生的委托代理问题使得对代理人的激励与约束成为必要。

因此，委托代理理论要解决的关键问题实际上就是对代理人即经理人的激励与约束问题。在加强对经理人约束的同时，还必须对经理人进行激励。只有激励与约束并施，才能充分发挥经理人的工作积极性，使经理人的行为按照委托人所设计的合约进行。

（三）企业家理论

马歇尔在新古典经济学中，从组织的角度分析了企业家能力，认为企业家能力应该是利用资本的经营能力，具体包括预测能力、领导才能和统筹能力等。企业家通过自己的特殊才能实现金融工具、技术组织、企业制度、人力资源和企业思想等方面的创新，从而使企业快速发展。企业家的作用概括来讲有以下几个方面：

（1）企业家以自己独有的人力资本对物质资本、劳动力、土地等生产要素起乘数作用，使企业获得突破性发展。

（2）企业家通过管理组织的创新，在不增加投入的情况下重新使企业资源获得更高效的配置，使企业获得更大的效益。

（3）企业家作为职业经理人，对市场有职业化的判断，能使企业更好地适应市场，更快地发展。

正是由于企业家这种独有的人力资本特征和对企业的重大作用，企业才需要建立相关的激励机制来发挥企业家的能力，激发企业家的积极性和创造性，促进企业发展。

（四）管理激励理论

从20世纪初泰勒开创管理理论开始，激励问题就一直是管理学的研究主题。激励理论以人的需要为基础，对激励的过程进行深入细致的研究，确定影响激励的各种因素，寻找科学的激励方法，旨在提高激励结果的有效性，充分调动经理人的积极性，这为建立有效的激励机制奠定了理论基础。马斯洛的需要层次理论告诉我们，企业在对经理人进行激励时，首先要了解经理人目前所处的需要层次，找出相应的激励因素，采取措施满足这一层次或这一层次之上的需要，从而激励经理人实现企业目标。根据赫茨伯格的双因素理论，企业对经理人的激励要准确把握激励因素和保健因素，并采取措施满足或改善激励因素，调动经理人的积极性。麦克利兰的成就需要激励理论认为，企业在选聘、激励经理人时，必须分清其主导需求并有针对性地加以满足，最大限度地调动其积极性。亚当斯的公平理论指出，企业在设计经理人报酬时，不仅要考虑报酬的绝对值，而且要注重报酬的相对值，即在一定程度上考虑经理人付出与收入的关系，并将二者的比例关系与同行业相比，以使经理人的报酬激励达到满意状态。

三、我国国有企业经理人的激励与约束

近年来，我国一些国有企业积极借鉴国外的先进经验，探索建立年薪制、股票期权等激励方式，取得了一些效果。总的来讲，我国国有企业经理人的激励与约束机制仍然有待进一步改善。

（一）国有企业对经理人的激励不足

1. 物质激励双向极端化

一方面，有的国有企业过度强调经理人的个人贡献，经理人年薪动辄几百万元甚至上千万元，实行所谓的股权激励，为经理人制定过高的薪酬标准，当企业亏损时，经理人的薪酬不降反涨；另一方面，有些国有企业的物质激励严重不足，按劳分配和按生产要素分配的有效制度还没有形成。为了解决经理人过度消费问题，国家出台了相关的限薪令，将经理人基本年薪、绩效年薪与任期激励分别限制为在岗职工平均工资的若干倍，以期完善薪酬形成机制，调节内部薪酬差距，但因此也导致经理人激励不足问题长期存在。

2. 收入结构不合理

国有企业经理人的收入主要是短期的、固定的收入，大部分企业采取月薪加年终奖的方式，而采取长期的、与企业经营绩效挂钩的浮动收入的比例相对较低。即便在那些试行年薪制和股权激励的企业，激励方式也还处在探索阶段，并不规范，没有起到应有的激励作用。

3. 职位消费过度

职位消费是指除货币收入之外，国有企业经理人按其职位享有的企业给予的待遇。我国国有企业经理人的职位消费问题尤为突出，经理人的职位消费远大于货币收入。职位消费约束不力，虽然国家不断出台政策，如八项规定等，加大对国有企业经理人职位消费的监管力度，但是由于薪酬激励不足和内部人控制等因素，仍然会存在经理人道德风险问题，使得国有企业经理人职位消费问题仍然严重。

4. 忽视精神激励

我国在经济体制和国有企业改革以前，更多地提倡不计报酬的奉献精神，忽视对经理人的物质激励。然而，改革开放后，人们对物质利益的追求充分显现出来，经理人的物质利益受到重视。在经理人激励机制的设计中，物质激励层出不穷，但精神激励没有得到足够的重视。即便实行精神激励，也是以开会表彰、颁发荣誉证书、检查评比为主要手段，方法略显陈旧。为了适应新形势的发展，在精神激励层面，可以采用网络榜样激励（通过网络评比优秀经理人作为榜样）、授权激励（对优秀经理人给予更多的管理权限）、地位激励（让优秀经理人参与更多公共决策事项）等方式。

（二）国有企业对经理人的约束不够

1. 内部约束不健全

有效的约束机制应该是既能充分调动经理人的积极性，又能防止经理人不顾风险盲目追求自身利益的不负责任的行为。由于国有企业所有者缺位，国有企业内部约束最突出的问题是内部人控制。表面上，政府作为所有者通过掌握人事任免权、进行全面审计、外派监事会、委派财务总监等方式对企业及经理人进行监督和约束，但实际上，内部人控制使得各种内部约束机制难以有效地发挥作用，经理人事实上或依法掌握了控制权，其行为目标偏离委托人效用最大化，追求自身效用最大化、经理人职位消费和国有资产流失等问题仍然十分严重。

2. 外部约束不完善

由于国有企业经理人多由组织和企业主管部门委派产生，而不是通过市场竞争选聘，因而经理人市场的约束机制无从谈起；我国产品市场竞争较为充分，但就国有企业尤其垄断企业而言，还存在不公平现象，这使国有企业经理人的行为难以量化考核；经过20多年的发展，我国资本市场逐渐规范，但总体而言发育不健全，资本市场的兼并、收购和破产等机制难以有效地发挥作用。现有法律虽然规定了职业经理人的责任和义务，也规定了相应的违法后果，但是在实际操作中仍存在诸多问题。

第二节　经理人的激励机制

随着现代金融和财务手段的不断完善，经理人的激励机制也在不断发展和丰富，越来越多的企业认识到经理人激励的重要性，并采取不同的方式对经理人进行有效的激励。经理人的激励机制是指为经理人设计周详的激励报酬合同，促使经理人将个人利益最大化目标与企业价值最大化目标相结合，尽可能地消除在所有权与经营权分离情况下委托人与代理人目标函数的背离，使经理人有积极性为公司利益勤勉尽职。通常情况下，对经理人的激励可分为薪酬激励和非薪酬激励，而前者又最常见。

一、薪酬激励

经理人的薪酬激励由以下部分组成：基本工资、短期激励、长期激励和附加福利及津贴。基本工资是固定薪酬，与经理人的业绩无关；短期激励和长期激励都是变化的薪金，其变量是一段时间内公司的绩效，其中，短期激励是由公司年度绩效决定的年度奖金计划，长期激励则是在一个更长的时期内给予的奖励。

（一）基本工资

基本工资是一个事先约定好并在一年中完成支付的部分，通常根据在职时间、消费水平、行业工资水平和竞争条件等因素定期调整。在许多国家，经理人的基本工资每年以相对固定的比例上涨，根据行业的差别而有所不同。所以，基本工资的标准制定几乎完全依据行业工资水平调查报告，采用"竞争性类比"的原则。工资形式既可以是月薪制，也可以是年薪制。作为基本保障，基本工资的特点是稳定、可靠、无风险，基本工资是最具保险性的收入方式。

（二）短期激励

短期激励一般是指与公司绩效挂钩的年度奖金计划，经理人必须达到一定的业绩才能获得。通常公司会确定一个绩效的最低标准，当实际业绩低于此标准时，经理人没有奖金；当实际业绩达到此标准时，经理人可以领取奖金。短期激励是公司根据经理人的年度业绩实施的奖励，它有一定的风险，并且是浮动的。

（三）长期激励

长期激励一般要在若干年之后才能兑现，其主要作用是解决所有者与经理人利益不一致的问题，鼓励经理人在职期间努力工作。长期激励的本质是它的递延性。它可以达到锁定经理人为公司的长期利益而努力的目的，克服短期激励可能造成的短期行为，使经理人着眼于公司的长远发展和持续生存。在美国，大型公司高管薪酬中占比最大的是长期激励。

（四）附加福利及津贴

公司给予经理人的附加福利包括带薪休假、一般休假、各类保险等。此外，公司还提供一整套福利和额外奖励措施，包括补充高管退休计划、递延薪酬计划、用车津贴等。给予经理人附加福利及津贴的目的是激励经理人，使他们有更高的积极性，提高工作效率。

二、控制权激励

控制权是从股东所有权中派生出来的经济性权利，可以分为经营控制权和剩余控制权。经营控制权是指那种能在事前通过契约加以明确规定的控制权，即契约中明确规定的契约方在什么情况下如何使用的权利。经理人的经营控制权包括日常的生产、销售、雇用等管理权利。剩余控制权是指那种事前不在契约中明确规定如何使用的权利，是决定在最终契约限定的特殊用途以外如何使用的权利。剩余控制权一般由所有者的代表——董事会拥有，如关于任命或解雇总经理、重大投资、并购等战略性问题的决策权。控制权激励把控制权作为一种能够引导经理人行为的激励因素，既可以在一定程度上满足经理人施展才能、体现"企业家精神"的自我实现需要，也能够满足经理人控制他人、拥有职位特权、享受职位消费的需求，能够给经理人带来正规报酬激励以外的利益满足。但是，控制权激励也容易导致经理人的机会主义行为。当公司的监督约束机制缺失时，经理人会利用手中的控制权追求过度的控制权收益。

三、声誉激励

经理人的声誉是体现经理人创新能力、经营管理能力、领导能力以及努力程度、敬业精神的公共信息。在经理人市场，声誉是经理人长期经营企业的结果，也是经理人创新能力、开拓能力和经营管理能力的重要证明。声誉机制作为经理人市场具有竞争性的信息披露机制，用于解决信息不对称所产生的特别契约问题。如果经理人预期博弈是长期的，且未来长期收益巨大，为了长期保持其职位，获取长期收益，经理人就会重视自己的职业声誉，约束自己的行为，克服机会主义行为；反之，如果经理人预期博弈是一次性的，就有可能重视短期收益，忽视职业声誉，采取机会主义行为。因此，声誉激励对经理人来说是一种重要的激励手段，企业根据准确的声誉信息对经理人进行奖惩，才能体现声誉机制对经理人行为的激励作用。解决这一问题的主要举措是培育充分竞争的经理人市场，充分的市场竞争机制能够保证经理人声誉激励的

"质量"，避免声誉机制扭曲。同时，声誉机制的有效性有赖于社会法律环境、规章制度的完善以及正确的道德伦理、意识形态的形成。

四、知识激励

对经理人的激励，除了物质激励和精神激励，还有知识激励。管理劳动需要大量的投入，而维护这种管理劳动的声誉、提高管理劳动的素质，也需要不断投入。在知识经济时代，不断充电，防止知识老化，对担负创新职能的经理人来说尤其重要。因此，企业必须为经理人提供知识更新和获取新信息的机会，通过培训、进修、深造、考察等方式，增加经理人与各类专家、学者接触的机会，建立高效率的信息情报网络，让经理人到先进的地区和企业参观学习，鼓励经理人阅读相关的资料等，提升经理人的管理能力和业务能力，增强经理人的自信心和开拓创新的勇气。

第三节　经理人的约束机制

一、内部约束机制

（一）股东约束

股东大会是公司的权力机构，拥有公司的最终控制权。股东通过在股东大会的投票和表决，充分行使所有者的权利，从而监督和约束经理人。股东作为公司收益和风险的最终承担者，通过定期召开股东大会，严格遵守公司章程和议事规则，审议各类报告，密切关注与公司有关的内外部情况，了解和评价经理人的表现与业绩，并根据业绩决定对经理人采取的态度和措施。如果股东认为经理人不够称职，就会通过投票的方式行使选举权和表决权向董事会施加压力，直至更换不称职的经理人。

（二）董事会约束

董事会受股东大会的委托，享有公司重大事项的决策权，包括对经理人的选择权和任命权。经理人执行董事会的决议，行使对公司日常事务的管理权。董事会通过对经理人职权范围的限定、业绩的评价、报酬的支付和行为的奖惩监督，促使经理人按照委托代理合约处理各项事务。董事会一般下设审计委员会、薪酬委员会和提名委员会等，对经理人的经营行为进行监督。审计委员会通过定期与内部审计人员、外部审计人员或财务经理协同工作，有效地监督公司的财务报告过程，督察公司的内部审计程序，详细讨论审计业务中的问题，评估公司的内部控制制度，从而保持对经理人的持续监督，促使他们努力实现公司的目标。薪酬委员会负责批准公司所有的薪酬激励制度，特别是负责制定、审批首席执行官及其他高级管理人员的薪酬制度，通过设定激励性的薪酬激励经理人，或者限制经理人的薪酬。提名委员会负责推荐和批准经理人候选人，并提交股东大会选举通过。

（三）监事会约束

监事会依据股东大会的授权对董事会和经理人的行为进行监督，当发现相关人员的某些行为违反法律法规、公司章程时，监事会有权予以纠正，以达到监督和约束的目的。公司监事拥有独立监督权，独立监督权包括业务执行的监督权（随时对公司业务执行情况、文件进行检查的会计核查权），以及对经理人违规行为的制止权等。当经理人有违规行为时，监事有权要求其停止违规行为；对于不称职的经理人，监事有权向有关部门提出弹劾。董事和经理人有义务定期向监事会报告公司的重大经营方针、政策和工作情况，使监事会能够更全面地掌握相关信息，进而对经理人的行为进行监督。

（四）独立董事约束

独立董事独立于公司、股东和经理人，对监督和约束公司经理人、制约大股东的操纵行为、最大限度地保护中小股东乃至整个公司的利益起到关键作用。而且独立董事大都是具有特殊专长的专家，能够独立、公正、客观地对经理人做出评价，对经理人的行为进行监督。独立董事可以组成审计委员会、提名委员会、薪酬委员会等，通过评价董事和经理人的业绩，对公司关联交易发表意见，提出经理人候选人以及董事和经理人的薪酬方案等，实现对经理人的约束。独立董事有权独立聘请外部审计机构或咨询机构，聘请独立财务顾问，向董事会提议聘用或解聘会计师事务所等，以督促经理人恪尽职守。

二、外部约束机制

（一）产品市场约束

竞争性的产品市场能够对企业的产品或服务做出公正的裁决。在产品市场，产品竞争力与经理人的经营管理能力有直接联系，股东可以通过产品的价格、质量、市场占有率和盈利水平等指标判断经理人履行职责的情况，也可以委托社会中介机构获取产品竞争的信息，从而了解经理人的业绩。当然，产品市场发挥作用的前提是必须维持产品市场的竞争性，杜绝不公平的竞争行为。目前，我国为规范市场竞争秩序，禁止企业垄断和限制竞争，出台了一系列防止企业实施不正当行为的法律法规，如《中华人民共和国反不正当竞争法》《中华人民共和国产品质量法》和《中华人民共和国消费者权益保护法》等，它们在维护市场有效竞争、健全企业外部环境方面发挥了重要作用。

（二）资本市场约束

资本市场担负着资金提供者与企业之间的信息沟通以及在企业间配置资金的职能，同时决定着资金提供者对企业进行监督的方式、企业风险和经营成果的分配方式。资本市场约束体现在债券市场和股票市场。通过发行债券，企业可以获得足够的资金扩大生产规模，最大限度地增加利润，但如果资不抵债，企业将面临破产的风险，因此债券市场能够约束企业与经理人的行为。在健全的股票市场，股东通过观察股票价格的变动，判断公司经营的好坏。当公司经营不善、股票价格下跌时，董事会将采取措施更换经理人。此外，股东出售股票会引起股票价格的进一步下跌，从而使公司招致敌意收购。敌意收购的结果是经理人被撤换，这种潜在的威胁促使经理人努力工作。

（三）经理人市场约束

经理人市场的实质是经理人的竞争选聘机制，竞争选聘的目的是将管理企业的重任交给有能力和积极工作的候选人，而候选人能力和努力程度的显示机制是基于其长期工作业绩建立的声誉。经理人市场的选择机制构成了所有者对经营者的无形监督。所有者往往根据自己的偏好选择经理人，当经理人的目标与所有者的目标不一致时，董事会因对经理人的能力和业绩不满而将其辞退。因此，出于对职位安全的考虑，经理人多半会服从所有者或企业的目标。经理人市场合约的长期性能使经理人把长期利益和短期利益结合起来。经理人市场合约不是一次性的，具有长期性和连续性，市场会根据经理人过去的表现计算出其将来的价值，这将使经理人不但注重短期内经营绩效和声誉，而且顾及企业的长期发展。也就是说，经理人在本期对经营绩效和声誉以及各种非货币收入的追求，至少不应损害他下期与所有者的签约，因为任何同行都有可能取代自己。为此，每个在位或候选的经理人，面对市场的选择，必然形成对自身行为的自我约束。这种来自经理人市场的约束，是现代公司制度下对经理人最强的行为约束，是降低代理成本和控制代理风险的主要手段。

(四) 法律法规约束

市场经济是法制经济，市场竞争、市场交易和企业运营都要有完备的法律制度规范，因此，对经理人的约束，不能仅仅着眼于对剩余索取权和剩余控制权的界定，还要着眼于完善的契约关系和法律规范。以《公司法》为核心的经济法规体系体现了对经理人的行为约束。因此，应建立和健全经济法律体系，加大立法、执法的规范性和严密性，实现市场竞争、市场交易的制度化和法制化。

第四节 经理人激励的重要形式——股权激励

一、股权激励的产生和发展

（一）股权激励的产生

股权激励是指经营者和员工通过持有股权的形式分享剩余索取权的一种激励方式。20世纪50年代，美国辉瑞公司最早提出股权激励，当时称之为经理人股权激励计划。公司实施这一计划的目的是躲避高额的个人所得税。随后，这一计划逐渐演变成公司对经理人的一种激励方式。直到20世纪90年代，这种激励方式才逐渐显现出巨大的作用。发达国家资本市场多年的实践证明，股权激励是一种有效的激励方式，具有激励力度大、时效长等特点，有利于理顺委托代理链条中的利益分配关系，避免经营者的短期行为。

（二）股权激励的发展

美国是股权激励机制发展最充分的国家，早在1950年美国国会就对限制性股票期权进行了相关立法；1964年美国取消限制性股票期权，取而代之的是附条件的股票期权；1976年，附条件的股票期权被终止；1981年美国国会引入激励性股票期权，并将激励性股票期权与非法定股票期权严格区分，对二者采取不同的税收待遇，这种股票期权体系一直沿用至今。

股票期权的发展历程受环境影响的特征较为明显，正是外部环境的变化，才导致了股票期权的产生、发展和变化。从美国股票期权的发展历程来看，股票市场、税法和会计准则这三个因素对其影响重大。20世纪70年代，由于美国的股票市场表现平平，许多公司趋向于利用现金薪酬激励经理人，致使股票期权在总薪酬中所占的比例呈下降趋势。20世纪80年代，美国的股票市场逐渐回暖，股票期权再度复兴，实行股权激励的美国公司数量呈稳步增长的趋势。但是，1987年股市的崩溃使股权激励再度降温。1986年美国的"税收改革法案"取消了对股权的优惠税待遇，使股权激励受到一定程度的冲击。但是，这种改革只是让各种激励手段站在了相同的起跑线上，股票期权本身所固有的长期激励功能并没有发生改变，因此其在薪酬结构中的地位不断上升。在行业分布上，无论是传统行业还是高科技行业，都实行股权激励。技术含量较高的行业，如通信、能源、计算机技术、金融等行业实行股权激励的公司比例在80%左右，其他一些技术含量较低的行业，如公用事业、交通运输等行业实行股权激励的公司比例在60%以上。

随着股权激励在美国不断普及和完善，许多其他国家也开始实行和完善股权激励计划。尽管发展层次不同，但总的趋势是各国都在积极改善相关环境，制定优惠政策，推动股权激励计划发展。从1998年开始，我国部分城市开始了经营者持股的探索。我国的股权激励始于20世纪末，曾出现过上海仪电模式、武汉模式和贝岭模式等，但都处于政策不规范前提下的摸索阶段。直到2005年12月31日，中国证监会颁布《上市公司股权激励管理办法（试行）》，我国的股权激励特别是实行股权激励计划的税收制度和会计制度才有章可循，有力地推动了我国股权激励计划发展。

二、股权激励的方式

（一）股票期权

股票期权是上市公司给予经理人在一定期限内以事先约定的价格购买公司普通股的权利。持有这种权利的经理人可以按照该特定价格购买公司股票，这一过程称为行权，该特定价格称为行权价格。如果公司股价高于行权价格，经理人行权，就可以获得市场价格与行权价格之间的差额收益。股票期权是上市公司给予经理人的一种权利，而不是一种义务，经理人可以选择行权，也可以放弃行权，但股票期权本身不可以转让。所以，股票期权实质上是公司给予激励对象的一种激励报酬，该报酬能否获取，完全取决于经理人能否通过努力实现公司发展，提升公司业绩。

实行股权激励需要一些基本条件：首先，法律和制度要允许，股票期权的设计、授予、行权等环节都要有法可依；其次，要有一个有效的资本市场，以使股票的价值能够得到真实反映；最后，公司本身要有较好的成长性，以使股票有较大的增值空间。由于各方面条件的限制，目前股权激励在我国还不够普遍，很多公司由于不是上市公司,不能实行股权激励,而上市公司实施股权激励的还为数不多,且一些公司所谓的股权激励大多名不副实。

(二)虚拟股票

虚拟股票是指公司授予经理人一种"虚拟"的、类似于股票的收益权。经理人在任期内可以依据被授予的虚拟股票的数量参与公司的分红并享有股票升值收益,因此,虚拟股票是一种收益分享和价值分享相结合的激励方式。但是,虚拟股票没有所有权和表决权,不能转让和出售,经理人一旦离开公司,权利就自动失效。实行虚拟股票的好处是其不会影响公司的总资本和所有权结构,缺点是兑现激励时现金支出压力较大,特别是在公司股票升值幅度较大时,公司要支付大量的现金。从本质上看,虚拟股票是一种递延现金支付方式,包括股利收益型和溢价收益型两种形式。前者享有股票分红的收益,后者享有股票升值带来的收益。与股票期权相比,虚拟股票的激励作用受资本市场的有效性影响较小,即使资本市场失效,经理人得不到公司股票升值带来的收益,但只要把公司做好,经理人也可以分享股票分红的收益。

虚拟股票激励的操作过程如下:首先,在虚拟股票计划实行前,董事会与经理人根据公司制定的激励机制签订合约,约定给予经理人虚拟股票的数量、兑现时间和兑现条件等,以明确双方的权利和义务。其次,公司每年聘请相关专家,根据公司经营目标的完成情况,选择一定的标准,对虚拟股票进行定价,从长远的角度模拟市场。最后,当满足约定的兑现时间和兑现条件时,经理人就可以获得现金形式的虚拟股票在账面上的增值部分。对于溢价收益型虚拟股票,经理人的收益取决于虚拟股票的数量;对于股利收益型虚拟股票,经理人的收益为每股股利与虚拟股票数量的乘积。

(三)持股计划

持股计划是指让激励对象持有一定数量本公司股票的有计划的股权安排。经理人得到公司股票的途径可以是公司无偿赠予,也可以是自己出资购买,但公司有条件地提供补贴以及资金支持等。相对而言,持股计划是一种完全意义上的"所有权分享计划",目的是建立公司、所有者与经理人"三位合一"的利益共同体。

(四)限制性股票

限制性股票是指按照预先确定的条件,授予经理人一定数量的公司股票,只有符合规定的条件,经理人才可以出售股票并从中获益。限制性股票实际上是以持股计划为目的而设计的一种特定激励方式,"限制"体现在获得条件和出售条件方面,后者更为重要,即出售限制性股票要具备的条件。公司将一定数量的限制性股票无偿赠予或以较低价格出售给经理人，在规定的服务期限内，经理人一般不能出售其得到的限制性股票，出售时还将受到公司业绩目标的一定限制，在时间安排上通常采取一次授予、分阶段兑现的方式。

（五）业绩股票

业绩股票是持股计划的另一种方式，主要用于激励业绩考核有明确数量指标的经理人。与限制性股票不同，业绩股票的兑现不完全以服务期限为限制条件，而是兑现速度与业绩指标完成情况直接挂钩，只有达到规定的业绩指标，经理人才能得到相应的股票，业绩指标完成情况越好，兑现速度越快。

（六）股票增值权

股票增值权是一种以股票数量来计算收益的权利。与虚拟股票相同的是，如果公司股价上升，经理人可以通过行权获得相应数量的股价升值收益；与虚拟股票不同的是，拥有股票增值权的经理人，不参与公司收益的分配。实行股票增值权的公司，需要为股票增值权计划设立专门的基金，同时股票增值权的激励效果还会受到资本市场有效性的影响。

三、股权激励计划的设计

股权激励是一个严密而庞大的系统项目，股权激励计划主要围绕一些基础要素进行设计。基础要素设计的合理、合法且容易操作是整个股权激励计划成功、有效的前提。这些要素主要包括授予主体、股票来源、授予数量、行权价格、等待期和有效期、行权方式和行权时机等。

（一）授予主体

股东大会是公司的权力机构，所以股票期权的授予主体是股东大会。股票期权的激励对象主要是公司经理人，如总经理、副总经理等高管，一些公司将激励对象扩展到技术骨干和有突出贡献的员工。所以，实行股票期权的上市公司，一般由董事会下设的薪酬委员会提出方案，由股东大会通过方案。

（二）股票来源

随着我国相关法律的健全，股权激励的股票来源也日趋多样化。上市公司在符合相关法规的条件下，可以通过发行股份的方式解决股权激励的股票来源问题，也可以通过回购本公司股份的方式解决股权激励的股票来源问题，还可以在公开发行新股时，通过预留股份解决股权激励的股票来源问题。

（三）授予数量

授予数量涉及公司股权结构的变化和激励的强度。一般而言，授予数量由董事会提出方案、股东大会通过，具体方案由董事会下设的薪酬委员会完成。上市公司用于股权激励所涉及的标的股票，一般不超过公司股本总额的 10%；未经股东大会特别决议批准，任何激励对象获授的公司股票，不得超过公司股本总额的 1%。各公司根据自身情况和员工特点选择合适的方法，计算股票期权的总额和每个受益人具体分配的额度。

（四）行权价格

行权价格是构成股权激励的一个重要条件，一般是根据赠予日或赠予日以前若干天股票的公允市价确定的。由于经理人的股票期权收入来源于股票的市场价格与行权价格的差价，因此行权价格直接影响经理人的利益和股票期权的激励程度。我国的证券市场还不完善，股价波动异常频繁，因此，我国股票期权的行权价格应采取"现值有利法"，即行权价格一般高于市场价格，在此基础上，还要把公司的业绩指标与行权价格联系起来，将行权价格设计为可变的行权价格，该价格能够随着选定的财务指标的变化而相应变化。

（五）等待期和有效期

实行股票期权是为了长期激励，因而经理人股票期权的权利不能立即执行，而要等待一定时期才能一次性全部或者逐步执行。设定多长的等待期，取决于公司认为多久才能让股权激励计划达到最佳的激励效果或者实现其他特定目标。我国规定，股票期权授权日与获授股票期权首次可以行权日之间的间隔不得少于 1 年。另外，公司在授予股票期权时，应说明购买相应期权股票权利的有效期限，股票期权必须在有效期限内执行，一旦股票期权过期，经理人就不能再购买。股票期权的有效期限从授权日计算一般不得超过 10 年。

（六）行权方式和行权时机

股票期权的行权方式通常有现金行权、股票互换行权和经纪人同日销售行权。现金行权是指行权人以现金支付行权费、税金和相关费用，由证券公司以执行价格为行权人购买公司股票。股票互换行权是指行权人使用已有的公司股票支付所购买的期权股票的价格。只有在公司有明确规定的情况下，行权人才能采用此种方式。经纪人同日销售行权是指行权人将部分或全部可行权的股票期权立刻出售，以获取行权价格与市场价格的差价。通过此种方式行权，行权人不需要支出现金且风险小，可即时获取收益，因此大多数行权人愿意接受。股票期权行权与否主要取决于行权价格和市场价格的差价，而何时行权还取决于行权人对公司股价的预期和判断。

本章小结

经理人激励与约束问题是与公司制度同步产生和发展的，我国国有企业对经理人激励不足和约束不够是并行存在的。人力资本理论、委托代理理论、企业家理论和管理激励理论等，为经理人的激励与约束提供了重要的理论支撑。由于委托人与代理人之间的利益目标不一致、信息不对称、责任和风险不对等，必须对经理人进行有效的激励与约束。经理人的激励机制主要包括薪酬激励、控制权激励、声誉激励和知识激励，经理人的约束机制主要包括内部约束机制和外部约束机制。内部约束机制主要包括股东约束、董事会约束、监事会约束和独立董事约束，而外部约束机制主要包括产品市场约束、资本市场约束、经理人市场约束和法律法规约束。股权激励是经理人激励的重要形式，常常被视为解决股东与经理人利益冲突的重要途径之一，股权激励方式主要包括股票期权、虚拟股票、持股计划、限制性股票、业绩股票和股票增值权等。实行股权激励，上市公司应对授予主体、股票来源、授予数量、行权价格、等待期和有效期、行权方式和行权时机等基础要素进行设计。

案例分析　保时捷前首席执行官因涉嫌市场操纵被调查[①]

保时捷前首席执行官文德林·魏德金因为在保时捷收购大众的过程中涉嫌市场操纵，于2009年9月21日被斯特加特当地检察机关调查。

2002年8月28日，当魏德金庆祝50岁生日的时候，现场汽车界大腕云集，当时这位"打工皇帝"谈到自己的职业生涯时表示："自己需要保持顽固的脾气。"事实上，如果不是一直顽固地要让保时捷成为德国第一、世界第一，魏德金也许不会落到现在这步田地，这位聪明绝顶的老先生有点太顽固了。2008年是汽车界落魄的一年，却是魏德金颇为得意的一年。他成为全球工业界收入最高的职业经理人之一，年收入为8 900万～1.03亿美元。这一巨额薪酬的背后，是魏德金给保时捷带来的前所未有的

---

① 案例来源：刘彦文，张晓红.公司治理.2版.北京：清华大学出版社，2014.引用时有修改。

辉煌。

1991年，魏德金正式进入保时捷董事会。彼时的保时捷正处于破产边缘，全年的销量仅为14 362辆，亏损额高达1.33亿美元。当时，这家跑车制造商就像个烫手的山芋，逐渐滑向深渊，关键时刻魏德金接住了它，扭转了它的命运。加入保时捷后，魏德金不断地颠覆人们对保时捷的既定印象。除了对传统911系列进行改进以外，魏德金还组织开发了SUV卡宴（Cayenne）车型。为此，魏德金得罪了众多粉丝。一位拳击手（Boxster）车型的拥有者向记者抱怨："他做的这些新车让保时捷的气质被彻底消灭了。"但他也承认现在的保时捷是一个成功的保时捷。2002年，魏德金突破传统跑车，为保时捷带来了SUV产品。2008年，魏德金带领保时捷走入四门轿车领域，推出了帕拉米拉（Panamera）车型。

时间证明，魏德金是正确的。帕拉米拉带领保时捷进入了其垂涎已久的商务用车领域，而卡宴的销量更是占保时捷总销量的1/3，为保时捷的迅速发展做出了重大贡献。在魏德金加入保时捷的第四个年头，裁掉700多家供应商后，1995年保时捷扭亏为盈，年收入、销量和利润重新回到了盈利的状态。在此后十多年里，保时捷奇迹般地成为利润最高的豪华跑车制造商，魏德金也成为汽车业界薪酬最高的职业经理人。

魏德金明白，光靠产品推陈出新是无法成为汽车"霸主"的，在汽车制造商云集的德国，保时捷无论多"大"，还是排在大众、宝马、奔驰、欧宝之后，屈居第五。于是，魏德金开始酝酿吞并大众的计划，他要吃掉"第一名"。"蛇吞象"并非魏德金一时的冲动之举，经过长达十多年的精心策划和准备，魏德金终于在2005年展开了行动。

事实证明，魏德金的玩法极为高明。他利用家族企业的组织结构优势，集中局部优势财力，冒险大量举债，联合了美林银行、德意志银行等操盘手，通过不同的账户对大众进行收购，以逃避德国证券法中持股超过5%需要公示的规定。2007年3月，保时捷在完成对大众持股31.5%后，突然对外公布了其收购计划。此后，保时捷不断增持大众股权，并将目标锁定为全面控股。2008年10月26日，保时捷公告已持有大众普通股42.6%，并附加31.5%的大众普通股的期权。

当时的公告似乎有点故弄玄虚："鉴于目前市场对大众汽车股票的投机氛围日趋严重，以及做空力量强大，公司只能果断公布目前持有的大众汽车股票和期权最新数量。"保时捷最后一次提醒市场的时候，它已经掌握了75%的大众股权，加上第二大股东下萨克森州政府所持有的20.1%，市场上可供交易的大众普通股只剩下约5%。这让市场更加疯狂，在"无股可买"的传闻下，大众股价从200欧元飙升至1 000欧元，大众市值一度高达3 700亿美元，超过埃克森美孚的3 430亿美元，大众成为全球市值第一的上市公司。而保时捷通过以美林银行为首的银团在市场上买进大众普通股后，又通过加拿大Maple Bank按照约定价格以期权形式交割这些股票的期权。这种有争议的期权策略，使得这家 911 系列跑车制造商看起来就像一家对冲基金。在 2008 财年，保时捷在大众期权交易上获利 68 亿欧元（合 97 亿美元），而汽车销售净利润仅为 10 亿欧元。

若不是突如其来的金融危机，魏德金很可能成功控制大众。但由于全球银行收紧信贷，公司本身盈利能力受到严重影响，原定 2008 年底的控股目标不得不一再推迟，直到 2009 年 7 月，无援的保时捷让大众找到了反向收购的机会。

现在只能说，如果没有金融危机，汽车史上将会诞生一场最成功的并购。但突如其来的金融危机让一位伟大的职业经理人吃掉"第一名"的梦想落了空。2009 年 8 月 2 日魏德金被迫辞职时，保时捷批准了 5 000 万欧元的"遣散费"，以肯定魏德金对保时捷所做的一切。

因为强硬专制的管理风格以及对员工的慷慨大方，魏德金在员工中享有极大的威望，同时也得了一个"双面老板"的称呼。在魏德金的告别会上，很多员工冒雨来为他送行，更有人泪洒现场。受访的员工对着镜头说，保时捷应该继续为自由而斗争，不应该让魏德金离开。但由于魏德金涉嫌操纵股价，对他的调查成为这一连串事件的一个意外结局，保时捷"中兴"大戏落幕。超级跑车制造商，从法拉利到兰博基尼，再到阿斯顿·马丁，在这个时代似乎难以摆脱委身于人的命运。

阅读以上材料，结合课本知识深入思考，并回答以下问题：

1. 如何界定经理人市场？结合委托代理理论，分析经理人市场中的委托代理问题。
2. 股权激励与经理人市场存在怎样的关系？
3. 分析魏德金进行市场操纵的原因，并深刻体会经理人和企业之间复杂的关系。

第八章 公司融资

学习目标

通过本章的学习，应了解公司融资的方式及特点，明确股票与债券的相同点和不同点，掌握股票的概念、特征和种类，熟悉股票的发行目的、发行方式以及上市条件和上市程序，理解债券的概念、特征和种类，了解债券的发行条件、发行程序以及上市条件和上市程序。

本章导论

公司设立时由股东出资形成公司的资本，在公司经营过程中，可能会由于扩大业务规模、筹建新项目和合并收购等原因，原有的资本已经不能满足公司扩张和不断发展的需要，因此公司需要从社会上筹集资金。公司融资的方式多种多样，发行股票和债券是两种重要的融资方式。股票是股份有限公司为筹集资金而发行给股东作为持股凭证，股东据以取得股息和红利的一种有价证券。债券是政府、金融机构、企业等直接从社会上筹措资金时向投资者发行的，且承诺按照规定利率支付利息和到期偿还本金的一种债权债务凭证。股票和债券具有不同的特征，其种类也因分类标准的不同而不同。股票和债券的发行与转让，不仅涉及公司各方当事人的权益，还会影响社会经济秩序的稳定。因此，《中华人民共和国公司法》和《中华人民共和国证券法》对股票和债券的发行条件、发行程序以及上市条件和上市程序都做了严格规定，公司必须依法进行。

第一节　融资概述

融资是指公司在预测资金需要的基础上，通过科学的分析和决策，选择一定的渠道向公司的投资者和债权人筹集资金，以实现经营目标的行为与过程。融资方式是经济主体获取资金的形式和渠道，是融资的核心部分。选择合适的融资方式，对任何企业而言都是非常重要的。通常来说，按资金来源的方向，融资可分为内源融资和外源融资。此外，按资金供给者和资金需求者是否直接发生关系，外源融资可分为直接融资和间接融资；根据资本属性的不同，外源融资可分为负债型融资、权益型融资和混合型融资。下面重点介绍几种常见的融资方式。

一、内源融资和外源融资

（一）内源融资

内源融资是指公司在不断经营过程中通过自身的盈利而积累形成的资金，主要指公司的留存收益，即属于股东但未以股利形式发放，而是作为资本金保留在公司的资金。按照我国法律的规定，留存收益包括盈余公积（分为法定盈余公积、任意盈余公积、法定公益金）和未分配利润。内源融资具有以下特点：

1. 自主性

内源融资获取的资金来源于公司内部，这部分资金归公司所有，由公司支配，因此具有较大的自主权，受外部制约和影响较小。

2. 低成本

内源融资不需要向外支付相关的融资成本和费用，因此其财务成本较低。

3. 低风险

内源融资获取的资金主要来源于公司的留存收益，风险较小，不存在支付危机，也不会出现由支付危机导致的财务风险，是最安全的融资方式。

4. 有限性

内源融资受公司盈利能力及积累的影响，因此其融资的规模有限，无法满足大规模资金的需要。

(二) 外源融资

外源融资是指公司从外部其他经济主体筹集资金的融资方式，如向银行借款、发行股票和债券、融资租赁等。外源融资具有以下特点：

1. 高效性

外源融资不受公司自我盈利能力和积累的影响，资金来源极其广泛，方式多种多样，使用灵活方便，可以最大限度地满足资金短缺者的资金需要，提高资金的使用效率。

2. 限制性

外源融资要受诸多条件的限制，特别是公开融资。比如，公开发行债券和股票的条件比较严格，不符合条件者，很难获得资金供给，这使得公司缺乏相应的自主性。

3. 高成本

发行债券和股票需要支付较高的发行费用，向银行借款和融资租赁也需要支付手续费，因此与内源融资相比，外源融资会产生较高的发行成本。

4. 高风险

相较于内源融资，外源融资的风险较高。例如，发行债券时，公司不仅要归还债权人的本金，而且要支付利息，从而导致外源融资具有较高的财务风险。此外，发行股票，也可能产生公司控制权转移的风险。

二、直接融资和间接融资

(一) 直接融资

直接融资是指资金盈余者（资金供给者，包括企业、机构和个人）与资金短缺者（资金需求者）相互之间直接通过协议，或者在金融市场上前者购买后者发行的有价证券，将货币资金提供给资金短缺者使用，从而实现资金融通的过程。直接融资主要体现为资金盈余者和资金短缺者直接进行资金融通，不经过任何中间环节。公司在金融市场上发行股票、债券等进行融资，均属于直接融资的范畴。在这个过程中，投资银行、证券交易所等金融机构或组织只是充当代理人的角色。直接融资具有以下特点：

1. 直接性

在直接融资中，资金需求者直接从资金供给者手中获得资金，资金供给者和资金需求者之间建立直接的债权债务关系。

2. 分散性

直接融资是在企业之间、政府与企业和个人之间、个人与个人之间，或者企业与个人之间进行的，因此具有一定的分散性。

3. 信誉差异较大

由于直接融资是在企业与企业之间、个人与个人之间，或者企业与个人之间进行的，而不同的企业或者个人的信誉有较大的差异，债权人往往难以全面、深入地了解债务人的信誉状况，从而使得信誉差异较大，带来一定的融资风险。

4. 部分不可逆性

在直接融资中，通过发行股票取得的资金，是不需要返还的。投资者无权要求退回股金，只能在市场上出售股票，股票也只能在不同的投资者之间转让。

5. 较大的自主性

在直接融资中，融资者在法律允许的范围内可以自己决定融资的对象和数量。例如，在商业信用中，赊买者和赊卖者可以在双方自愿的前提下，决定赊买或者赊卖的品种、数量和对象；发行股票时，投资者也可以随时决定买卖股票的品种和数量等。

（二）间接融资

间接融资是指资金盈余者与资金短缺者之间不发生直接关系，资金盈余者通过存款或者购买银行、信托公司、保险公司等金融机构发行的有价证券等，将暂时闲置的资金提供给这些金融机构，再由这些金融机构以贷款、贴现等形式或通过购买资金短缺者发行的有价证券，把资金提供给资金短缺者使用，从而实现资金融通的过程。公司向银行借款就属于间接融资。间接融资主要体现为资金融通是通过金融机构进行的，它由金融机构筹集资金和运用资金两个环节构成。间接融资的特点有：

1. 间接性

资金需求者和资金的初始供给者之间不发生直接借贷关系，二者只与金融机构发生融资关系。

2. 相对集中性

间接融资通过金融机构进行，在多数情况下，金融机构一方面面对资金供给者，另一方面面对资金需求者，其在间接融资中处于融资中心的地位。因此，相较于直接融资，间接融资的集中性相对更高。

3. 信誉差异较小

间接融资相对集中于金融机构，世界各国对金融机构的管理一般都较严格，金融机构自身的经营受到稳健性经营管理原则的约束，加上一些国家还实行了存款保险制度等，因此，相对于直接融资来说，间接融资的信誉差异较小。

4. 可逆性

通过金融机构进行的间接融资均属于借贷性融资，到期均须返还，并支付利息，所以间接融资具有可逆性。

5. 主动权受限

资金的初始供给者虽然有供应资金的主动权，但这种主动权实际上受到一定限制。因此，间接融资的主动权主要掌握在金融机构手中，在很大程度上受金融机构的支配。

三、负债型融资、权益型融资和混合型融资

（一）负债型融资

负债型融资又称债务融资，是指债务人以到期返还本金和支付利息为代价取得资金的融资方式。目前，我国负债型融资的基本方式有：①向银行、信托公司等金融机构贷款；②向非金融机构的企业或者个人借款；③发行公司债券、企业债券、金融债券等。负债型融资会产生债权债务关系，资金供给者为公司的债权人，公司对债权人负有按期偿还约定本息的义务，债权人一般不参与公司的经营决策，对资金的运用也没有决策权。

（二）权益型融资

权益型融资又称股权融资，是指融资者以出让公司的所有者权益为代价取得资金的融资方式。权益型融资的载体主要是公司的股份，即公司出售自己的所有权份额（如合伙份额或公司股份）获得资金，而投资者投入资金，获得公司的所有者权益，成为公司股东，公司不负担还本付息的责任。权益型融资构成企业的自有资金，投资者有权参与公司的经营决策，有权获得公司的红利，但无权要求退回资金。

（三）混合型融资

混合型融资是指既有权益型融资特征又有负债型融资特征的融资方式。例如，可转换债券，从筹资公司的角度看，它在持有人将其转换为发行公司的股份之前，属于负债型融资，但在持有人将其转换为发行公司的股份之后，则属于权益型融资，这样的融资方式就是混合型融资。

四、股票与债券的异同

当前,公司可选择的融资方式越来越多。随着技术进步及生产经营规模的不断扩大,公司仅仅依靠自身资金已不能满足需要,外源融资成为公司获取资金的重要方式。外源融资的基本方式有两种:一种是债权,另一种是股权。换言之,公司通过发行债券或者股票获取所需资金,而优先股、附认股权债、可转换债券等都可以理解为债券和股票这两种基本工具的衍生形态。作为公司融资的重要方式,股票与债券既有相同点又有不同点。

(一)股票与债券的相同点

1. 二者都是有价证券

股票和债券都是虚拟资本,本身没有价值,但又是真实资本的代表。投资者持有股票或债券,都有可能获取一定的收益,都可以行使权利。股票与债券是证券市场上两大主要金融工具。

2. 二者都是筹集资金的手段

股票和债券都是有关经济主体为筹集资金而公开发行的有价证券。

3. 二者的收益相互影响

从动态上看,股票的价格和收益率与债券的价格和利率互相影响,在证券市场上往往呈同向运动,即一个上升另一个也上升,反之亦然,只不过二者的升降幅度可能不一致。

(二)股票与债券的不同点

虽然股票与债券都是有关经济主体筹集资金的重要方式,但二者在某些方面仍存在不同,主要体现在以下几个方面:

1. 二者的权利不同

债券是债权凭证,反映的是债权债务关系,债券持有人按期获取利息及到期收回本金,无权参与公司的经营决策。股票反映的是所有权关系,股票持有人是公司的股东,股东一般拥有表决权,可以通过参加股东大会选举董事、参与公司重大事项的审议和表决,行使公司的经营决策权和监督权。

2. 二者的发行主体不同

债券的发行主体有很多,中央政府、地方政府、金融机构、企业等一般都可以发行债券。股票一般只有股份有限公司才能发行。

3. 二者的期限不同

债券一般有规定的偿还期，期满时债务人必须按时归还本金，即债券是一种有期投资。股票通常是不需要偿还的，一旦投资入股，股东便不能从股份有限公司抽回本金，即股票是一种无期投资，但持有人可以通过市场转让收回投资资金。

4. 二者的收益和风险不同

债券通常有规定的利率，投资者可以获得固定的利息，其风险相对较小。股票的股息、红利是公司利润的一部分，是不固定的，受公司经营情况的影响，其风险要比债券大。

第二节 公司股票

股票是股份有限公司资本的构成部分，每股代表股东对公司拥有一个基本单位的所有权。股票可以转让、买卖或作价抵押，是资本市场的主要长期信用工具。

一、股票的概念和特征

（一）股票的概念

股票是股份有限公司为筹集资金而发行给股东作为持股凭证，股东据以取得股息和红利的一种有价证券。它代表持有人（股东）对股份有限公司的所有权。这种所有权是一项综合权利，股票持有人拥有参加股东大会、投票表决、参与公司重大决策、获取股息或分享红利等权利，但也要承担公司运营失败带来的风险。

（二）股票的特征

股票主要有以下特征：

1. 收益性

收益性是股票最基本的特征，指股票可以为持有人带来收益。收益的获得主要有两个来源：一是来自股份有限公司，股票持有人凭持有的股份，有权领取公司派发的股息和红利;二是来自股票流通,股票持有人可以通过买卖股票获得差价,这种差价称为资本利得。

2. 风险性

股票一经购买,投资者就不能要求退还本金。投资者能否获得预期报酬,完全取决于股份有限公司的经营情况,利大多分,利小少分,无利不分,亏损自负。股票的风险还在于,当公司破产清偿时,公司财产的偿还顺序依次是债权人、债券持有人和股东,所以轮到股东时往往连本金都保不住。股票的风险性是股票的基本特征,股票持有人承担的风险包括系统风险和非系统风险。

3. 流动性

流动性是指股票能够在证券交易市场交易,即投资者可以自由转让股票。股票持有人虽然不能直接要求股份有限公司退股,但可以根据需要和市场情况,在证券交易所卖出股票来变现。股票具有较强的变现能力。

4. 价格波动性

股票在证券交易市场作为交易对象,同其他商品一样,也有自己的市场行情和市场价格。股票价格不仅会随着公司经营情况和盈利水平的变化而波动,而且与市场利率紧密相连。此外,股票价格还会受到宏观经济状况、政治局势等各种因素的影响,价格波动具有很大的不确定性。

5. 决策性

决策性是指股票持有人有权参与公司的重大决策。股东有权出席股东大会,选举董事会,参与公司的经营决策。股东参与公司重大决策的权利,通常取决于其所持有的股份。当股东持有的股份达到参与决策所需要的有效数目时,股东能够实质性地影响公司的经营方针和重大决策。

6. 亏损责任有限性

亏损责任有限性是指股东根据所持股份对公司承担有限责任,即股东的亏损责任以所持股份为限。当公司资不抵债时,股东只以其出资额为限对公司承担有限责任。

二、股票的种类

为了方便地筹集资金,或者为了稳定公司的经营权,公司发行的股票的种类也多种多样。根据不同的标准,股票可划分为不同的种类。

（一）按股东享有的权益分类

按股东享有的权益的不同，股票可分为普通股和优先股。

1. 普通股

普通股是指每一股份对公司财产拥有平等权益，持有这种股份的股东享有同等权利的股票。它是一种无特别权利的股票。普通股是最重要且最常见的一种股票，是构成公司资本的基础，是股票的基本形式。股份有限公司最初发行的大都是普通股。

普通股作为最重要且最常见的一种股票，具有以下特征：

（1）普通股是公司发行的标准股票，其有效性与公司的存续时间一致。所以，普通股持有人是公司的基本股东，他们平等地享有股东权利。普通股股东享有参与公司经营决策的权利，该权利不会被特别限制，同时普通股股东也不会被赋予特别权利。

（2）普通股的风险较高。普通股股东有权获得股息和红利，但股息和红利是不确定的，它们会随着公司经营情况和盈利水平波动。当公司盈利较多时，普通股股东可获得较高的股利收益。此外，普通股股东在公司盈利和剩余财产的分配上，列在债权人和优先股股东之后，故其承担的风险较高。

2. 优先股

优先股是指股份有限公司发行的在分配公司盈利和剩余财产方面比普通股享有优先权的股票。优先股的股息率是固定的，且股东权利受到一定限制。优先股股东一般不享有表决权。

优先股作为一种特殊的股票，具有以下特征：

（1）股息率固定。由于股息率固定，优先股的股利一般不受公司经营情况的影响，优先股股东一般不参与公司的分红。

（2）股东权利受到一定限制。优先股股东一般不享有表决权。

（3）优先分派股息和清偿剩余财产。优先股股东可以先于普通股股东分取股息。当公司因解散、破产等进行清算时，优先股股东先于普通股股东分取公司的剩余财产。

（4）优先股的风险较小。由于优先股的股息收益稳定可靠，财产清偿时优先股股东先于普通股股东，因此优先股的风险较小。

（二）按股东身份分类

按股东身份的不同，股票可以分为国家股、法人股、个人股和外资股。

1. 国家股

国家股是指有权代表国家投资的部门或机构，以国有资产投资于公司所形成的股份或依法定程序取得的股份，包括公司现有国有资产折算成的股份。国家股的股权所有者是国家，由国有资产管理机构或其授权单位、主管部门行使国有资产的所有权职能。应该指出的是，国家股并不等于国有股。国有股包括国家股和国有法人股，而国有法人股是指具有法人资格的国有企业、事业单位等，以其依法占有的法人资产向股份有限公司出资所形成的股份或依法定程序取得的股份。

2. 法人股

法人股是指公司法人或具有法人资格的事业单位和社会团体，以其依法可支配的资产，向股份有限公司投资所形成的股份。法人股是国有法人股和社会法人股的总称，而社会法人股指的是非国有法人资产投资于公司所形成的股份。

3. 个人股

个人股也称社会公众股，是指社会公众依法以其拥有的个人财产投资于公司所形成的可上市流通的股份。一般来说，在社会募集方式下，股份有限公司发行的股票，除了由发起人认购一部分，其余部分向社会公众公开发行。

4. 外资股

外资股是指外国和我国香港、澳门、台湾地区的企业、机构或个人等投资者，依法定程序投资于股份有限公司所形成的股份。这也是我国股份有限公司吸收外资的一种方式。

（三）按流通是否受限分类

按流通是否受限，股票可分为有限售条件股票和无限售条件股票。

由于历史原因，我国证券市场存在股权分置现象。股权分置是指 A 股市场上市公司的股票，按照能否在证券交易所交易分为流通股和非流通股。其中，流通股是指上市公司股票中可以在证券交易所集中交易的股票；非流通股是指公开发行前暂时不能上市流通，但可以通过协议、拍卖等方式转让的股票。这种将同一上市公司股票分为流通股和非流通股的股权分置状况，不能适应资本市场改革开放和稳定发展的要求。为此，2005 年 5 月，我国启动上市公司股权分置改革，将非流通股通过各种方式变成能在市场上交易的流通股。有限售条件股票是指依照法律、法规或者持股人的承诺，有转让限制的股票；无限售条件股票是指流通转让不受限制的股票。

（四）按股东是否享有表决权分类

按股东是否享有表决权，股票可分为表决权股和无表决权股。

1. 表决权股

表决权股是指根据法律或公司章程的规定，持有人对股份有限公司的经营决策享有表决权的股票。一般来说，普通股就是表决权股。

2. 无表决权股

无表决权股是指持有人对股份有限公司的经营决策不享有表决权的股票。无表决权股的持有人虽然无权参与公司的经营管理，但可以参加股东大会。发行无表决权股可以满足那些只为获取投资收益而不愿参与公司经营管理的投资者的需要，以加快资本筹集和公司设立，但同时也有利于少数大股东对公司的控制。

三、股票的发行

股票发行是指符合条件的发行人，以筹资或实施股利分配为目的，按照法定程序，向投资者或原股东发行股票或无偿提供股票的行为。股票的发行主体只能是股份有限公司，有限责任公司不能发行股票。股票发行是多重法律行为的集合，包括发行人创设股票、发行人向发起人或者认股人销售股票等，所以，股票发行应当按照法律规定的原则、条件和程序进行。

（一）发行目的

对于发行人而言，股票发行是公司筹集长期性经营资金的重要手段之一。除了筹集长期性经营资金，股票发行还有改善公司的财务结构、资产重组、保护股东利益等目的。具体来看，股票发行目的可归为以下几种：

1. 新建股份有限公司筹集资金

新建股份有限公司成立时，需要通过发行股票来筹集资金，以达到设立公司所需的预定资本规模，为公司开展经营活动提供资金来源，满足公司经营需要。

2. 已有股份有限公司扩大经营规模

股份有限公司为扩大经营规模，提高公司的竞争力而追加投资新的项目，这时会通过发行股票来筹集资金，即增资发行。

3. 改善公司的财务结构

当公司负债率过高时，股份有限公司会通过发行股票来增加公司的资本，有效地降低负债比例，改善公司的财务结构，进而提高公司的经营安全程度和竞争力。

4. 满足股票上市条件

股份有限公司申请股票上市，需要满足的条件之一是股本总额不得少于人民币5 000万元。因此，有些公司为了实现股票上市，就会通过发行新的股票来增加股本总额。

股票发行目的很多，除了上述几点，公司还会出于其他目的发行股票。例如，公司可以向目标公司发行本公司的股票，目标公司以其资产作为出资并缴纳股款，由此完成对目标公司的并购等。

（二）发行方式

股票发行方式是指发行人采取什么样的方法和渠道使其股票被投资者认购。发行主体选择发行方式时，应充分考虑公司自身情况、市场情况和投资者心态等因素，这样才能保证发行成功，使公司及时募足所需资金，保证经营计划的实现。总的来讲，股票的发行方式可分为以下几类：

1. 公开发行和非公开发行

依据发行是否面向社会以及投资者是否特定，股票发行方式可分为公开发行（公募发行）和非公开发行（私募发行）。

（1）公开发行（公募发行）。公开发行是指股份有限公司面向社会，公开向不特定的任何人发行股票。公开发行股票，必须符合法律、行政法规的条件，并依法报经国务院证券监督管理机构或者国务院授权的部门核准。公开发行的优点：①可以扩大股票的发行量，筹资潜力大；②可以申请在证券交易所上市，增加股票的流动性和公司的知名度；③无须提供优厚的条件，发行人拥有较大的经营管理独立性。公开发行的缺点：发行程序比较复杂，发行费用高，且需要向社会公开大量公司信息。公开发行是股票发行最常见、最基本的方式，适合发行数量多、筹资数额大、准备申请上市的公司。

（2）非公开发行（私募发行）。非公开发行是指向特定的投资者，采用特定的方式发行股票。非公开发行的优点：发行手续简单，可以节省发行费用和发行时间，且无须向社会公开公司信息，有利于投资策略的保密。非公开发行的缺点：①投资者数量有限，股票的流动性较差；②公司必须向投资者提供高于市场平均水平的优厚条件；③公司的经营管理易受到干扰。一般来说，以发起设立方式设立股份有限公司的，其股票发行通常采取非公开发行方式。

2. 直接发行和间接发行

依据有无发行中介，股票发行可分为直接发行和间接发行。

（1）直接发行。直接发行是指股份有限公司发行股票时不通过任何中介机构，由认股人直接认购股票并缴纳股款的发行方式。这种方式可以节省向发行中介支付的手续费，发行成本较低，但在发行数额较大的情况下，由于缺乏专门的业务知识和广泛的发行网点，发行人需要承担较大的发行失败的风险，而且其社会影响较小，不利于提高公司的知名度。一般来说，以发起设立方式设立股份有限公司的，其股票发行可以采取直接发行方式。公司在对老股东派送新股时，也可采取直接发行方式。

（2）间接发行。间接发行也称承销发行，是指公司发行股票须经依法设立的证券公司承销发行。这种方式使发行人能在较短的时间内募足资本，且手续简单，风险较小，还可扩大社会影响，提高公司的知名度。间接发行的不足：发行成本较高，且要向社会公众提供发行股票的有关资料。以募集设立方式设立股份有限公司的，其发行股票时，必须由证券公司承销。公司向社会公众发行新股时，也必须采取间接发行方式。

（三）发行程序

公司发行股票通常不限于一次。根据发行时间，股票发行可分为设立发行与新股发行两种情形。其中，设立发行是指股份有限公司在设立过程中为筹集设立公司所需法定资本数额而进行股票发行；新股发行是指公司成立后，在原有公司股份的基础上为充实和扩大资本而进行股票发行。

1. 设立发行的程序

（1）提出股票发行申请。股份有限公司设立时，若向社会公开发行股票，应当符合《公司法》和证券监督管理机构规定的条件，并向证券监督管理机构递交募股申请。

（2）公告招股说明书并制作认股书。募股申请获得核准后，发起人应在规定期限内向社会公告招股说明书，并制作认股书。

（3）签订承销协议和代收股款协议。发起人向社会公开募集股份，应当与依法设立的证券公司签订承销协议，并与银行签订代收股款协议。

（4）招认股份，缴纳股款。认股人按照所认股数缴纳股款，并由收款银行向认股人出具由发起人签名、盖章的收款单据。

（5）召开公司创立大会，选举董事、监事。股款缴足后，发起人应在规定的期限内召开公司创立大会。创立大会通过公司章程，选举董事和监事，对公司的设立费用以及对发起人用于抵作股款的财产的作价等进行审核。

（6）办理公司设立登记事项。董事会应在规定的期限内办理公司设立登记事项。股份有限公司登记成立后，向股东正式交付股票。

2. 新股发行的程序

新股发行的程序与设立发行的程序有诸多相似之处，具体如下：

（1）股东大会做出决议。公司发行新股时，由董事会提出增资方案，股东大会做出决议。

（2）新股发行核准。股东大会做出决议后，董事会向国务院证券监督管理机构报送相关文件，提出公开发行新股的申请。

（3）公告新股招股说明书和财务会计报告，并制作认股书。

（4）签订承销协议和代收股款协议。公司与证券公司签订承销协议，与银行签订代收股款协议。

（5）变更登记。公司发行新股募足股款后，必须向公司登记机关办理变更登记，并公告。

四、股票的上市

股票发行后，为了促进公司的发展并获得稳定的长期融资渠道，有些公司会选择申请股票上市。股票上市是股票发行和股票交易的"桥梁"，指已发行的股票经证券交易所批准，在证券交易所公开挂牌交易的法律行为。

（一）上市条件

并不是每一个公开发行股票的公司，其股票都能够上市交易。只有当公开发行的股票符合法律规定的上市条件，并经过严格审查，达到上市要求时，股票才能在证券交易所交易。

根据深交所与上交所颁布的《股票上市规则》，股份有限公司申请股票上市，应当符合下列条件：

（1）符合《证券法》、中国证监会规定的发行条件。

（2）公司股本总额不低于人民币5 000万元。

（3）公开发行的股份达到公司股份总数的25%以上；公司股本总额超过人民币4亿元的，公开发行股份的比例在10%以上。

（4）市值及财务指标符合相应标准。

（5）深交所或上交所要求的其他条件。

此外，股票上市除了应符合证券交易所规定的上述条件，还需报国务院证券监督管理机构批准。

（二）上市程序

1. 上市交易申请与审批

发行人在股票发行完毕后，若要申请股票上市，应当向证券交易所提出申请，并报送下列文件：①上市报告书；②申请股票上市的股东大会决议；③公司章程；④公司营业执照；⑤依法经会计师事务所审计的公司最近三年的财务会计报告；⑥法律意见书和上市保荐书；⑦最近一次的招股说明书；⑧证券交易所上市规则规定的其他文件。国务院或国务院授权的证券管理部门对符合法定条件的股票上市申请予以批准；

对不符合法定条件的股票上市申请，不予批准。

2. 签订上市协议

股票上市申请经证券交易所审核同意后，由双方签订上市协议，旨在明确股票发行人和证券交易所双方的权利与义务。

3. 发表上市公告

股票上市申请经批准后，签订上市协议的公司应当在规定期限内公告股票上市的有关文件，并将该文件置备于指定场所供公众查阅。此外，签订上市协议的公司还应当公告下列事项：①股票获准在证券交易所交易的日期；②持有公司股份最多的前十名股东的名单和持股数额；③公司的实际控制人；④董事、监事、高级管理人员的姓名及其持有本公司股票和债券的情况。

4. 股票上市

股份有限公司应当在上市协议规定的时间内，将其股票在证券交易所正式挂牌上市。同时，股份有限公司应履行信息披露与规范公司治理和管理的义务。

(三) 股票转让

流动性是股票的一个重要特征，股票可以在交易市场自由买卖和转让。股票转让是指股票持有人依法自愿将自己所拥有的股票转让给他人，使他人取得股份成为股东或增加股份总数的法律行为。

我国《公司法》明确规定，股东持有的股份可以依法转让。但股份有限公司的股票转让需要注意以下几点：

（1）股票转让以股票发行为前提。股票发行市场属于一级市场，在发行市场投资者可以认购公司发行的股票，而股票转让市场属于二级市场，即发行的股票只有在二级市场才可进行交易，因此没有股票发行，也就不会有股票转让。

（2）股票转让应当在依法设立的证券交易场所进行。股票只有在证券交易场所转让才是合法的，而在证券交易场所以外的转让属于黑市交易，是非法的。

（3）股票转让必须按照法定方式进行。我国《公司法》对记名股票和无记名股票的转让方式做了不同的规定。记名股票，由股东以背书方式或者法律、行政法规规定的其他方式转让，转让后由公司将受让人的姓名或者名称及住所记载于股东名册。无记名股票，由股东将该股票交付给受让人后即发生转让的效力。

（4）股票转让的限制性规定。股票以自由转让为原则，但并非绝对自由。为了维护公司、股东和其他利益相关者的利益，《公司法》对公司的发起人、董事、监事、高级管理人员所持股票的转让做出一些限制：发起人持有的本公司股票，自公司成立之日起一年内不得转让；公司公开发行股票前已发行的股票，自公司股票在证券交易所上市交易之日起一年内不得转让；公司董事、监事、高级管理人员应当向公司申报所持有的本公司的股票及其变动情况，在任职期间每年转让的股票不得超过其所持有的本公司股份总数的25%，所持本公司股票自公司股票上市交易之日起一年内不得转让；上述人员离职后半年内，不得转让其所持有的本公司股票。

第三节　公司债券

一、债券的概念和特征

（一）债券的概念

债券是一种固定收益证券，是政府、金融机构、企业等直接从社会上筹措资金时向投资者发行的，且承诺按照规定利率支付利息和到期偿还本金的一种债权债务凭证。在理解债券这一概念时，要注意以下几点：

（1）债券发行人（政府、金融机构、企业等机构）是资金的借入者，债券投资者是资金的借出者。

（2）债券发行人需要在一定时期内还本付息。

（3）债券的本质是债权的证明书，具有法律效力。债券投资者与发行人之间是债权债务关系，债券发行人是债务人，债券投资者或债券持有人是债权人。

（二）债券的特征

债券是融资者获取资金的重要手段。作为一种重要的融资手段和金融工具，债券具有以下特征：

1. 偿还性

债券一般都规定偿还期限，到期后债务人必须按约定条件向债权人偿还本金并支付利息。

2. 流通性

债券一般都可以在流通市场自由买卖，债券持有人可以根据需要和市场的实际情况，灵活地转让债券，以收回本金和实现投资收益。

3. 安全性

债券通常有固定的利率，与企业绩效没有直接联系，收益比较稳定，风险较小。企业破产时，债券持有人享有优先于股票持有人对企业剩余财产的索取权。

4. 收益性

收益性是指债券能为投资者带来一定的收入，即债券投资的报酬。债券的收益性主要表现在以下两个方面：一是投资债券可以给投资者定期或不定期地带来利息收入；二是投资者可以利用债券价格的变动买卖债券，赚取差价。

二、债券的种类

债券市场历史悠久，在其发展过程中，曾经出现过很多不同品种的债券，各种债券共同构成了一个完整的债券体系。按照不同的标准，债券可以分为不同的种类。可以按发行主体、付息方式、募集方式、是否有担保、是否记名、利率是否固定、能否转换成股票、能否提前赎回、有无选择权等标准对债券进行分类。下面简单介绍几种比较重要的分类。

（一）政府债券、金融债券和企业债券

按发行主体的不同，债券可以分为政府债券、金融债券和企业债券。

1. 政府债券

政府债券又称公债，是指中央政府、政府机构和地方政府为筹集资金，向投资者出具并承诺在一定时期支付利息和偿还本金的债务凭证。它以政府的信誉作为保证，因而通常无须抵押品，其风险在各种投资工具中是最小的。

2. 金融债券

金融债券是指银行和非银行等金融机构为筹集信贷资金而依照法定程序发行的债券。发行金融债券，表面看来同银行吸收存款一样，但由于债券有明确的期限规定，投资者不能提前兑现，因此筹集的资金要比存款稳定得多。更重要的是，金融机构可以根据经营管理的需要，主动选择适当时机发行必要数量的债券，以吸引低利率资金。

3. 企业债券

我国企业发行的债券，具体分为公司债券和企业债券。其中，公司债券是指公司依照法定条件和程序发行、约定在一定期限还本付息的有价证券；企业债券是指在我国境内具有法人资格的企业，在境内依照法定程序发行、约定在一定期限还本付息的有价证券。企业债券的风险相对于政府债券和金融债券要大。

（二）贴现债券、附息债券和息票累积债券

按付息方式的不同，债券可以分为贴现债券、附息债券和息票累积债券。

1. 贴现债券

贴现债券又称贴水债券，是指票面上不规定利率，发行时按某一折扣率以低于票面金额的价格发行，到期按票面金额偿还的债券。贴现债券的发行价格与票面金额之差相当于预先支付的利息。

2. 附息债券

附息债券是指债券合同约定在债券存续期内，对债券持有人按照债券票面载明的利率和支付方式定期支付利息的债券。早期的附息债券附有息票，息票是纸质债券票面的一部分，上面标有利息额、支付利息的期限和债券号码等内容，债券持有人可从债券上剪下息票，在规定的日期以此为凭证领取利息。如今发行的债券多采用电子形式，原本意义上的息票已不复存在，但是附息债券依照一定的利率和支付期限定期支付利息的本质并没有改变。

3. 息票累积债券

与附息债券相似，息票累积债券也规定了票面利率，但债券持有人只能到期一次性获得本息，债券存续期内不支付利息。

（三）公募债券和私募债券

按募集方式的不同，债券可以分为公募债券和私募债券。

1. 公募债券

公募债券是指债券发行人按法定手续经证券主管部门批准在市场上公开向社会公众发行的债券，如国债、上市公司公开发行的公司债券等。这类债券发行量大，持有人众多，通常可以在公开的证券市场上交易，具有较好的流动性，其发行对象是不限定的。

2. 私募债券

私募债券是指向特定的少数投资者非公开发行的债券，如某些金融债券。这类债券发行手续简单，一般不能公开上市交易，其发行对象通常是机构投资者。

（四）有担保债券和无担保债券

按有无担保，债券可以分为有担保债券和无担保债券。

1. 有担保债券

有担保债券是指为将来偿还本息设定了担保的债券。根据担保品的不同，有担保

债券可分为抵押债券、质押债券和保证债券。其中，抵押债券是以土地、房屋等不动产作为担保品所发行的债券。若债券到期不能偿还，债券持有人可依法处理担保品受偿。质押债券是以股票、债券或其他证券作为担保品所发行的债券。保证债券是由第三方担保偿还本息的债券。担保人一般是发行人以外的其他人，如政府、信誉好的银行或举债公司的母公司等。

2. 无担保债券

无担保债券又称信用债券，是指不提供任何担保，完全凭筹资人的信用发行的债券。由于无抵押担保，无担保债券的发行主体必须具有较好的声誉，并且遵守一系列的规定和限制，以提高债券的可靠性。

（五）记名债券和无记名债券

按是否记名，债券可以分为记名债券和无记名债券。这是非常普遍的一种债券划分方法。

记名债券是指在券面上及债券存根簿上记载债权人的姓名，投资者领取利息时要凭借印章或其他有效的身份证明，转让时要在债券上签名，同时还要到发行公司登记的债券。而无记名债券是指在券面上及债券存根簿上不记载债权人的姓名的债券。无记名债券还本付息时以债券为凭证，转让时由债券持有人将债券交付给受让人后即发挥效力。

（六）固定利率债券和浮动利率债券

按利率是否固定，债券可以分为固定利率债券和浮动利率债券。

固定利率债券是指债券利率明确记录在债券上，并按这一固定利率向债权人支付利息的债券。浮动利率债券是指债券利率可以变动的债券。浮动利率债券的利率与市场利率挂钩，按某一标准如银行存款利率或政府债券利率同方向随时调整。

（七）可转换债券和不可转换债券

按能否转换成股票，债券可以分为可转换债券和不可转换债券。

可转换债券是指发行人依法发行的、在一定期限内依据约定条件可以转换为股票的债券。发行这种债券，既可以为投资者增加投资机会，也可以为发行人调整资本结构或减缓财务压力提供便利。不可转换债券是指不能转换为股票的债券。一般来讲，可转换债券的利率低于不可转换债券。

（八）可提前赎回债券和不可提前赎回债券

按能否提前赎回，债券可以分为可提前赎回债券和不可提前赎回债券。

如果公司在债券到期前有权定期或随时赎回全部或部分债券，这种债券称为可提前赎回债券。不可提前赎回债券是指只能按债券期限到期还本，而不能提前偿还本金予以赎回的债券。

（九）附有选择权的债券和不附有选择权的债券

按有无选择权，债券可以分为附有选择权的债券和不附有选择权的债券。

附有选择权的债券是指债券发行人给予债券持有人一定选择权的债券，如可转换债券、有认股权证的债券和可退还债券。其中，可转换债券附有债券持有人在一定时间内按照规定的价格将债券转换为股票的选择权；有认股权证的债券附有债券持有人凭认股权证购买所约定股票的选择权；可退还债券附有债券持有人在债券到期前可将其回售给债券发行人的选择权。与此相反，不附有选择权的债券是指债券发行人未给予债券持有人以上选择权的债券。

三、债券的发行

（一）发行条件

债券的发行范围广、数额大，其发行的质量和数量会影响社会经济的稳定运行及债权人的利益保护。因此，公司发行债券应具备相应的条件，这些条件一般包括公司的净资产额、累计债券总额、公司获利能力、筹集资金投向和债券利率水平等。

1. 公司的净资产额

股份有限公司的净资产额不低于人民币 3 000 万元，有限责任公司的净资产额不低于人民币 6 000 万元。发行债券要求发行人的资产数额较大，以保证发行人有足够的偿还能力。相较于股份有限公司，我国对有限责任公司净资产额的要求更高，因为有限责任公司具有封闭性的特点，社会公众无法了解公司的具体情况，对公司及其业务难以实施监督。为保护投资者的利益，降低有限责任公司发行债券的风险，故对有限责任公司净资产额的要求更高。

2. 累计债券总额

公司发行债券，要求累计债券总额不得超过公司净资产的 40%。累计债券总额是指公司设立以来，发行而未偿还的所有债券的金额总和。累计债券总额越大，表明公司的负债越多，风险越大，所以要限制发行人的累计债券总额，降低投资者的风险。此外，如果发行人前一次公开发行的债券还未募足，将不允许其再次发行债券。

3. 公司获利能力

公司最近三年平均可分配利润足以支付债券一年的利息，这样可保证发行人在一定期限内能够正常支付利息，以保护投资者的利益。但是，对已公开发行的债券或者其他债务有违约或延迟支付本息的事实且仍处于继续状态的发行人，将不能再次公开发行债券。

4. 筹集资金投向

公开发行债券筹集的资金，必须用于批准发行时所确定的用途，不得用于弥补亏损和非生产性支出。如果发行人违反规定，改变所募集资金的用途，将不得再次公开发行债券。此外，公司筹集的资金要投向国家急需或者大力发展的产业。规定这一条件的目的是使发行人正确、有效地使用所筹集的资金，保证公司的偿债能力，有利于保护债权人的利益。

5. 债券利率水平

公司发行债券时，债券利率越高，公司所要偿还的债务就越多。若发行的债券利率过高，公司会因负债过多而可能出现无法清偿债务的风险，损害债权人的利益。因此，债券利率水平不得超过国务院限定的利率水平。

除了上述条件，根据经济发展情况，国家还规定了一些其他的条件，公司必须符合这些条件才可发行债券。此外，上市公司发行可转换债券，还应当符合《证券法》关于公开发行股票的条件，并报国务院证券监督管理机构核准。

（二）发行程序

债券的发行，无论是对发行人，还是对政府监管部门，都是重大事件。对发行人而言，发行债券属于向社会投资者出售信用、增加负债的重大社会融资行为；对政府监管部门而言，发行债券涉及社会重大信用，对稳定社会经济秩序、保护投资者利益都有重大影响。所以，发行债券必须依照法定程序进行。债券发行程序如下：

1. 股东大会做出决议

发行债券，应由董事会制定债券发行方案，股东大会做出决议。其中，国有独资公司发行债券，还必须由国家授权投资的机构或者国家授权的部门做出决定。

2. 申请和批准

股东大会做出决议后，应当依照《公司法》规定的条件，向国务院授权的部门或者国务院证券监督管理机构报送申请文件，并由该部门或机构依照法定条件和法定程序核准债券发行。报送的申请文件包括公司营业执照、公司章程、债券募集办法、资产评估报告和验资报告以及国务院授权的部门或者国务院证券监督管理机构规定的其他文件等。公司提交的申请文件必须真实、准确、完整。国务院证券监督管理机构或者国务院授权的部门应当自受理债券发行申请文件之日起三个月内，依照法定条件和法定程序做出予以核准或者不予核准的决定；不予核准的，应当说明理由。

3. 公告债券募集办法

发行债券的申请经国务院授权的部门或国务院证券监督管理机构核准，应当公告债券募集办法，并对其内容的真实性负责。债券募集办法中应当载明下列主要事项：公司名称；债券募集资金的用途；债券总额和债券的票面金额；债券利率的确定方式；还本付息的期限和方式；债券担保情况；债券的发行价格与发行的起止日期；公司净资产额；已发行的尚未到期的债券总额；债券的承销机构等。

4. 向社会公开发行债券

公司公告债券募集办法后，即可开始募集工作。公司应配置债券应募书，在债券认购人填写应募书并缴纳债券款项后，公司应把债券交付给认购人。

5. 置备债券存根簿

公司发行债券应当置备债券存根簿。发行记名债券的，应当在债券存根簿上载明下列事项：债券持有人的姓名或者名称及住所；债券持有人取得债券的日期及债券的编号；债券总额；债券的票面金额、利率、还本付息的期限和方式；债券的发行日期。发行无记名债券的，应当在债券存根簿上载明债券总额，债券的利率、偿还期限和方式，债券的发行日期及编号。

四、债券的上市

债券上市是指债券进入证券交易所挂牌交易。公司申请其发行的债券上市交易，必须符合规定的上市条件，并报经国务院证券监督管理机构或者其授权的证券交易所核准，按照法定程序进行，以保证其上市交易的债券总量和交易期间能够满足相关要求，同时也能够保证交易当事人在债券到期时获得相应的收益，使债券的公开交易处于规范的管理之下。

（一）上市条件

债券上市应当符合下列条件：

（1）债券的期限为一年以上，即债券自发行日到还本付息日的期间不能短于一年。

（2）债券实际发行额不少于人民币 5 000 万元，即发行人申请上市的该种和该次发行的债券的发行额在人民币 5 000 万元以上。

（3）公司申请债券上市时仍符合法定的债券发行条件。这意味着发行人要一直处于具备债券发行条件的状态，这样才能保证债券持有人的利益得以实现，使债券的交易具有安全性。

如果发行人已不具备债券发行条件，那么债券到期时在还本付息上将存在风险，很可能会损害债券持有人的利益。

（二）上市程序

1. 申请核准

公司申请债券上市，应当向证券交易所提出债券上市申请，并向证券交易所报送下列文件：上市报告书；申请债券上市的董事会决议；公司章程；公司营业执照；债券募集办法；债券的实际发行数额；证券交易所上市规则规定的其他文件。另外，申请可转换债券上市，还应当报送保荐人出具的上市保荐书。

2. 安排上市

上市申请经证券交易所核准，证券交易所应及时安排债券上市，并且由证券交易所与申请人在签订的上市协议中，确定债券上市的时间或日期。

3. 上市公告

签订上市协议的公司应当在规定的期限内公告债券上市文件及有关文件，并将其申请文件置备于指定场所供公众查阅。

（三）债券转让

债券是一种有价证券，其特点之一是具有流动性。所以《公司法》规定了债券可以转让，而是否转让，由债券持有人依法决定。债券的转让价格由转让人与受让人约定，其转让应当在依法设立的证券交易场所进行。

根据债券种类的不同，债券转让有两种方式：

（1）记名债券，由债券持有人以背书方式或者法律、行政法规规定的其他方式转让。债券持有人在转让记名债券时，应当在债券上写明受让人的姓名或者名称。转让后，由公司将受让人的姓名或者名称及住所记载于债券存根簿上，以备公司存查。

（2）无记名债券，由债券持有人将该债券交付给受让人即发生转让的效力。受让人一经持有该债券，即成为公司的债权人。

本章小结

公司为了生产经营和不断发展,需要通过融资来筹集所需资金。融资方式是经济主体获取资金的形式和渠道,包括内源融资和外源融资、直接融资和间接融资,以及负债型融资、权益型融资和混合型融资等。股票和债券作为公司融资的重要方式,既有相同点又有不同点。股票具有收益性、风险性、流动性、价格波动性、决策性和亏损责任有限性等特征。按照股东享有的权益、股东身份、流通是否受限和股东是否享有表决权,股票可以分为不同的种类。股票的发行目的、发行程序及上市条件和上市程序,都要按法定程序进行。债券具有偿还性、流通性、安全性和收益性等特征。债券的利率和风险水平不同于政府债券和金融债券。随着债券市场的不断发展,债券的种类也逐渐增多。债券发行所涉及的范围较广且数额较大,因此债券的发行和上市同样应具备相应条件,遵循相应的程序。

案例分析 太平洋证券上市之路[①]

2007年最后一个交易日,太平洋证券登陆A股市场,成为上海证券交易所公开交易的又一只新股。不过,这是一只神秘的股票,股票所属的是一家传奇的上市公司。

2007年11月19日,昆明市中级人民法院召开"云南证券破产案"第一次债权人会议,预示着成立9年的云南证券成为云南省首家申请破产的证券公司。

经云南省工商行政管理局和中国证监会批准,注册资本为1.2亿元的云南证券于1988年10月正式成立,中国人民银行及云南省分行各占50%的股份。1989年8月,云南证券因清理整顿被停业,次年10月重新开业。1992年12月,云南证券改组为股份有限公司。此后股东变动频繁,1996年云南证券与中国人民银行脱钩,转制设立为有限责任公司。作为一家与政府联系较紧密的国有企业,同时也是云南本土证券公司,云南证券曾有辉煌的历史,其在云南省有9家营业部,在上海和北京也分别有1家营业部。

1990年10月,中国人民银行云南省分行某处处长陆某莺出任云南证券总经理和法人代表,从此将这家公司带上了不归路。1998年1月21日,陆某莺化名陶静,从昆明机场逃往境外,其至今仍为中国政府公开通缉的外逃贪官。昆明市检察机关事后查明,陆某莺在担任云南证券总经理期间,不经股东同意和董事会批准,未对受资人进行资信考察,对合作对象及项目未做可行性论证,在明知非金融机构不允许经营金融业务的有关规定下,先后与海南国际签订股份转让合同,与深圳运通公司签订承包其营业部的合同,致使云南证券8 000万元人民币"被骗"。另外,云南证券在经营中严重违

[①] 案例来源:钟运动,宋丽丽,胡海波.公司组织与管理.厦门:厦门大学出版社,2011.引用时有修改。

法，主要包括挪用客户保证金、违规国债回购、乱融资等，涉嫌的违规资金达数亿元。2004年6月1日，中国证监会责令其关闭，并取消其证券业务许可，停止了其一切证券业务活动。

困境中的云南证券曾经设想能够由第三方新设一家证券公司，由新公司收购原云南证券的证券类资产，收购资金用于解决客户保证金缺口，然后云南证券变更为实业公司，承担原云南证券的机构客户债务和其他债务。

云南省的另一家证券公司——红塔证券在组建之初，也曾计划以云南证券为班底进行重组，但由于云南证券的问题太多，且牵扯到大量挪用的客户保证金要补充，其最终决定另起炉灶。

2005年1月，云南省政府批准成立了"云南证券清算组"，意味着云南证券走向了末路。2007年5月25日，云南证券正式向昆明市中级人民法院申请破产。至2007年6月30日，云南证券账面资产总额为8.6亿余元，负债总额为14.99亿余元，资不抵债总额为6.39亿余元，资产负债率为173.74%。

云南证券败局初定之际，云南省迅速在昆明市扶持注册成立了一家新的综合类证券公司——太平洋证券有限责任公司（简称太平洋证券），该公司于2003年12月获得中国证监会"同意开业"的批复。当时核准太平洋证券的注册资本为6.65亿元人民币，下设10个证券营业部、11个证券服务部，形成辐射全国的营销网点。2004年太平洋证券成立后进行的第一件重要工作，就是托管云南证券所属证券营业部及相关经纪业务部门，使客户交易正常进行。太平洋证券替云南证券弥补了1.65亿元客户保证金缺口，全面接收了云南证券的客户资产和员工，云南证券随即宣布停业，进入破产清算程序。2007年4月10日，经中国证监会批准，太平洋证券整体改制为股份有限公司，注册资本增至15.03亿元，逐步发展成为云南省营业网点最多、市场份额最大的证券公司。

与此同时，另外一家同样由政府扶持的云大科技也在上演衰败剧。云大科技前身为成立于1992年的云南大学南亚生物化工厂，曾经是一家致力于发展生物高科技的公司，1995年被评定为国家高新技术企业。1998年9月28日，云大科技股票在上海证券交易所上市（SH600181），公司总资产为13.79亿元人民币，业务范围涉及农化、医药及功能食品、房地产、旅游和城市基础产业等领域，曾被誉为"云南最具发展潜力的上市公司"和"亚商中国最具发展潜力上市公司50强"之一。

由于云大科技2003—2005年连续三年亏损，自2006年5月18日起，其股票被暂停上市，停牌前的收盘价为1.02元。2006年，云大科技持续亏损，已背负高达9.36亿元的债务。云南省政府于2005年8月成立了由云南省国有资产经营有限责任公司、云南大学和云南省花卉产业联合会三家单位共同组成的"云大科技重组工作小组"，研究最大限度地降低云大科技股东特别是流通股股东因公司终止上市造成的损失，化解该公司近3万名股东因投资损失可能引起社会不稳定的风险。

经过一系列的运作与协商，云南省政府主导通过换股权及现金安排的方式完成云大科技股权分置改革的方案，接受方为太平洋证券。具体内容是：云大科技非流通股每8股换成1股太平洋证券的股份，流通股每4股换成1股太平洋证券的股份，换股比例分别为8∶1和4∶1。

事实上，在了解云大科技的情况后，云南白药、滇能控股和云天化等一些云南本土的上市公司曾经希望能够接收云大科技，但是所有接触和谈判都未能成功。

2006年11月，太平洋证券同云南省国有资产经营有限责任公司主导的已经处于终止上市边缘的"云大科技重组工作小组"达成了"云大科技股权分置改革暨太平洋证券重组上市组合操作方案"。云南省政府以《云南省人民政府关于通过股权分置改革解决云大科技股份有限公司风险请求支持的公函》提交中国证监会。云南省政府的这份公函具体提出了太平洋证券定向增资、参与云大科技股权分置改革、重组上市的一个完整方案。

2007年4月14日，云大科技在其《股权分置改革说明书》中说明：太平洋证券是为化解云南省证券市场风险而设立的，设立后弥补了云南证券的全部客户保证金缺口，得到了云南省政府和证券监管部门的高度评价。云南省政府一直以来支持太平洋证券的发展，鼓励太平洋证券在合法经营的前提下做大做强，继续为云南省资本市场的发展和云南省社会经济的繁荣做出贡献。2007年5月30日，云大科技2.8万多名股东投票表决了云大科技的股权分置改革方案。自6月1日起，上海证券交易所决定终止云大科技股票上市，理由是云大科技连续四年亏损。云大科技董事会声明："本次股权分置改革完成后，云大科技股东将成为太平洋证券股东。"这表明云大科技的股东在与太平洋证券的股东借着股改的名义进行换股之后，云大科技彻底退市了。

云南证券彻底破产，云大科技换股退市，全部残局最后都由太平洋证券来收拾，随后的大戏也就由它独自开唱了。

2007年12月27日，太平洋证券发布上市公告书，次日在上海证券交易所挂牌交易，开盘基准价为每股8元，成为A股第七只券商股，上市首日股价一度蹿到49元的高位，公司市值突破600亿元人民币。其上市所产生的巨大财富效应令人惊叹：这家注册资本为15.03亿元的券商，挂牌首日股票涨幅就达到了424%。

太平洋证券一致行动人由6家股东构成：北京玺萌置业有限公司、北京华信六合投资有限公司、中国对外经济贸易信托投资有限公司、大华大陆投资有限公司、中储发展股份有限公司和云南省国有资产经营有限责任公司。6家股东合计持有太平洋证券总股本的49.87%，共同成为太平洋证券的实际控制人。

太平洋证券上市前后，许多媒体在报道时都采用了"太平洋证券借壳云大科技上市"的说法，但这种说法渐渐遭到质疑，太平洋证券自身也否认此说法：太平洋证券上市不是借壳，是自己申请上市。目前能够证明太平洋证券上市的文件，似乎只有一份中国证监会办公厅于2007年12月21日下发的《关于太平洋证券股份有限公司股票上市有关问题的批复》，其中提到"云大科技股改与太平洋证券定向增发、换股并重组上市组合操作相关事宜已经经过证监会批准"。

太平洋证券上市后使用了新的证券代码"601099"，没有沿用云大科技的原股票代码"600181"，也可以证明太平洋证券不属于借云大科技之壳上市。证券代码是上市公司通过中国证监会审核，在上海证券交易所选定的一个代码。这个代码标志着上市公司可以在交易所挂牌交易，具有流通权，即每一个新代码的出现，意味着有一只新股发行。值得注意的是，太平洋证券并没有经过中国证监会发行审核委员会以及重大重组审核委员会等上市交易审核机构的审核，而直接成为挂牌交易的上市公司。

太平洋证券在2007年实现了三步跨越：增资扩股、成为规范类券商、上市，实在引人注目。《证券市场周刊》指出：太平洋证券2004—2006年净利润依次为1 623.40万元、20 051.26万元、13 192.19万元，过去三年中只有一年盈利，累计亏损8 482万元，达不到公开发行股票的条件。即使中国证监会批准了太平洋证券与云大科技股东之间的换股，使太平洋证券成为合法的公众化公司，太平洋证券要想上市，也必须依照既有的上市程序，起码应满足三年连续盈利的基本要求。在太平洋证券的上市运作过程中，云南省国有资产经营有限责任公司不但参与了云大科技的重组工作，而且以国资身份出资5 000万元人民币，在2006年11月参与了太平洋证券的增资，促使其被纳入规范类券商的行列，为其后来的上市做了准备。而云南省国有资产经营有限责任公司以每股1元的超低价格买入太平洋证券股票，不到一年时间获利在40倍以上。

太平洋证券的上市造就了至少9个身价10亿元以上的富翁。9个自然人控制的公司进入太平洋证券的时间为18个月，财富增长了42倍，他们进入的时候正是太平洋证券秘密洽谈借道云大科技上市的关键时期。

太平洋证券上市成功不仅使老股东财富增长了42倍，更使利益集团通过这个壳公司获取了40倍以上的收益。目前，在中国证监会的官方网站以及中国证监会指定的信息披露刊物上，都没有公布太平洋证券的上市审核过程及相关决定，所以其独特的上市路径与造富神话一直让外界遐想不断。

阅读以上材料，结合课本知识深入思考，并回答以下问题：

1. 股票上市对公司有什么意义？
2. 本案例中的太平洋证券是如何运作上市的？
3. 如何规范我国公司的上市行为？

第九章　公司变更与终止

学习目标

通过本章的学习，应掌握公司合并和公司分立的概念和形式，了解公司并购和公司分立的动因，理解公司合并与公司收购的异同，把握公司重整的概念和申请主体，明确公司解散、公司破产的概念与原因，熟悉公司合并、公司分立、公司重整、公司解散、公司破产和公司清算的程序。

本章导论

公司是由各股东投资组成的经济实体。然而公司的组成和形式不是固定不变的，公司不断地组合、分解，经济资源不断流动、调整与重组，以达到最佳的配置效果。公司的变更和终止主要包括公司的合并、收购、分立、重整、解散、破产和清算。公司并购是公司合并和公司收购的统称，是公司资本运作的主要方式、扩张重组的重要手段。公司合并的形式有吸收合并和新设合并。公司合并与公司收购既有相同点，也有不同点。公司分立与公司合并是相反的行为，公司分立的形式有派生分立和新设分立。公司重整是指当公司面临财务危机或破产危险，但仍具有经营价值时，根据法定程序对公司进行重新整顿，使其得以维持和复兴的一种法律行为。当公司出现法律或公司章程规定的解散事由而无法继续存续时，要依据法律程序解散，终止其法人资格。当公司不能清偿到期债务或资产不足以清偿全部债务时，由其自身或者债权人申请，法院依法宣告破产，以此结束公司的债权债务关系。公司解散或破产都需要经过清算，才能使法人资格最终消灭。公司的合并、收购、分立、重整、解散和破产，其动因、类型和程序各不相同，都必须严格按照《公司法》的规定进行。

第一节 公司并购

公司既可以通过内部发展实现增长,也可以通过收购与合并实现增长。美国著名经济学家斯蒂格勒指出:几乎没有哪一家美国著名大企业不是以某种方式、在某种程度上应用了并购发展起来的。作为一种市场竞争和扩大企业规模的行为,公司并购一直是资本市场的主角。

一、并购的概念、类型和动因

(一)并购的概念

并购始于19世纪末。20世纪80年代,西方国家兴起了新一轮的并购浪潮。20世纪90年代以后,并购更是愈演愈烈,其规模之大、时间之长、影响之广前所未有。目前,市场中的并购行为仍在频繁发生,并购在资源配置中的重要性愈加明显,已成为世界各国经济中的热点现象之一,各国企业越来越重视利用并购这一手段来拓展经营,实现生产和资本的集中,达到企业外部增长的目的。

并购是指企业法人在平等自愿、等价有偿的基础上,以一定的经济方式取得其他法人财产权的行为,是企业资本运作的主要方式。并购是合并和收购的统称,其中,合并强调两家企业合并在一起,收购则强调一方对另一方的控制。

(二)并购的类型

并购从不同角度有不同的分类。按业务范围、支付方式以及目标公司的意愿,并购可以分为以下类型:

1. 横向并购、纵向并购和混合并购

按业务范围的不同,并购可分为横向并购、纵向并购和混合并购。

(1)横向并购,又称水平式并购,是指处于相同市场层次的公司并购,即两个或两个以上生产同类产品或生产工艺相近的公司之间的并购,其实质是竞争对手之间的并购。例如,两家生产汽车零部件公司之间的并购,就是横向并购。横向并购是公司并购的常见方式,其基本前提是并购方需要且有能力扩大产品的生产和销售,并购双方的产品及产品的生产和销售有相同或相似之处。通过横向并购，公司可以扩大生产规模，取得规模效益，使公司资本向同一生产和销售领域集中，从而扩大市场份额，但也可能会触发反垄断审查。横向并购一般流行于行业发展的成长阶段。

（2）纵向并购，又称垂直式并购，是指发生在同一产业上下游公司之间的并购，即生产经营同一产品相继的不同生产阶段，在工艺上具有投入产出关系的公司之间的并购。纵向并购的公司之间不是直接的竞争关系，而是供应商和需求者的关系。从并购方向来看，纵向并购又有前向并购和后向并购之分。前向并购是指并购生产流程后一阶段的企业，即向下游企业的并购；后向并购是指并购生产流程前一阶段的企业，即向上游企业的并购。例如，一家汽车制造商并购了一家汽车销售公司，称为前向并购，而一家汽车销售公司并购了一家汽车制造商，则称为后向并购。通过纵向并购，位于同一产业链的上游、中游和下游的公司相互整合，形成从原材料供应到制造加工，再到销售终端的整个产业链。一般来说，纵向并购集中于加工制造业及其相关的原材料、运输和贸易公司等。

（3）混合并购，是指两个或两个以上没有直接投入产出关系的公司之间的并购，也就是既非竞争对手又非现实的或潜在的需求者或供应商之间的并购，是跨行业、跨部门之间的并购。例如，海尔控股一家城市商业银行，就属于混合并购。混合并购按其战略目标又可细分为三类：一是产品扩张型并购，指优势企业以原有产品和市场为基础，通过并购其他企业进入相关产品的经营领域，达到扩大经营范围、增强企业实力的目的；二是市场扩张型并购，指优势企业通过并购目标公司的营销网络，扩张自己的市场领域，提高市场占有率；三是纯混合型并购，指优势企业通过并购在生产和需求方面互不相关的目标公司，从而实现多元化经营，分散并降低风险。混合并购是企业实现多元化的一个重要手段，其目的是通过生产经营范围的扩大，分散企业的整体运行风险。

2. 现金并购、股票并购和综合支付并购

按支付方式的不同，并购可分为现金并购、股票并购和综合支付并购。

（1）现金并购，是指并购方以现金作为主要或全部的支付方式，以取得目标公司的资产或股权的并购。现金并购是公司并购活动中最清晰且最迅速的一种并购方式，在并购中占有较高的比例。现金并购的优点是并购方的控制权没有被稀释，缺点是需要大量的现金，会给并购方带来较大的财务压力。

（2）股票并购，是指并购方以股票作为主要或全部的支付方式，以取得目标公司的资产或股权的并购。股票并购的优点是并购方的财务压力较小，缺点是并购方的控制权被稀释。一般而言，规模较大的公司之间的并购更可能采取股票并购方式，原因是并购方短期内不需支付大额现金。

（3）综合支付并购，是指并购方采用多种支付工具，如现金、股票、公司债券、认股权证、可转换债券等，以取得目标公司的资产或股权的并购。并购方在并购目标公司时，采用综合支付方式将多种支付工具组合在一起，可以取长补短，满足并购双方的需要。这种并购方式既可以使并购方少付现金，避免并购方的财务状况恶化，又可以防止控制权转移。

3. 善意并购和敌意并购

按目标公司意愿的不同，并购可分为善意并购和敌意并购。

（1）善意并购，是指并购方事先与目标公司协商，征得其同意并通过谈判达成收购条件，双方管理层通过协商来决定并购的具体安排，在此基础上完成的并购。由于当事双方均有合并意愿，而且对彼此的情况较为熟悉，故此类并购的成功率较高。例如，2010年8月吉利并购沃尔沃，是双方通过正式达成的协议进行的并购。

（2）敌意并购，是指并购方在并购时遭到目标公司抗拒仍强行并购，或者并购方事先没有与目标公司进行协商，直接在二级市场持续买入目标公司股票，或者向目标公司的股东开出价格或者收购要约的并购。例如，2005年盛大并购新浪就属于典型的敌意并购，新浪启动了"毒丸计划"进行反击。

（三）并购的动因

并购是资本运作的主要方式，是企业扩张重组的重要手段。公司在从事并购交易时，可能会出于各种动因。并购的动因主要有以下几个方面：

1. 产生规模效益

公司合并或收购后将形成一个更大的公司，从而产生一定的规模效益。这主要体现在两个方面：一是生产的规模效益。并购能够对公司的资产进行补充和调整，达到最佳的经济规模，从而降低企业的生产成本。二是经营的规模效益。并购可以精简机构和扩大产量，减少管理费用、研发费用等经营费用的重复支出，节省单位产品的费用。

2. 发挥财务协同效应

并购可以使并购方和目标公司发挥财务协同效应，这种协同主要体现在投资机会和内部资金流的互补方面。例如，拥有大量现金但缺乏良好投资机会的公司，与拥有较少现金但有很多投资机会的公司之间的并购，能够使用较低的融资成本推动资金流向高回报项目，既可解决资金短缺或过剩的问题，提升公司的融资能力和投资能力，又能使公司找到更合理的资本结构。

3. 加强对市场的控制能力

通过横向并购，公司可以获取竞争对手的市场份额，迅速扩大市场占有率，而且由于减少了竞争对手，公司还可以更低的价格获取原材料，以更高的价格出售产品，从而大大增强了企业的竞争力和盈利能力。而纵向并购，能够将产业价值链的不同阶段集中在一家公司，可以降低运输费用，节省交易费用。这种市场交易行为的内部化，易于设置进入壁垒，提高与供应商和需求者的议价能力，有助于保证公司稳步发展，使公司在竞争中占据优势，甚至逐渐形成垄断地位。但是，提高市场控制力，容易使公司处于垄断地位，这也是并购达成的阻力之一。

4. 降低进入新的行业的壁垒

公司要想进入新的行业，往往会遇到各种各样的壁垒，包括资金、技术、渠道等，这些壁垒不仅增加了公司进入新的行业的难度，也提高了进入成本和风险。如果采用并购的方式，则可以绕开这一系列壁垒，降低进入成本和风险。尤其是某些行业受到规模的限制，公司如果进入这些行业，必将导致生产能力过剩，引起其他企业的反抗，产品价格可能会降低，这些行业的盈利能力将被破坏。而通过并购方式进入，则不会导致生产能力过剩，公司进入后也有利可图。

二、公司合并

（一）公司合并的含义

公司合并是指两个或两个以上的公司通过订立合并协议，不经过清算程序，共同组成一个公司的法律行为。公司合并后，原公司的权利与义务由存续公司或新设公司承担。这一定义包含以下几层意思：

1. 公司合并基于公司本身，而非公司股东

公司合并是公司之间的合二为一或合多为一的法律行为，参与合并的主体都是法人，合并行为基于公司之间订立的协议，该协议一般是由各方公司的法定代表人就有关公司合并事宜进行磋商、讨论后达成的。因此，公司合并是一种民事行为，其当事人是公司本身，而非公司股东，被解散公司的股东自然取得了经合并后存续公司或新设公司的股东资格。

2. 公司合并将导致公司权利义务的转移

公司合并既是合并双方之间的一项交易，也是对双方公司的结构重组。因此，公司合并后各方的所有权利都直接转移到存续公司或新设公司，不需要经过权利义务转让的协议或者出售清单，即只要合并生效，被合并公司的权利义务就转移到存续公司或新设公司，并且这种权利包括被合并公司的所有财产权利。

3. 公司合并必然会引起公司变更

公司合并是两个或两个以上公司合并为一个公司，合并行为必然会引起公司变更的法律后果。这种变更既有合并前公司主体资格的变更，也有合并后公司权利与义务的变更。公司主体变更既可能涉及合并前一个或几个公司主体资格的消灭，也可能涉及合并后新的公司主体的产生。

4. 公司合并需依照法定的条件和程序进行

公司合并一般涉及多方的利益，其过程比较复杂，会导致原公司主体和权利义务及相关主体利益的变更。为了保证合并过程公平、公正、有序，合并行为必须严格依照法定的条件和程序进行。在我国，公司合并主要依照以《公司法》为主体的法律法规进行。特殊类型的公司合并，除了要求相关公司依法订立合并协议外，还要经过有关部门的批准。例如，我国《公司法》规定，股份有限公司合并或者分立，必须经国务院授权的部门或者省级人民政府批准。

5. 公司合并的主体可以有多种形式

公司合并既可以是股份有限公司与股份有限公司之间的合并，也可以是股份有限公司与有限责任公司之间的合并，还可以是有限责任公司与有限责任公司之间的合并。应当注意的是，我国对合并后的存续公司以何种形式存在有严格的规定。有限责任公司与有限责任公司合并后的存续公司只能是有限责任公司；股份有限公司与股份有限公司合并后的存续公司仍然为股份有限公司；股份有限公司与有限责任公司合并后的存续公司必须是股份有限公司，而不能是有限责任公司。

（二）公司合并的形式

公司合并的形式有吸收合并和新设合并。

1. 吸收合并

吸收合并又称存续合并，在经济学上也称兼并。吸收合并是指两个或两个以上的公司进行合并，其中一个公司吸收了其他公司而存续，被吸收的公司解散。这种情况可以用公式"A+B=A（B）"来表示。吸收合并可以通过以下两种方式进行：一是吸收方用现金购买被吸收方的全部资产或股份，被吸收方以所得现金付给其股东，股东资格消灭；二是吸收方发行新股以换取被吸收方全部资产或股份，被吸收方股东获得吸收方的股份，从而成为存续公司的股东。

吸收合并是基于一个公司吸收一个或多个公司进行的，吸收方和被吸收方的地位是不平等的。被吸收方解散，丧失独立法人资格，办理注销登记，而吸收方存续。合并后的存续公司虽然不改变原公司法人资格，但是改变了原公司的经营内容，导致公司章程和登记事项发生变更。

2. 新设合并

新设合并又称创设合并，是指两个或两个以上的公司进行合并，成立一个新公司，原合并各方解散，不再继续保留其法人地位。这种情况可以用公式"A+B=C"来表示。新设合并可以通过以下两种方式进行：一是由新设公司以资金购买部分参与合并公司的资产或股份，该部分参与合并公司的股东丧失其股东资格，剩余股东持有新设公司发行的股份，成为新设公司的股东；二是新设公司发行新股，原公司股份可以全部转化为新公司的股份，原公司的股东成为新设公司的股东。

新设合并中，合并各方的地位从某种意义上说是平等的，不是一个公司合并其他公司，而是所有公司按照协议合并成立一个新的公司。原合并各方解散，均丧失法人资格，办理注销登记，新设公司继承原有全部公司的资产和业务，并按规定办理登记手续。

（三）公司合并的程序

公司合并事关股东、债权人等利益相关者的切身利益，涉及公司的解散、变更和设立等一系列问题。为保护各当事人的利益，促进资源有效配置，公司合并应当依法定程序进行。公司合并的程序如下：

1. 合并各方签订合并协议

有合并意向的公司，首先由董事会制定相应的公司合并方案，然后经公司股东大会做出决议，并由参与合并的各方法定代表人在协商一致的基础上签订合并协议。公司合并协议应当载明以下内容：合并各方的名称与住所；合并形式；合并后存续公司或新设公司的名称与住所；合并各方的资产状况、债权债务及其处理方法；新设公司或存续公司的股份总数、种类和数量；违约责任；争议的解决办法；合并各方认为需要载明的其他事项等。有限责任公司的合并，应当由股东会做出特别决议，经代表2/3以上表决权的股东通过；股份有限公司的合并，应当由股东大会做出特别决议，经出席会议的股东所持表决权2/3以上通过；国有独资公司的合并，必须由国有资产监督管理机构决定。其中，重要的国有独资公司合并应当由国有资产监督管理机构审核后，报本级人民政府批准，才能进行。无论是有限责任公司还是股份有限公司，董事会制定的公司合并方案，均要提交股东大会表决通过方可实施。

2. 编制资产负债表和财产清单

公司合并应当由合并各方编制资产负债表和财产清单。编制资产负债表是为了列明合并各方的资产、负债及股东权益等情况；编制财产清单是为了列明合并各方的财产形式和财产价值。通过资产负债表和财产清单，合并各方股东及债权人可以清楚地了解公司的财务状况、拥有的各种资源以及偿还债务的能力。

3. 通知和公告公司债权人

公司应当自做出合并决议之日起 10 日内通知债权人，并于 30 日内在报纸上公告。通知和公告的目的主要是告知公司债权人，以便让他们做出是否对公司合并提出异议的决定，同时也可以起到通知未参加股东大会的股东的作用。债权人自接到通知书之日起 30 日内，未接到通知书的自公告之日起 45 日内，可以要求公司清偿债务或者提供相应的担保。合并各方的债权债务应当由存续公司或者新设公司承继。

4. 办理公司变更、注销或设立登记

公司合并只有进行登记后，才能得到法律上的承认。根据我国《公司法》的规定，公司合并，登记事项发生变更的，应当依法向公司登记机关办理公司变更登记；公司解散的，应当依法办理公司注销登记；设立新公司的，应当依法办理公司设立登记。办理完成工商登记手续后，合并即告完成。

（四）公司合并的法律效力

公司合并一旦生效，就具有以下法律效力：

（1）公司法人资格的变化。合并行为导致存续公司的资产扩张或者新设公司的成立，所以，除了存续公司或新设公司，其他各方自合并登记之日起，可不经清算而解散，丧失法人资格。具体来说，吸收合并时，存续公司成为独立法人，其他公司解散，其法人资格自动丧失；新设合并时，新设公司成为独立法人，原公司解散，其法人资格丧失。

（2）公司债权债务的变化。存续公司或新设公司，完整继承解散或原公司的权利和义务，解散或原公司的所有动产、不动产、债权、债务等都要转移到存续公司或新设公司名下，由其支配或承担；一切未了结的诉讼活动，不论解散公司是原告还是被告，都由存续公司或新设公司继续进行。

三、公司收购

（一）公司收购的概念

公司收购是指公司用现金、债券或股票购买目标公司的部分或全部资产或股权，以获得对目标公司实际控制权的交易行为。收购的结果可能是收购目标公司全部资产或股权，将其吞并；也可能是获得目标公司较大一部分资产或股权以实现控制权；还可能是获得目标公司少量能够产生较大影响的股权。

(二) 公司收购的类型

1. 完全收购、控股收购和参股收购

按收购股权比例的大小，公司收购可以分为完全收购、控股收购和参股收购。

（1）完全收购，是指收购目标公司全部股权将其吞并的收购行为。

（2）控股收购，是指收购目标公司51%以上股权的收购行为。由于取得了控股地位，收购公司也就掌握了目标公司的经营控制权和决策权。如果收购公司的收购行为没有使其达到51%以上的绝对控股地位，但收购公司实际上已成为公司的第一大股东，且与其他主要股东的持股比例相差悬殊，这种收购通常称为相对控股收购。

（3）参股收购，是指收购目标公司部分股权，且不成为其第一大股东的收购行为。参股收购有时也称投资参股、投资入股。

2. 资产收购和股权收购

按收购对象的不同，公司收购可以分为资产收购和股权收购。

（1）资产收购，是指收购公司购买目标公司的部分或全部资产的收购行为。在这种收购中，收购公司无须承担目标公司的债权债务。资产收购具有以下法律特征：资产收购协议的主体是作为买卖双方的两家公司，而不包括公司股东在内；资产收购的标的是出售公司的某一特定资产，且不包括该公司的负债；资产收购行为完成后，收购公司与目标公司各自保持独立的法律人格；资产收购的法律关系虽然较为简单，但也可能发生相应的交易成本。

（2）股权收购，是指收购公司直接或间接购买目标公司的部分或全部股份（已发行在外的股份或发行的新股），并根据持股比例与其他股东共同享有目标公司的权利，承担目标公司的义务。

股权收购与资产收购的主要区别在于：股权收购是收购公司购买目标公司的股份，收购公司成为目标公司的股东，因此其要承担目标公司的债务；而资产收购仅仅是一般资产的买卖行为，收购公司无须承担目标公司的债务。

四、公司合并与公司收购的异同

公司合并和公司收购作为现代市场经济中资本和生产扩张的重要方式，二者既有相同点，又有不同点。

公司合并与公司收购的相同点有：

（1）二者都是公司外部扩张的有效手段。公司通过公司合并与公司收购，可以提高市场占有率，实现规模经营，也可以拓宽经营范围，实现分散经营或综合化经营。

（2）二者都以公司产权为交易对象。公司合并与公司收购涉及的都是公司产权的有偿转让，都是公司之间的买卖，只是买卖方式不同而已。

公司合并与公司收购的不同点有：

（1）公司合并中，目标公司的法人资格随着合并而不复存在；公司收购中，目标公司的法人资格仍存在，只是其股东易主，收购公司通过控股或参股来掌握目标公司的全部或部分所有权。

（2）公司合并后，存续公司或新设公司成为目标公司的所有者和债权债务的承担者，是同一资产、债权、债务的转换；公司收购后，收购公司是目标公司的新股东，其以收购出资的股本为限，承担目标公司的风险责任。

（3）公司合并多发生在目标公司财务状况不佳、生产经营停滞或半停滞之时，合并后存续公司或新设公司一般需调整生产经营，重新组合资产；而公司收购一般发生在目标公司处于正常生产经营状态时，收购后导致的资产整合比较温和。

第二节 公司分立

公司合并、公司收购和公司分立都是公司重组的手段。公司并购是为了扩大企业规模，实现资本和生产的扩张或集中，以形成规模效益，提升公司的竞争力。而有时，资本的过度集中和业务的过分庞杂，会降低公司的经济效率，因此公司需要缩减规模、分拆业务。公司缩减规模或分拆业务可以通过转投资、资产（或营业）转让、出售等方式实现。例如，2015年8月，三井住友融资租赁（中国）有限公司发布分立公告，通过存续分立的方式将原公司分立为三井住友融资租赁（中国）有限公司和上海三井住友总合融资租赁有限公司。

一、公司分立的概念和特征

（一）公司分立的概念

公司分立是指为缩减规模或分拆业务。一个公司依照法定程序签订分立协议，不经过清算程序，分设为两个或两个以上公司的法律行为。公司分立和公司合并一样，都是公司的组织变更，只不过公司合并是公司的一种结合，公司分立是公司的一种分割，二者是相反的行为。

（二）公司分立的特征

作为一种法律行为，公司分立具有以下特征：

1. 公司分立具有法律效力

公司分立是将原公司一分为二或一分为多，必将导致原公司的变更或解散，公司的主体资格或注册事项会发生改变。公司分立后，原公司的权利和义务由分立后的公司根据分立合同分别承担，财产的分割及债务的分担必须公平、合理，原公司和分立后的公司之间并无任何资产或股权上的联系，彼此是完全独立的。

2. 公司分立无须经过清算程序

公司分立是公司内部事务，不牵涉其他公司，不需要与其他公司协商，只需要公司的股东大会做出决议即可。因此，公司分立无须经过清算程序就可实现在原公司基础上成立两个或两个以上公司，公司分立前的债务由分立后的公司承担连带责任。但是，公司在分立前与债权人就债务清偿达成书面协议另有约定的除外。

3. 公司分立要按法定程序进行

公司分立是在不经过清算程序的情况下，原公司解散或变更的过程，必将涉及公司股东、员工和债权人等利益相关者的利益。为了维护市场秩序，公司分立应依照《公司法》规定的条件和程序进行。

二、公司分立的动因

公司分立的动因很多，概括起来主要有以下几个方面：

（一）突出主营业务

公司为了调整经营方向，提高单位经营体的效率（如为了集中精力从事主营业务），将某些辅助性的经营活动分割开来，成立新公司运作。这有利于公司的专业化经营，提高公司的专业化水平和经营效率，也有利于分立后的公司进一步成长。

（二）经营分割

公司在经营规模达到一定程度后，难以继续实现有效调控。为了提高经营效率而将部分营业项目独立，使其成为新的公司。或者，将经营困难的资产分离出去，以防止经营的局部困难扩散到公司整体，确保公司其他部分的健康发展。同时，经营分割还可以为分立部分提供资产债务重组的平台，有利于分立部分资产的整合与发展。

（三）财产分割

如果原资产所有者不愿继续合作经营，或者合伙人之间不愿继续保持合作关系而退出公司，自立门户，成立新公司，就会产生公司分立。例如，当股东准备结束合作而各自经营，或者当股东之间对公司经营权的行使发生纠纷时，都可能导致公司分立。

（四）规避政府的行政管制

为了规避政府的行政管制，公司在资本规模和经营规模达到一定程度时，会有意识地分割营业项目，使一个公司变成几个公司，如对电信、电力等垄断企业进行强制拆分就属于这种分立。在某些跨国公司中，母公司会将其国外分公司独立，独立后的子公司就可以不受母公司所在国法律法规的制约和限制。

此外，公司可能会由于改制、上市和对外合作等原因而采取分立的方式。

三、公司分立的形式

根据原公司是否存续，公司分立的形式有派生分立和新设分立。

（一）派生分立

派生分立也称存续分立，是指一个公司按照法律规定的条件和程序，将其一部分资产或业务进行分割，另设一个或数个新的公司或分支机构，而原公司继续存在的公司分立形式。派生分立可以用公式表示为"A=A+B+⋯"。

派生分立是对原公司的财产进行分割，以分割出去的财产为基础成立一个或者一个以上新的公司。这种分立形式保留了原公司的法人资格，但原公司的财产、股东等已发生变化，需要办理变更登记。公司分立实质上是原公司股东之间的分家，原公司与新设公司彼此独立，经过分立，原来共存于一个公司的股东分裂成了存续公司的股东和新设公司的股东，存续公司与新设公司之间不存在股权关系。

（二）新设分立

新设分立又称解散分立，是指一个公司按照法律规定的条件和程序，将其全部资产或业务进行分割，分别设立两个或两个以上新的公司，而原公司的法人资格消灭的公司分立形式。

在新设分立中，原公司因分立而解散，法人资格消灭，新公司因分立而成立，取得法人资格，原公司的财产按照各新成立公司的性质、宗旨、业务范围需要重新分配组合，债权债务则由新设公司承担。在新设分立下，原公司的解散与新设公司的成立是同时进行的，原公司的解散虽然无须通过清算程序，但应根据《公司法》和分立协议，将其所有财产及相关债权债务进行分割并转移给新设公司。新设公司的成立是以从原公司分割获取的财产为基础的，所以新设公司彼此之间不存在股权关系。

四、公司分立的程序

公司分立虽然属于公司的内部行为，无须与第三方协商，但会导致公司主体资格的变更，涉及公司股东、债权人和员工等各方面的利益，因此，公司分立应当按照法定程序进行。由于公司分立与公司合并是相反的行为，因此一般立法都对其设置了与公司合并类似的程序。依照我国《公司法》的有关规定，公司分立的程序如下：

（一）做出分立决议

公司分立属于公司的重大事项，董事会负责拟定公司分立方案。分立方案的拟定应符合股东利益和公司利益，内容应详细、可行，不能遗漏，包括：公司分立的原因；分立协议的主要内容；资产、债务的分割计划；员工安置方案；等等。与公司合并要通过合并方案一样，公司分立方案也是股东大会讨论和审议的基础。股东大会应以特别决议的方式通过分立决议。分立决议的内容一般包括：分立后存续公司或新设公司的名称；分立的条件；资产或股份的划分及归属；存续公司章程更改的说明；新设公司的安排。

（二）编制资产负债表和财产清单

公司分立时，应真实、全面地编制资产负债表和财产清单，为财产的分割、债权债务的分配做好准备。通过资产负债表和财产清单，债权人可以清楚地了解公司的财务状况、公司拥有的各种资源及公司偿还债务的能力。

（三）分割相应的财产和负债

财产是公司设立的基本物质条件，也是公司承担债务的保障。因此，公司分立时，必须合理、清楚地分割原公司的财产，派生分立会导致原公司财产减少，新设分立只涉及公司财产的重新分配。此外，公司负债也要进行相应的分割。公司分立前的债务通常由分立后的公司承担连带责任，但公司在分立前与债权人就债务清偿达成书面协议另有约定的除外。

（四）通知和公告债权人

公司应当自做出分立决议之日起 10 日内通知债权人，并于 30 日内在报纸上公告。

（五）办理公司变更、注销或设立登记

公司向债权人清偿完债务，或通过提供担保的方式与债权人达成协议后，即可实施分立方案。公司分立后，应当依法向公司登记机关办理相应的公司变更、注销或设立登记。因分立而存续的公司，应当依法向公司登记机关办理公司变更登记；公司分立后，原公司丧失法人资格，应当依法办理公司注销登记；新设公司，应当依法办理公司设立登记。申请登记时，公司必须向公司登记机关提交公司分立申请书、分立协议、股东大会决议、分立各方的公司章程，以及法律规定应提交的其他文件。若公司分立不符合法律规定的条件或违反法定程序，公司登记机关不予核准。若公司分立时出现违法行为，公司要承担相应的法律责任。

第三节　公司重整

在现代市场经济中，有些公司虽然已陷入困境，但仍有起死回生的可能。为了拯救这些陷入困境的公司，最大限度地保护公司价值，并使公司能够获得重生，公司重整应运而生。公司重整顺应了现代市场经济的发展需要，促进了社会经济稳定发展。

一、公司重整的概念、申请主体及作用

（一）公司重整的概念

公司重整是指当公司面临财务危机或破产危险，但仍具有经营价值时，根据法定程序对公司进行重新整顿，使其得以维持和复兴的一种法律行为。根据定义，可以得出公司重整必须满足两个基本条件：

（1）公司具备重整原因。即公司面临严重的财务困难或有破产的危险，主要表现

为不能清偿到期债务、资不抵债或有可能不能清偿到期债务。

（2）公司有复兴的可能性和重建价值。如果具备重整条件的公司，其复兴的可能性很小或者没有重建的价值，则对其进行重整就无任何意义，反而会造成社会资源的浪费。

（二）公司重整的申请主体

公司重整申请是重整程序开始的关键一步，是《中华人民共和国破产法》（简称《破产法》）的重要内容。有权提出公司重整申请的主体如下：

1. 债权人

公司债权人是公司重整中的利益主体。对于濒临破产的公司来说，通过公司重整，债权人清偿的数额可能会得到提高，债权人的利益可能会获得保障。因此公司债权人应当是公司重整的主要参与者，其有权向法院提出公司重整申请。

2. 债务人

相较于债权人，债务人对公司的财务状况和经营情况更为了解，对重整的需要和时机也有更深刻的把握，并且公司重整的成功对于债务人来说，有直接的利益，因此债务人进行公司重整的动力和动机更强。

3. 公司股东

我国《破产法》规定，债权人申请对公司进行破产清算的，在法院受理破产申请后、宣告债务人破产前，出资额占公司注册资本 1/10 以上的出资人即公司股东，可以向法院申请重整。通过重整程序，股东有可能重振企业，避免因企业破产清算而造成的巨额损失。

（三）公司重整的作用

1. 减少社会资源的浪费

公司重整可以对有限的社会资源起到优化配置的作用。通过采取积极措施挽救陷入困境的公司，使之重整旗鼓，起死回生，避免公司因破产清算而导致资产贬值，减少社会资源的浪费。

2. 促进社会经济发展

公司重整可以有效促进社会经济平稳、健康发展，避免公司因破产、倒闭而造成其他与之有密切业务往来的公司经营困难、生产萎缩甚至连环破产。

3. 维护社会的和谐稳定

公司重整有利于维护社会的和谐稳定，避免公司因破产、倒闭而引起大量员工失业、股东和债权人利益受损等，消除对社会带来的不利影响，保护债权人、股东和员工的利益。

二、公司重整的程序

公司重整应依照法定程序进行，以保证所进行的各种重整行为公平、合理。公司重整的程序较复杂，通常可分为以下三个步骤：重整程序的开始、重整程序的进行和重整程序的结束。

（一）重整程序的开始

公司重整，首先需要申请人提出重整申请，并由法院对重整申请进行审查，做出是否受理的裁定。

1. 重整申请的提出

重整申请是重整申请人向法院请求开始重整程序的意思表示。重整申请可由债务人、债权人或者具备一定条件的股东提出，并由申请人向法院提交申请书。重整申请书应记载以下内容：申请人的姓名或者名称及住所；法定代表人的姓名及住所；申请原因及事实；公司已发行股份及资本结构状况；公司营业状况；公司最近年度财务状况等。公司是否进入重整程序，应当由需重整的公司自行决定，由重整申请人提出申请。法院不能在没有重整申请人申请的前提下，自行启动重整程序。即使法院在破产清算程序中发现债务人仍有挽救的希望，也只能向有关当事人提出重整的建议。

2. 重整申请的受理

法院收到重整申请后，首先应对申请进行形式审查。形式审查是指法院对重整申请所采取的形式和所履行的手续进行审查，包括审查法院有无管辖权、申请人是否合格、申请书的形式是否符合法律的规定等。在形式审查通过后，法院对重整申请进行实质审查，以做出受理或者不予受理的裁定。实质审查主要包括审查被申请人是否合格、债务人是否具有重整原因、债务人是否具有挽救的希望等事项。对于通过实质审查的重整申请，法院裁定受理公司重整，并予以公告，重整程序正式开始，并依法产生效力。

（二）重整程序的进行

法院受理重整申请后，应立即指定管理人，通知公司、公司股东、已知债权人等，并进行公告。在重整程序进行的过程中，须由重整人制作重整计划草案，草案经债权人和股东表决通过，交由法院批准，重整计划方可生效，进而由重整执行人负责执行。

1. 重整计划草案的制作

在重整期间，管理人或债务人应制作重整计划草案，使重整的全部活动按照重整计划草案的安排进行，以保证重整成功完成。重整计划草案应包括以下内容：债务人的经营方案；债权分类；债权调整方案；债权受偿方案；重整计划的执行期限；重整计划执行的监督期限；有利于债务人重整的其他方案。

2. 重整计划草案的批准

重整计划草案制作后，若草案产生效力，公司应当在法院指定的期间，提交重整计划草案和重整可行性报告。若法院认为重整计划草案符合规定，公司应及时召开债权人会议和股东会议，使草案得以表决。重整计划草案实行分组表决的方式，当所有表决组均通过重整计划草案时，重整计划草案才算通过。在每一个表决组中，出席会议的同一表决组的债权人过半数同意重整计划草案，并且其所代表的债权额占该组债权总额的 2/3 以上的，视为该组通过重整计划草案。重整计划草案还须取得持有每组总额 2/3 以上股份的股东同意。表决组对重整计划草案进行表决后，提交法院，由法院批准，从而进入下一步的执行阶段。

3. 重整计划的执行

经法院批准的重整计划，对各方当事人都有法律效力，应由债务人按照重整计划的安排实施，同时管理人负责对重整计划的执行情况进行监督，并向法院提交监督报告。当债务人不能执行或者不执行重整计划时，法院经管理人或者利害关系人请求，应当裁定终止重整计划的执行，并宣告债务人破产。

（三）重整程序的结束

公司重整结束后，重整结果大致有两种：一是重整程序因达到了重整目的而终结；二是重整程序进行过程中因法定事由的出现而终止，即重整完成和重整终止。

1. 重整完成

在重整目的如期达到后，法院便可裁决重整程序结束。这意味着公司重整程序成功完成。重整完成的结果有两种：一是原公司经重整后，营业内容做出某些调整，经营活动继续进行；二是原公司重整以后，转变为新的公司继续营业。

2. 重整终止

在重整过程中，某些原因的出现导致公司重整不能继续进行，进而终止重整程序。产生重整终止的原因，可能出现在重整期间，也可能出现在重整计划执行期间，主要有：

（1）在重整期间，债务人的经营情况和财务状况继续恶化，缺乏挽救的可能性；

（2）在重整期间，债务人有欺诈、恶意减少债务人财产或者其他显著不利于债权人的行为；

（3）在重整期间，债务人的行为致使管理人无法执行职务；

（4）在重整期间，债务人或者管理人未按时提出重整计划；

（5）在重整期间，重整计划未能通过或者未获得批准；

（6）在重整计划执行期间，债务人不能执行或者不执行重整计划等。

上述原因出现后，经债权人或相关利害人申请，法院应裁定终止重整程序或终止重整计划的执行，并宣告债务人破产。

第四节　公司终止

公司终止是指公司依据法定程序结束经营活动并消灭公司法人资格的事实状态和法律结果。公司终止是市场经济的一个正常现象，其结果是终止公司的营业资格与法人资格，以及与其相关的法律关系。由于公司是多种法律关系的复杂综合体，公司终止必然会影响股东、职员、债权人等利益相关者的利益，因此公司终止必须依据法定程序进行。此外，公司终止不同于公司合并和公司分立，必须要经过清算程序。只有在以公司财产对债务进行清偿并对剩余财产完成分配后，公司才可终止。

一、公司解散

（一）公司解散的概念

公司解散是指已成立的公司因出现法律或公司章程规定的解散事由而停止业务活动，并进入清算程序的法律行为。公司解散包括两层含义：一是公司业务经营活动的停止；二是公司对内和对外法律关系的结束。因此，只有在清算结束，公司法人地位彻底丧失后，公司才真正解散。

公司解散是针对已成立的公司而言的，当公司出现法律或公司章程规定的解散事由，无法继续存续或者没有继续存续的必要时，公司要依据法定程序解散，终止法人资格。公司解散并不意味着公司法人资格的消灭，即公司解散后，其法人资格并不会立即消灭。只有在清算结束后，由清算组凭清算报告向公司登记机关办理注销登记并发布公告，公司法人资格才会消灭。

（二）公司解散的原因

按是否出于公司股东的意愿，公司解散可以分为自愿解散和强制解散。自愿解散和强制解散的原因如下：

1. 自愿解散的原因

自愿解散又称自行解散、任意解散，是指公司基于自身需要而解散公司。这种解散取决于公司股东的意愿，是一种自愿行为，而非法律或他人的强制。当然，自愿解散仍需依照法定程序进行。我国《公司法》规定的自愿解散的原因有：

（1）公司章程规定的营业期限届满或者公司章程规定的其他解散事由出现。当公司营业期限届满或者出现公司章程规定的其他解散事由时，公司应依照公司章程解散。当然，公司也可以通过修改公司章程而存续。如果有限责任公司经持有 2/3 以上表决权的股东通过，或者股份有限公司经出席股东大会会议的股东所持表决权的 2/3 以上通过修改公司章程的决议，公司可以继续存在。

（2）股东大会决议解散。公司虽然没有出现法定或公司章程规定的解散事由，但在经营过程中认为必要时，可以经公司权力机构即股东大会的决议而解散。

（3）因公司合并或者分立需要解散。在吸收合并中，除存续公司继续存在外，其他参与合并的被吸收公司均宣告解散。在新设合并中，所有参与合并的公司均宣告解散。在公司分立时，原公司也会宣告解散。

2. 强制解散的原因

强制解散是指并非由于股东的意愿，而是基于法律规定、行政机关或司法机关命令、裁判而解散公司。《公司法》规定强制解散的原因主要有：

（1）公司违反法律、行政法规依法被吊销营业执照、责令关闭或被撤销。

（2）法院依法予以解散。当公司经营管理发生严重困难，继续存在会使股东利益受到重大损害，通过其他途径又不能解决时，持有公司全部股东表决权 10% 以上的股东，可以请求法院解散公司。

（三）公司解散的程序

公司解散是一个过程，从宣布解散到法人资格完全消灭，会有一系列法律行为发生。因此，为了防止公司和利益相关者在解散过程中可能出现隐匿财产、逃避债务、损害债权人和股东利益的情况，法律要求公司必须在履行必要的程序后才能解散。

公司解散是一种法律行为，应当符合法律、行政法规和公司章程的规定。根据我国《公司法》的规定，公司解散的程序如下：

1. 宣布解散

根据公司解散原因的不同，宣布解散的情况也有所差异。一般而言，自愿解散由公司对外发布公告，公告日期即为公司进入解散程序的日期；强制解散的宣布则是依照法院司法解散的判决、宣告破产的裁定，以及有关行政机关对于公司解散、撤销公司登记或吊销营业执照的决定，其中载明的日期即为公司进入解散程序的日期。

2. 依法成立清算组进行清算

公司因《公司法》第180条第（一）项、第（二）项、第（四）项、第（五）项规定而解散的，应当在解散事由出现之日起15日内成立清算组，开始清算。在公司解散过程中，由清算组接管公司代表机关和业务执行机关，行使对内执行清算业务、对外代表公司的权利。

3. 申请注销登记

清算组应当自公司清算程序结束之日起30日内，向公司登记机关申请注销登记。经公司登记机关核准注销登记，公司终止。逾期不办的，公司登记机关将吊销其营业执照。

4. 公告公司终止事宜

公司应向公司登记机关联系办理公告事宜，由公司登记机关核准注销登记后发布公告，公告中应载明公司名称、住所、注册号、注销原因、注销时间等事项。至此，公司解散过程结束。

（四）公司解散的法律效力

公司解散的法律效力是指公司解散作为一种法律行为所引起的相关法律关系的变化。公司解散的法律效力如下：

（1）除因合并、分立而导致的解散外，被解散公司必须依法进入清算程序。通过清算，结束被解散公司的既存法律关系，分配剩余财产，并最终消灭其法人资格。

（2）公司的权利能力受到限制，公司不得继续开展积极的经营业务，只能在清算范围内从事活动。未到期的公司的债权和债务视为已到期，由清算组进行清理。对公司解散之前享有权利的人可以主张相应的权利，甚至起诉公司。

二、公司破产

（一）公司破产的概念

公司破产是指债务人不能清偿到期债务，且资产不足以清偿全部债务或者明显缺乏清偿能力时，依其自身或者债权人的申请，法院依法宣告其破产，并对其财产进行清算的法律行为。

公司破产以法定事实的存在为前提。若债务人存在不能清偿到期债务的法定事实，不管债务人的全部资产是否足以清偿其债务，只要其无法按时履行偿还义务，就面临破产的可能，这是公司破产的基本前提。破产是清偿到期债务的法律手段，公司破产必须由债权人或债务人提出破产申请，法院依据法定程序将债务人的破产财产分配给债权人，以此结束债权债务关系。破产申请由法院受理，并由法院指定管理人，负责债务人财产的管理和处分，决定债务人的内部管理事项，代表债务人参加诉讼或者履行其他法定程序，从而尽可能地保护双方当事人的合法利益。破产清算完毕，管理人提请法院终结破产程序，并向公司登记机关办理注销登记，公司终止。

（二）公司破产的原因

公司破产要以达到破产界限为前提。破产界限是指法院据以宣告债务人破产的法律标准，又称破产原因。破产原因是破产程序所依据的特定法律事实，是破产程序开始的前提，也是法院进行破产申请受理的实质要件和破产宣告的重要依据。

《破产法》规定，企业法人（债务人）不能清偿到期债务，且资产不足以清偿全部债务或者明显缺乏清偿能力的，可以向法院提出破产申请。由此，公司破产的原因可以分为两种：一是债务人不能清偿到期债务，且资产不足以清偿全部债务，即资不抵债；二是债务人不能清偿到期债务，且明显缺乏清偿能力。这里的"不能清偿"主要指：

（1）债务人明显缺乏清偿到期债务的能力，即不能以财产、信用或能力等方式清偿到期债务。

（2）不能清偿的是清偿期限已经届满、债权人提出清偿要求的、无争议或已有确定名义（指已经生效的判决、裁决确认）的债务。

（3）对债务在可预见的相当长期间内（或法律规定的期间内）持续不能偿还，而不是因资金周转困难等暂时延期支付。

（三）破产申请的提出

公司破产，首先要提出破产申请。破产申请是当事人请求法院宣告债务人破产所做的意思表示。应该指出的是，破产申请的提出，不是破产程序开始，而是公司进入破产程序的前提。

《破产法》规定，可以申请破产的主体主要有债权人、债务人以及对债务人负有清算责任的人。向法院提出破产申请，应当提交破产申请书和有关证据。破产申请书应当载明以下事项：申请人、被申请人的基本情况；申请目的；申请的事实和理由；法院认为应当载明的其他事项。债务人提出破产申请的，还应当向法院提交财产状况说明、债务清册、债权清册、有关财务会计报告、职工安置预案，以及职工工资的支付和社会保险费用的缴纳情况。法院受理破产申请前，申请人可以请求撤回破产申请书。

（四）公司破产的程序

破产是宣告破产后，清算人（管理人）在有关当事人的参与下，对破产公司的财产依法进行保管、清理、估价、处理和分配，以了结破产公司债务，终结破产公司法人资格的活动。根据《破产法》的规定，公司破产程序如下：

1. 破产宣告

法院认为债务人达到破产条件的，依照《破产法》的规定宣告债务人破产，并予以公告。破产宣告裁定的做出，是破产公司真正开始进入清算的标志。债务人被宣告破产后，债务人称为破产人，债务人的财产称为破产财产，法院受理破产申请时对债务人享有的债权称为破产债权。

2. 破产财产处置

管理人应当按照债权人会议通过的或者法院裁定的破产财产变价方案，适时变价出售破产财产。破产财产在优先清偿破产费用和共益债务后，依照下列顺序清偿：破产人所欠职工的工资和医疗、伤残补助、抚恤费用，所欠的应当划入职工个人账户的基本养老保险、基本医疗保险费用，以及法律、行政法规规定应当支付给职工的补偿金；破产人欠缴的除前项规定以外的社会保险费用和破产人所欠税款；普通破产债权。如果破产财产不足以清偿同一顺序的清偿要求，应按照比例分配。另外，破产公司的董事、监事和高级管理人员的工资按照公司职工的平均工资计算。

3. 破产程序的终结

管理人在对破产财产分配完结后，应及时向法院提交破产财产分配报告，并提请法院裁定终结破产程序。法院应当自收到管理人终结破产程序的请求之日起15日内，做出是否终结破产程序的裁定。法院做出终结破产程序的裁定后，管理人持法院终结破产程序的裁定，向破产人的原公司登记机关办理注销登记。一经核准注销，公司的法人资格即在法律上消灭，公司不再对未清偿债务承担清偿责任。

三、公司清算

（一）公司清算的概念及特点

公司清算是指公司解散或进入破产程序后，按照法定程序，对公司的财产和债权债务关系进行清理与分配，终结现存的财产和其他法律关系，从而使公司的法人资格消灭的法律行为。公司清算具有以下特点：

（1）公司清算是公司的法人资格消灭必须经历的程序。公司清算是公司解散和公司破产过程中的一个重要环节。公司解散要完成一系列的程序，只有经过清算，了结公司所有的权利义务关系，才可以注销公司，公司因合并或者分立而解散的除外。此外，因破产而解散的公司需要执行《破产法》规定的专门破产清算程序，而不是按照《公司法》规定的清算程序进行。

（2）公司清算必须按照严格的程序进行。公司清算涉及众多的利益相关者，如果由公司自由清算，则极有可能出现有违公平的现象，从而使利益相关者的利益受损。因此，公司清算应当严格按照法律规定的程序进行。

（3）清算组负责公司清算。公司清算通常由专门的清算机构即清算组负责，即公司清算开始时，清算组取代了公司机关进行活动。公司的权利能力和行为能力仅限于清算范围内，不能进行新的业务活动。

（二）公司清算的类型

1. 破产清算和非破产清算

根据清算程序的不同，公司清算可分为破产清算和非破产清算。

（1）破产清算，是指在公司不能清偿到期债务的情况下，依照《破产法》的规定所进行的清算。我国《公司法》规定，公司被依法宣告破产的，应当依照有关企业破产的法律实施破产清算。

（2）非破产清算，是指在公司解散时，如果公司财产足以偿还债务，即除破产以外的原因，应依照《公司法》的规定进行的清算。

破产清算和非破产清算的区别在于：

（1）破产清算依照《破产法》的程序进行，而非破产清算依照《公司法》的程序进行。

（2）破产清算是由于公司资不抵债导致公司解散而进行的清算，非破产清算则是除公司分立、合并、破产等原因以外的情形导致公司解散而进行的清算。

（3）破产清算由法院组织清算，而非破产清算则主要由公司股东、董事会或者法律法规、公司章程规定的其他机构或人员依法进行清算。

（4）破产清算必须由法院确认，而非破产清算主要由公司股东或股东代表确认。

破产清算和非破产清算的联系主要在于：在非破产清算过程中，当清算组发现公司资产不能清偿全部债务时，非破产清算将转为破产清算。

2. 任意清算和法定清算

根据清算程序是否法定，非破产清算可分为任意清算和法定清算。

（1）任意清算，是指公司在自愿解散的情况下，按照股东的意愿和公司章程的规定进行的清算。任意清算体现了当事人（股东）意思自治的原则，由股东一致同意确定处分财产的顺序和方式等，暂时不能清偿的债权也不因清算结束而消灭。任意清算通常适用于人合公司，如无限责任公司。

（2）法定清算，是指必须按照法律规定的程序进行的清算。法定清算对公司财产的清算有顺序规定，法定清算结束，公司法人资格依程序消灭。法定清算适用于资合公司，有限责任公司和股份有限公司实行严格的法定清算。

3. 普通清算和特别清算

根据清算是否受到法律或行政机关的干预，法定清算可分为普通清算和特别清算。

（1）普通清算，是指由公司依法成立清算组，按法定程序自行进行的清算。

（2）特别清算，是指公司解散时，不能由公司自行组织普通清算，或者进行普通清算有明显困难时，由法院或行政机关命令成立清算组并加以监督进行的清算。

4. 自行清算和强制清算

根据清算启动方式，非破产清算可分为自行清算和强制清算。

（1）自行清算，是指自公司解散事由出现之日起15日内，由股东或管理层自行组织成立清算组，清算公司的债权债务，消灭公司法人资格的清算。

（2）强制清算，是指因自行清算不能或难以启动，而由公司债权人或股东申请法院启动并监管的清算。有下列情形之一的，债权人可以向法院申请指定清算组进行清算：公司解散逾期不成立清算组进行清算的；虽然成立清算组但故意拖延清算的；违法清算可能严重损害债权人或者股东利益的。具有上述情形，如果债权人未提起清算申请，公司股东也可以向法院申请强制清算。

（三）清算组的产生及其职责

1. 清算组的产生

我国《公司法》规定，公司因本法第180条第（一）项、第（二）项、第（四）项、第（五）项规定而解散的，应当在解散事由出现之日起15日内成立清算组，开始清算。一般来说，有限责任公司的清算组由股东组成，股份有限公司的清算组由董事会或者股东大会确定的人员组成，包括股东、董事以及会计师、审计师、律师等有关专业人员。有限责任公司和股份有限公司逾期不成立清算组进行清算的，债权人或股东可以申请法院指定有关人员组成清算组进行清算。法院应当受理该申请，并及时组织清算组进行清算。法院指定的有关人员可以是公司股东、董事、监事、高级管理人员，也可以是律师事务所、会计师事务所、破产清算事务所等从业人员。

2.清算组的职权和义务

清算组作为公司清算程序中的法定机关，在清算期间行使下列职权：

（1）清理公司财产，编制资产负债表和财产清单。清算组成立后，应立即对公司的一切财产，包括动产、不动产等有形财产和知识产权等无形资产进行清理，登记造册。

（2）通知、公告债权人。通知、公告债权人可以使债权人及时向清算组申报债权，也可以使债权人对公司解散或清算提出异议。清算组未依法履行通知和公告义务，导致债权人未及时申报债权而未获清偿，则债权人有权请求清算组成员承担赔偿责任。

（3）处理与清算有关公司未了结的业务。清算中的公司应停止对外营业活动，对原有未了结的业务，如公司清算前签订的尚未履行完毕的合同，应当由清算组负责处理，公司应履行合同规定的义务及享有合同规定的权利。

（4）清缴所欠税款以及清算过程中产生的税款。清算组对公司所欠税款以及清算过程中产生的税款，应加以清理，并依法向国家缴纳。

（5）清理债权债务。清算组对公司的债权债务进行清理登记，收取债权，清偿债务。

（6）处理公司清偿债务后的剩余财产。即清算组对公司清偿债务后的剩余财产进行处理。公司清偿债务后的剩余财产是指公司财产在支付清算费用、职工的工资、社会保险费用和法定补偿金，缴纳所欠税款，清偿公司债务后余下的财产。公司清偿债务后的剩余财产，应依法由清算组在股东之间进行分配。

（7）代表公司参与民事诉讼活动。在清算期间，由清算组代表公司起诉或者应诉，以维护公司的合法权益。

清算组成员应当忠于职守，依法履行清算义务，不得利用职权收受贿赂或者获得其他非法收入，不得侵占公司财产。清算组成员因故意或者重大过失给公司或者债权人造成损失的，应当承担赔偿责任。

（四）公司清算的程序

1.成立清算组

公司宣布解散后，必须在法定的期限内成立清算组，确定清算组的成员。我国《公司法》规定，公司因本法第180条第（一）项、第（二）项、第（四）项、第

（五）项规定而解散的，应当在解散事由出现之日起 15 日内成立清算组，开始清算。

2. 通知和公告债权人

清算组应当自成立之日起 10 日内通知债权人，并于 60 日内在报纸上公告。债权人应当自接到通知书之日起 30 日内，未接到通知书的自公告之日起 45 日内，向清算组申报其债权。债权人申报债权，应当说明债权的有关事项，并提供证明材料。在申报债权期间，清算组不得对债权人进行清偿。

3. 清偿债务，分配剩余财产

清算组在清理公司财产、编制资产负债表和财产清单后，应当制定清算方案，并报股东大会或者法院确认。其中，公司财产足以清偿债务的，公司在分别支付清算费用、职工的工资、社会保险费用和法定补偿金，缴纳所欠税款，清偿公司债务后，对于剩余资产，有限责任公司按照股东的出资比例分配，股份有限公司按照股东持有的股份比例分配。如果发现公司财产不足以清偿债务，应当依法向法院申请宣告破产。公司经法院裁定宣告破产后，清算组将清算事务移交给法院，依照有关公司破产的法律实施破产清算。

4. 清算终结

公司清算结束后，清算组应当制作清算报告，报股东大会或者法院确认，并报送公司登记机关，申请注销公司登记，公告公司终止。

（五）公司清算的法律意义

公司进入清算程序，意味着公司进入终止前的特殊阶段，其权利能力和行为能力均出现重大变化。公司清算的法律意义如下：

（1）启动清算程序，使公司的代表机构发生变化，董事会要将公司的全部财产、财务文件及印章等移交给清算组接管，由清算组负责处理公司未了结的事务，代表公司对外进行诉讼。也就是说，启动清算程序前，公司的代表机构为董事会；开始清算后，公司的代表机构为清算组。

（2）清算期间，公司仍具有法人资格，但其权利能力和行为能力受到限制，不再进行新的经营活动，不得开展与清算无关的活动。

（3）清算期间，公司财产必须按照法定程序进行分配，在未按照法定程序清偿前，不得分配给股东。

（4）公司清算的最终结果是公司法人资格消灭，公司终止。

本章小结

公司的组成和形式不是固定不变的，随着外部环境的变化和自身发展的需要，公司会做出相应的调整，这一过程涉及公司的变更甚至终止。公司变更包括公司的收购、合并、分立和重整。公司收购是指公司用现金、债券或股票购买目标公司的部分或全部资产或股权，以获得对目标公司实际控制权的交易行为。公司合并是指两个或两个以上的公司通过订立合并协议，不经过清算程序，共同组成一个公司的法律行为。公司合并的形式有吸收合并和新设合并。公司分立是指为缩减规模或分拆业务，一个公司依照法定程序签订分立协议，不经过清算程序，分设为两个或两个以上公司的法律行为。公司分立的形式有派生分立和新设分立。公司重整是对面临财务危机或破产危险，但仍具有经营价值的公司实施的一种抢救措施。为保证重整行为公平、合理，保护相关各方的利益，公司重整必须依照法定程序进行。公司终止是市场经济的一个正常现象，主要有解散和破产两种途径。公司解散是指已成立的公司因出现法律或公司章程规定的解散事由而停止业务活动，并进入清算程序的法律行为。公司破产是指债务人不能清偿到期债务，且资产不足以清偿全部债务或者明显缺乏清偿能力时，依其自身或者债权人的申请，法院依法宣告其破产，并对其财产进行清算的法律行为。不同于公司并购和公司分立，公司终止必须在完成清算程序后方可生效。公司清算是指公司解散或进入破产程序后，按照法定程序，对公司的财产和债权债务关系进行清理与分配，终结现存的财产和其他法律关系，从而使公司的法人资格消灭的法律行为。

案例分析 美团并购大众点评

2010年3月4日中国第一家团购网站——美团在北京成立。公司成立之初，便席卷了中国团购市场。美团旨在为消费者发现最值得信赖的商家，让消费者享受超低折扣的优质服务，为商家找到最合适的消费者，给商家提供最大收益的互联网推广。目前美团已经发展成为集生活服务、餐饮、休闲娱乐于一体的大型O2O（Online to Online）团购网站。通过多年的消费者积累，美团已经占据中国团购市场的半壁江山，但美团不满足于现状，2013年11月，在阿里巴巴和红杉资本等股东的支持下，美团开始拓展自身业务，成立了网上订餐平台——美团外卖，将外卖业务成功纳入美团商业体系。由于涉及行业较多，美团面临的竞争压力巨大，也面临较大亏损。

大众点评于2003年4月在上海成立。大众点评是中国领先的本地生活信息及交易平台，也是全球最早成立的独立第三方消费点评网站。在业务方面，大众点评在成立的开始阶段业务主要集中在资讯提供方面，即通过整合网站用户的评价数据信息，向消费者提供有价值的可供参考的信息。从2009年开始，大众点评开始进入团购市场，但在此之前，团购市场已经吸引大批投资者，早就有许多企业瞄准了团购这个大市场，想要在团购市场占据一席之地，而这也就意味着大众点评开展团购业务面临一定挑战。

团购网站在诞生之时，就出现了激烈竞争，亏钱赚市场份额的戏码每天都在上演。此时，最着急的不是公司管理者，而是公司投资者。互联网行业有句戏言：每一场互联网行业内的博弈最终都是BAT（B指百度、A指阿里巴巴、T指腾讯）之间的博弈。美团和大众点评之间的竞争也不例外。美团背后是阿里巴巴的支持，大众点评则在腾讯的帝国大厦之中。美团历经4轮融资，大众点评历经6轮融资，双方都在2015年上半年完成了超过7亿美元的融资。然而实体经济的不景气和国内外资本市场的严峻形势给互联网行业的融资造成了很大的困境。同时，作为"烧钱"的代言人行业——O2O，则更是雪上加霜。美团和大众点评多轮融资后，仍未见盈利迹象，投资者对于团购行业的补贴和价格战的恶性竞争也已经达到一定的忍受上限，进一步融资的可能性越来越小，因此，美团与大众点评的合并在一定程度上可减少恶性竞争，促进行业良性发展。

2015年10月7日，美团和大众点评的双方股东就合并协议签字，宣布合并正式完成。10月8日，美团与大众点评联合发表声明，宣布双方已达成战略合并成立新公司。此次合并属于行业内企业间的横向并购，且以换股合并的方式完成。大众点评的股东出售其持有的普通股和优先股（占大众点评的40%股份），以分别交换美团的普通股和优先股，并给予美团购买权以收购大众点评剩余60%的股份。2017年，美团行使收购权收购大众点评剩余60%的股份。

此次收购，美团与大众点评签署合约，美团获得大众点评100%的控制权，拥有大众点评的全部权益，承担大众点评的全部负债。美团支付普通股82.1亿元人民币、优先股141.4亿元人民币，期权替换7.9亿元人民币作为交易对价，换取大众点评100%的所有权。美团与大众点评的全部交易完成。其中，美团期权为大众点评期权的交易对价，美团普通股和优先股为剩余部分交易对价。

并购初期，双方人员架构没有变化，采用的是双CEO管理模式。同时大众点评继续运营，采取了多归属模式，大众点评逐渐将自身的客户引流到美团，不再继续对大众点评进行宣传和补贴。同时双方资本也发生了改变，其幕后推动者红杉资本一跃成为新公司最大的股东。从双方的共同声明中可知，双方依旧坚持独立自主的治理模式，不插手对方公司内部事宜，采用彼此独立的运营模式，继续保留原有的高频到店业务，由于二者管理独立，因此无论是美团的团购还是大众点评的闪惠都将继续存在，并且在本地生活服务中扮演重要角色。但是对于美团和大众点评而言，此次并购更重要的是实现了资源优势互补，美团利用大众点评的消费者评价模式提升猫眼电影业务的影评质量，同时持续在餐饮、外卖领域发力，专心与饿了么竞争。

阅读以上材料，结合课本知识深入思考，并回答以下问题：

1. 公司合并的方式有哪些？各种合并方式的目的是什么？
2. 结合案例，谈谈美团并购大众点评的原因。它会给企业带来哪些影响？

参考文献

[1] 蔡荣鑫.并购与重组：中国案例.北京：清华大学出版社，2015.

[2] 杜兴强，殷敬伟，赖少娟.论资排辈、CEO任期与独立董事的异议行为.中国工业经济，2017（12）：151-169.

[3] 杜莹芬.企业风险管理：理论·实务·案例.北京：经济管理出版社，2012.

[4] 方红星，金玉娜.公司治理、内部控制与非效率投资：理论分析与经验证据.会计研究，2013（7）：63-69，97.

[5] 丰晓萌.新公司法理论精解与实施研究.北京：中国水利水电出版社，2015.

[6] 黄来纪，陈学军.中德进一步完善公司法比较研究.北京：中国民主法制出版社，2013.

[7] 姜付秀，金，王运通.公司治理：西方理论与中国实践.北京：北京大学出版社，2016.

[8] 姜宁.企业并购重组通论：以中国实践为基础的探讨.北京：经济科学出版社，2009.

[9] 孔令学，张文亮，王静.破解融资困局：中小企业融资渠道·政策·实务.北京：中国市场出版社，2016.

[10] 黎文靖，孔东民.信息透明度、公司治理与中小股东参与.会计研究，2013（1）：42-49，95.

[11] 李磊.公司司法清算法理与制度研究：以利益平衡为视角.北京：中国政法大学出版社，2014.

[12] 李维安，邱艾超，牛建波，等.公司治理研究的新进展：国际趋势与中国模式.南开管理评论，2010（6）：13-24，49.

[13] 李曜.公司并购与重组导论.2版.上海：上海财经大学出版社，2010.

[14] 李由.公司制度概论.北京：经济科学出版社，2010.

[15] 梁权熙，曾海舰.独立董事制度改革、独立董事的独立性与股价崩盘风险.管理世界，2016（3）：144-159.

[16] 刘彦文，张晓红.公司治理.2版.北京：清华大学出版社，2014.

[17] 鲁桐，仲继银，孔杰.公司治理：董事与经理指南.北京：中国发展出版社，2008.

[18] 马亚明,田存志.现代公司金融学.北京:中国金融出版社,2009.

[19] 聂元贞,刘景兰,于倩.中国-欧盟公司治理比较与借鉴.兰州:甘肃人民出版社,2006.

[20] 宁向东.公司治理理论.2版.北京:中国发展出版社,2006.

[21] 田高良,封华,于忠泊.资本市场中媒体的公司治理角色研究.会计研究,2016(6):21-29,94.

[22] 王军.中国公司法.北京:高等教育出版社,2015.

[23] 王中杰.董事会治理.北京:中国发展出版社,2011.

[24] 夏洪胜,张世贤.公司治理.北京:经济管理出版社,2014.

[25] 熊家财.股价信息含量的公司治理效应——基于董事会结构与CEO变更的实证研究.经济与管理,2015(5):49-58.

[26] 许江波.公司治理和破产关系的理论与实证研究:基于董事会结构和国有股比例的分析.中国工业经济,2009(8):131-140.

[27] 严也舟.上市公司大股东-管理者合谋与公司治理效率研究.北京:经济日报出版社,2013.

[28] 叶康涛,祝继高,陆正飞,等.独立董事的独立性:基于董事会投票的证据.经济研究,2011(1):126-139.

[29] 张银杰.公司治理:现代企业制度新论.3版.上海:上海财经大学出版社,2017.

[30] 张兆国,郑宝红,李明.公司治理、税收规避和现金持有价值:来自我国上市公司的经验证据.南开管理评论,2015(1):15-24.

[31] 郑国坚,林东杰,张飞达.大股东财务困境、掏空与公司治理的有效性——来自大股东财务数据的证据.管理世界,2013(5):157-168.

[32] 钟运动,宋丽丽,胡海波.公司组织与管理.厦门:厦门大学出版社,2011.

[33] 仲继银.公司:治理机制的起源与演进.北京:中国发展出版社,2015.

[34] HAMBRICK D C, FINKELSTEIN S. The effects of ownership structure on conditions at the top: The case of CEO pay raises. Strategic management journal, 1995, 16(3): 175-193.

[35] HERMALIN B E, WEISBACH M S. The determinants of board composition. Rand journal of economics, 1988, 19(4): 589-606.